「真のイノベーション」に
共通していた16の行動

反逆の
戦略者

DISRUPTORS

Non-Bullshit Innovation
Radical Ideas from the World's Smartest Minds

デイビッド・ローワン
David Rowan

御立英史＝訳
Mitachi Eiji

ダイヤモンド社

NON-BULLSHIT INNOVATION
by
David Rowan

First published as Non-Bullshit Innovation by Transworld Publishers,
a part of the Penguin Random House group of companies.
Japanese translation rights arranged with Transworld Publishers, a division of
The Random House Group Limited, London through Tuttle-Mori Agency, Inc., Tokyo

CONTENTS

DISRUPTORS

反逆の戦略者　「真のイノベーション」に共通していた16の行動

CONTENTS

PART8

プラットフォームを構築せよ

PART9

ブラインドスポットを発見せよ

PART12

自社の価値を組み替えよ

「カンタス航空」犬の散歩にポイントを与えた航空会社

PART13

エコシステムを構築せよ

「シャオミ」世界最大の市場を拡大し続ける「電話会社」

CONTENTS

CONTENTS

「イノベーション狂」が集う夜

Finland

Estonia

China

UAE

India

Australia

South Africa

PRO LOGUE

USA

UK

Peru

偽物のイノベーションに疲れた

ついに私の我慢は限界に達した。

「イノヴァコン（Innova-Con）」――国際イノベーション専門家協会（IAOIP）のコンベンション――のオープニング・パーティーで、専門家たちが説くイノベーションの手法が、見かけ倒しの食わせ物にすぎないことをこれでもかと見せつけられたからだ。

2018年2月下旬。ワシントンDCにある国際スパイ博物館の上階でレセプション・パーティが行われた。私に手渡された赤い紙ナプキンには、3つの円が走り描きされていた。身だしなみを整えたIAOIPの社長兼CEOの**ブレット・トラスコ**は、「イノベーションは一定のやり方に従えば計画通り起こすことができる」と力説した。彼は3つの円に「社会科学」「ハードサイエンス」そして「ビジネス」と書き込み、まわりに人が集まってきたことを確かめると、**「これは、科学的にイノベーションを起こすための方法を示す図だ」**と説明し始めた。

「いま、3つの領域が重なる部分のことを話していたんですよ。これが社会科学の円で、民族誌学とかそんな領域です。この円は工学や数学などのハードサイエンス。この円はビジネス。そしてこの真ん中の重なった部分がイノベーション科学の領域というわけです。私たちの問題はここにあるんです。大学では、3つがそれぞれの領域（サイロ）に閉じこもってしまっているからです」

トラスコは訪問販売のセールスマンを思わせる物腰の柔らかい50代半ばの紳士で、私に「そのような〝サイロ化〟がイノベーションを妨げている」と警告した。ウェビナー、認定プログラム、オンラインの「iBoK」(イノベーション・ボディ・オブ・ナレッジ)、そしてこの「イノヴァコン」のようなリーダー向けイベントを通じて、IAOIPはサイロの壁を打ち破ってチェンジメーカーに力を与え、ナプキンに描いた魔法の公式を使って世界を前進させようとしているわけだ。

トラスコはテキサス州シュガーランドを拠点に活動していた元会計士兼ビジネスコンサルタント兼データサイエンティストだが、10年ほど前に『インターナショナル・ジャーナル・オブ・イノベーション・サイエンス』誌を買収したのをきっかけにイノベーション・ビジネスに参入した。ある晩テレビを見ていたら、3つの会社のコマーシャルが流れた。3社とも自らを「イノベーター」と称し、そのうちの1社はドールだった。紫のバナナを育てたわけでもないのになんでフルーツ販売会社がイノベーターなのかとトラスコは不思議に思った。

「その時なんですよ。イノベーションをきちんとした専門家が扱う分野にしなければならないと思ったのは。イノベーションを肩書きに入れる人間は会計士より多いが、それを計画的に再現する手順を知っている人はいない」とトラスコは指摘する。

つい先週も、彼はサウジアラビアとUAEに招かれ、3日間で3社のCIO(チーフ・イノベーション・オフィサー)に、「イノベーションとは何か」を教えてきたという。

「もらった時間は4時間。イノベーションを起こすためには文化、戦略、トレーニング、適切な人材の確保が鍵だということを話してきました。『みなさんが組織で起こっていることに正しく向き合えるようお手伝いします』と呼びかけてきたのです」

いまやトラスコは世界中から引っ張りダコだ。設立4年を迎える非営利団体IAOIPには80カ国に1600人の会員がいるが、トラスコは2020年までに1万人、23年までに2万人に増えると大胆に予想している。

会員は「イノベーションの科学に関するスキルを学ぶためのコース」を受講でき、認定イノベーション管理者、認定チーフ・イノベーション・オフィサーなどの資格取得をめざすことができる。110ドルで『グローバル・イノベーション・サイエンス・ハンドブック』の購入と『インターナショナル・ジャーナル・オブ・イノベーション・サイエンス』の購読ができる。2つ合わせて550ドルだが、会員には110ドルの格安価格で提供される。

どんだけ「イノベーション」が好きなのか

南部アクセントのフレンドリーな女性が歩み寄ってきて、ビールを手渡してくれた。ビンの栓を抜こうとしたら後ろから声がかかった。「それもイノベーションでいかなきゃ。栓をテーブルの端に当てて叩くとうまくいくよ」。パーティ前のプログラムで「いますぐイノベーションを！」

と題して講演した**ジョン・モネット**だった。

元CIAの技術運用専門官で退役空軍将校であるモネットは、引退後、セキュリティとインテリジェンスのアドバイザリー会社を設立し、カリフォルニア州立工科大学サンルイスオビスポ校と一緒に「クオリティ・オブ・ライフ・プラス」という非営利団体を設立した。公務中に負傷した人々の生活の質を高めるイノベーションを推進する組織だ。話題はイノベーションのためのツールと戦略へ移り、私はそこでTIPS（創造的問題解決理論）という対ソ連分析・予想ツールの話を聞いた。

ブレットの妻**カーステン・トラスコ**も話の輪に入ってきた。自身でアドバイザリー会社を経営する彼女の名刺には「不言実行」という文字があった。「ほとんどの企業内イノベーターは満身創痍で息も絶え絶えだから、IAOIPはイノベーターを支援する実用的ツールを開発し、国際標準化機構（ISO）と協力して**イノベーション管理の世界標準であるISO279**を開発している」と語った。

カーステンは私を**ジョン・ウォルバートン**に紹介した。退役した空軍司令官で、いまはサンディア国立研究所で働いている。よく通る声をもつ長身長髪のウォルバートンは、ほとんどの企業イノベーターが潰される理由について一家言持っていて、私に「ロバート・グリーンの『権力に翻弄されないための48の法則』を読んだことがありますか？」と尋ねてきた。

「最初の法則は何だかわかりますか？　〝主人（マスター）より目立ってはならない〟です。イノベーターとして何か成功したら、自分より賢い上司がいることを思い出さなくてはならないのです。３つ目の法則は

〝生き延びたければ本当の目的は隠しておけ〟です」

私がビールをテーブルに置いてノートを開くと、ウォルバートンは自身がイノベーターあるいはイノベーション・トレーナーとして学んだことを教えてくれた。おすすめの本とエピソードも満載した10分間のノンストップ・レクチャーだった。

「私のメンターであるロバート・フリッツは、現実をどう認識するかは人それぞれ、後天的に身につけた好みの問題だと言っている。企業の最大の問題は社員が現実に対処できてないことだ……。空気冷却機を発明したジョン・ゴーリー博士は製氷業者たちから執拗に攻撃された。商売の種を奪った憎い敵だったわけだからね。どんな変革でもそれを阻もうとする製氷業者のような集団は存在する……。アインシュタインは特許事務所で働いていたときに40の発明原理と76のツールを発見した。**私はこれを使って確実にイノベーションを起こす方法を教えることだってできる。**問題は誰も学ぼうとせず貴重なツールには目もくれず、最後に聞いた話をありがたがってしまうことにある……。誰かが君のアイデアを馬鹿げていると批判したら自信を持ってよい。イノベーションはいつでも馬鹿げて見えるものなのだ……」

まあ、こんな調子で話が続いた。

どんだけ「バズワード」が好きなのか

イノヴァコンの2日目は「ブーズ・アレン・ハミルトン・イノベーションセンター」で行われた。

そこには「サンドボックス」（遊び場）とか「ソリューションズ・スタジオ」とか、いかにもイノベーションの専門家が集まってきそうな場所が用意されていた。

前者には**「創造と思考と実行の化学反応を促進するオープンソースのイノベーション空間」**、後者には「ブーズ・アレンにつながる人々を結んでソリューションの創造を促進する」という説明があった。タッチスクリーン、VR、ヘッドセット、インタラクティブ・ホワイトボード、そして大量のポストイットがあった。最近の企業が好きそうな組織変革のための取り組みを象徴する空間だった。

カンファレンスでは講師が入れ替わり立ち替わり登壇し、アイデア・マネジメント、イノベーション・メトリクス、ブロックチェーン型イノベーション、イノベーション・エコシステムの構築、イノベーション・スペースの構築といったテーマについて話した。アトランタ空港、大学、コンサルティング会社、さらには軍産複合組織でのイノベーション戦略などが語られた。

レクチャーの内容を書き留めた私のノートは、異国の言葉を拾い集めた旅行日記のようだ。**MVV**（ミッション、ビジョン、価値(バリュー)）、**デザイナソン**（短期集中で行う商品設計）、**ブートキャンプ**、**「アハの瞬間」**について話を聞いた。**バリュー・プロポジションの強化、仕事(タスク)より質問(アスク)に焦点を合わせる、さっさと失敗して経験を未来に活かす**といった姿勢も教わった。オフィスの椅子や机を毎晩動かして、社員同士の交流を無理やりつくる会社の話も聞いた。イノベーションを進めるツールとしての作戦帳(プレイブック)に関する秘儀めいた話も聞いた。

ブロックチェーン関連のプレゼンでは、「トランザクション化」とか「アブストラクティフィケーション」とか「自己修復行動」とかの耳慣れない用語のせいで、ありがたさを完全には理解できなかったことを白状しておく。科学的に測定されたデータポイントについても聞かされた。

「根源的な改革者（イノベーター）は漸進的な改良者（インプルーバー）より51％優れた意思決定能力を持っている」とか、「72％の人がシャワーを浴びている最中にクリエイティブな洞察を得る」とか、「新製品の95％が投資を回収できていない」という、ありがたい話も聞くことができた。

「イノベーションは定式化できる」はずがない

イノベーションに浮き足だっているような会場の中で、私の頭から1つの疑問が離れなかった。

企業にイノベーション（変化する現実の下で将来の価値を確実にするためにビジネスを一新するプロセス）**をもたらすものは、気まぐれきわまりない有機的相互作用であり、血も涙もある人間的なものであって、とてもではないが機械的な公式に落とし込めるものではない**だろうという疑問だ。

『ワイヤード』誌の表紙を飾って売上に貢献してくれたスターたち――イーロン・マスク、スティーブ・ジョブズ、ビョーク・グズムンズドッティルや彼らに続く人々――は、マニュアルに従ってイノベーションを起こしたわけではない。

彼らは気難しかったり複雑だったり人騒がせだったりしたけれど、ある文脈の中で大胆かつ根源的なビジョンのもとにフォロワーを結集させたのだ。彼らの達成への道筋は単純ではなく、順をたどれば再現できるようなものではない。イノベーションがそんなものなら、アップルは単なるスマートフォンのメーカーとして、いまでもノキアの挑戦に怯えているだろう。

私は休憩時間に、そんな疑問を**エイブラム・ウォルトン**にぶつけた。『インターナショナル・ジャーナル・オブ・イノベーション・サイエンス』の副編集長にしてIAOIPのCOO(最高執行責任者)、知識とビジネスの壁を乗り越える切れ者だ。

30代後半のときにフロリダ工科大学の経営学終身教授に指名され、ウォルマートの店長や消防士として働いたこともある。私が「各社から派遣されてここにいる全員が〝科学者〟というわけじゃないですよね」と水を向けると、彼からはこんな答えが返ってきた。

「イノベーションのプロは翻訳者です。イノベーターの仕事は異花受粉です。イノベーションを説明し実現へと導く方法論には市場価値があるのです。それはひとつの科学作品です」

そう言われても、私は釈然としなかった。ウォルトンは自らのイノベーション支援会社をいくつかの仕事と並行して運営していて、NASAやGEといったクライアントから相談を受けている。彼によれば、いずれも産業時代を牽引した組織だが、惰性が支配する社内政治や組織の混乱と機能不全で麻痺しているという。

「そこで彼らは私たちを招き、チーム間コミュニケーションの通訳をさせるわけです。新しいものを生む破壊者が、その産業の中から現れることはありませんからね。イノベーションを生む科学は輪郭が見えてきています。それが示すテクニックに従えば、イノベーションは計画的に起こすことができるのです。家を建てるようなものですよ」

イノベーションを起こせない企業が抹殺される時代

後でわかったのだが、同じようなことをしている団体は多く、IAOIPは厳しい競争に直面している。1983年にノルウェーでは国際プロフェッショナル・イノベーション・マネジメント学会（ISPIM）が結成された。ミシガン州グランドラピッズにはグローバル・イノベーション研究所（GII）が、マサチューセッツ州ケンブリッジにはグローバル・イノベーション・マネジメント研究所（GIMI）がある。

企業内でイノベーションを追求している者にとって、専門開発コース、認定資格、国際標準、ツール、出版物、応用研究、ネットワーキングの機会などが用意されている現在は、イノベーションの黄金時代と言ってもよいかもしれない。

今日ほど**コーポレート・イノベーション**――「組織とその顧客に新しい価値を提供する新鮮なアプローチ」と定義しよう――が喫緊の課題であったことはない。それは主にテクノロジーの避けがたい発展によるもので、既存の収益の流れや古いプロセスの都合などおかまいなしだ。小売から不動産まで、あらゆる分野の企業が必死にビジネスモデルをデジタル化しようとしており、あらゆる技術を動員して市場から抹殺されることを恐れて苦闘している。

インテルの共同創設者である**ゴードン・ムーア**は、1965年に『エレクトロニクス』誌で発表した、「半導体のトランジスタ集積率は毎年2倍になる」という観察で有名になった。「ムーアの法則」として知られるこの経験則は、コンピュータによる情報の処理と格納のコスト低下を言い表わしたもので、後に倍増に要する時間は「18〜24か月」と調整されたが、現在も有効だ。同じような指数関数的成長曲線は、太陽エネルギー発電、遺伝子分野の発見、ナノテクノロジー、デジタル製品の製造などあらゆる分野で見られ、コストを大幅に引き下げている。

指数曲線はその性質上、希少で高価なものを最終的にはコストを気にしなくてよいコモディティに変えてしまう。

ガス火力発電所を運営する電力会社は、安価なソーラーパネルで発電されたエネルギーをメンバーが共有する地域送電網によって、やがて競争力を失う。従来の医療保険は、すべての患者のDNAにアクセスして個別の治療を提供できる時代には存在意義を失う。エンジンを積んだクルマは、バッテリーコストが低下して機械学習が進み、ユーザーが自動運転の電気自動車を好むようになれば経済的に太刀打ちできなくなる。

既存の企業にとって危険は多岐にわたる。スタートアップ企業は「クラウド・アンド・クラウド」と言われる低コストのクラウド・コンピューティングとクラウド・ファンディングによる資金調達のメリットを享受できることもあり、ほとんどの分野で参入障壁が低下している。ネットワーク化された世界では、新技術が採用されるのに要する時間も短くなっている。

ユーザー数５０００万人に到達するのに要した時間は、電話は約50年、ｉＰｏｄは４年、ポケモンＧｏは19日だった。そして意思決定の権限は、階層型組織である企業からソーシャルメディアによって力を獲得した消費者へと移った。

その結果、大企業の寿命は短くなっている。「創造的破壊（クリエイティブ・ディストラクション）」の理論を説いたマッキンゼーの元ディレクターであるリチャード・フォスターは、**米国のＳ＆Ｐ５００企業の平均寿命は、１９５８年の61年から２０１２年には18年にまで低下した**と計算した。

英国企業について同様の調査をしたリタ・ガンサー・マグラスによれば、１９８４年のＦＴＳＥ１００社（ロンドン証券取引所における時価総額上位１００社）のうち、２０１２年にも残っていたのは24社だけであった。信頼性の高いブランド、継承された伝統、サプライチェーンの優位性、潤沢な広告予算などがあっても、動きが遅ければ何の役にも立たない。

古い企業に取って代わったデジタル・ネイティブ企業さえ、その心配は他人事ではない。[8] フェイスブックの社員ハンドブックには、「われわれ自身がフェイスブックを凌駕するものを生まなければ、他社がフェイスブックを凌駕するだろう」と率直に記されている。

見掛け倒しの「イノベーション劇場」

私が編集長を務めていた『ワイヤード』の英国版は、「新技術が世界をどう変えるか」を論じる雑誌だ。当然、イノベーションを〝つかんだ〟とか〝取り組んでいる〟という企業のトップと頻繁に話をした。彼らはクレイトン・クリステンセンのベストセラー『イノベーションのジレンマ』（1997年）を読み、高コストと複雑さが幅をきかせる市場に、単純さと便利さと手頃な価格を持ち込む破壊的（ディスラプティブ）技術について語った。中には、「会社の外の変化のスピードが中の変化のスピードを超えたら、その会社は終わりが近い」というジャック・ウェルチの言葉を諳（そら）んじる者もいた。

そんな企業のトップに、私はいつも「イノベーションをめざす取り組みの中で、会社の事業や発想が変わったという具体的な話を聞かせてほしい」と頼んだ。それに対しては、判で押したように、**「環境は整ったが取り組みは現在進行中で、結果を云々するのは時期尚早だ」**という答えが返ってきた。

各企業ではCIO、スタートアップ・インキュベーター、イノベーション・ラボなどが、ハッカソン、アイデアポータル、スタートアップ投資、シリコンバレー巡礼といった手法を利用してトランスフォーメーションを促すために働いていた。なんなら私も、スタートアップ企業のケースを話してチームに刺激を与えることができるかもしれない。

私はなぜかルーニー・テューンズの漫画を思い出す。ワイリー・コヨーテが崖から飛び出してまでロードランナーを追いかけ、足の下に地面がないことに気づいたとたんに重力の法則で崖下の地面に叩きつけられるという、知っている人にはおなじみのシーンだ。

大きな組織でイノベーションの実現として祝福されるものの多くは、実際には「イノベーション劇場（シアター）」だ。形式的要件だけ満たした広報目的の見せかけ、自己満足的な空元気にすぎず、組織の考え方や文化の根本は変わっていない。ちょうど、検査手順を押し付けて乗客をいらつかせるだけで、実際のセキュリティ向上には役だっていない空港の「セキュリティ劇場（シアター）」のようなものだ。

最近目にするファッショナブルな肩書きにも気が滅入る。「イノベーション・カタリスト」「イノベーション・シェルパ」「チーフ・ディスラプティブ・グロース・オペレーター」（破壊的成長推進主任）「デジタル・プロフェット」（預言者）」。もうこうなると、パロディこそまともな反応のように思えてくる。

私の机の上に風刺報道の『ジ・オニオン』誌の記事の切り抜きがある。米国の大規模イベント「サウス・バイ・サウスウエスト」（SXSW）のインタラクティブ・テクノロジー・カンファレンスの期間中、会場全体で「イノベーション」という言葉は毎秒8・2回使われており、このペースでいくとカンファレンス終了時までに2400万回使われると推定される」と書かれている。『ジ・オニオン』は続けて、「ゲームチェンジャーの可能性」という言葉も23万回使われたが、「投資モデル」「実際的なビジネス戦略」「経済の実態」は1回も使われなかったと書いている。

本物のイノベーションを求めて

それでも、だ。

それでも私は、わくわくするような本物のイノベーションがどこかで実現しているはずだという思いを捨てることができなかった。成功しているレガシー企業に真に好ましい結果をもたらしたイノベーションが、どこかで実現しているはずだ。なんとしてもそれを見つけ出し、それを可能にした条件を知りたかった。

そのため私は、説得力と影響力のある企業変革の手法を探して世界に旅立つことにした。イノベーションは機械的な公式で導き出されるような単純なものだとはどうしても思えなかったからである。

ストックホルムで生まれた「幸運な偶然」

私の旅は、過去10年で最高の成果を収めたヨーロッパの起業家を訪問することから始まった。

２００６年、スポティファイ（Spotify）のＣＥＯ兼共同創設者である**ダニエル・エク**は、レコード会社に対し「ディスクを売って儲ける商売はやめて、デジタルストリーミングで配信するべきだ」と説いた。拒否され続けたがエクは諦めず、ついにほとんどすべてのレコード会社をスポティファイの仕組みに乗せることに成功する。

2018年4月、同社は株式公開の初日に265億ドルの値をつけた。ストックホルムのエクの部屋のデスクの上には、フェンダー・ストラトキャスター(エレキギターの名器)とバーナード・ショーの名言が掲げられている。

「合理的な人間は自分を世界に合わせる。非合理的な人間は世界を自分に合わせようとする。よってすべての進歩は非合理的な人間によってもたらされる」

「困難にもへこたれなかった取り組みの中でイノベーションについて学んだことは何か?」と尋ねたら、こんな答えが返ってきた。「多くの企業がイノベーションについて語り、わが社はこうやったと綺麗にまとめようとする。でも、その通りやってうまくいくとは思わない。どんなにクリエイティブなブレインストーミングをやったところで、会議室でイノベーションが起こるわけじゃない。イノベーションは幸運な偶然(セレンディピティ)の産物だ。思いがけないところから思いがけない影響やアイデアが降ってきて生じる。問題をこねくり回しても起こりはしない」。

イノベーションにはチームの多様性が必要だとエクは言う。性別や民族性だけでなく、考え方、所得水準、学歴なども含んだ多様性だ。エクによると、最も成功したスタートアップが突拍子もない方向からのコンセプトに基づいて構築されるのには理由がある。

「エアビーアンドビーが好例です。ホテルビジネスの経験がなく、その仕組みも理解していない人々の手で構築されている。僕だって音楽業界については何も知らなかったからこそ成功できたんです。

僕にはなぜ彼らがあんなことをやっているのか理解できなかった。「音楽レーベルは決して変わらない」と嘆くのではなく、**『こうじゃなきゃおかしいだろ』という考え方で問題にぶつかっていった**のです。事と次第では非合理的な人間にならなくてはならない。イノベーションはそうやって起こるものです」

世界中の知られざるイノベーションを直撃取材

イノベーションは多様性から生まれるという説には説得力がある。1959年、米国防総省のある部局――現在のDARPA（国防高等研究計画局）――が、新しい弾道ミサイル防衛システムをこれまでになかった方法で設計しようと考えた。

アイザック・アシモフは創造性（クリエイティビティ）について論文を書くよう依頼された。その論文は「われわれはどのようにして新しいアイデアを得るのだろう？」という問いから始まる。

アシモフは、チャールズ・ダーウィンとアルフレッド・ウォレスが、独自に、そしてほぼ同時に「自然選択による進化」という考えに到達したことに着目した。二人とも植物や動物が周囲の環境に応じてどのように変化するかを観察しながら世界中を旅行したが、偶然トマス・マルサスの『人口論』を読むまでは、進化の原理を説明することができずにいたのだ。

アシモフはこう結論づける。「必要なのは、特定の分野で優れた背景を持つ人だけでなく、**一見すると無関係のような2つの事柄の間に関係を見出すことができる人だ。**

（中略）異分野をまたいで物事を結び合わせるという、希少価値のある能力を見出すことが必要である。それができて初めて新しいアイデアは理に適ったものとして世に受け入れられる」。

アシモフはまた、優れた新しいアイデアは何か別の問題に取り組んでいる人、したがって責任の重荷なく自由に試すことができる人からもたらされる傾向があることを指摘した。

「そのような人は偉大なアイデアを得るために雇われていたのではない。教師であり、特許書記官であり、下級役人だった。誰にも雇われていなかった人もいる。要するに、**偉大なアイデアは何かの副産物として思いがけなく生まれる**のである」

もしその通りなら、イノベーションの推進を職業とする人々にとっては前途多難だ。私は、権限を与えられた少人数のハイブリッド集団が状況を一変させるような発想を得るという考えに興味をそそられ、異例の成長を遂げたスタートアップ組織を社内につくったレガシー企業の例を探すことにした。真の企業内イノベーションを探究するためには、そのような傑出した例を見つけ、自分の前提の正しさを立証する必要があると考えたからだ。

ほかの企業はどうしているのだろう？

革新的アプローチで目に見える成果を上げている組織はどこにあるだろう？

私たちはそこから、何を学び取ることができるだろう？

新市場で咲き誇る中国の並外れた起業家精神から何を学べるだろう？

デジタル・ファーストに変身したヨーロッパのレガシー企業から何を学べるだろう？
根底レベルから自らの存在を問い直した政府から何が学べるだろう？
口先だけではなく、実際の役に立つ戦略がいま、求められている。
そんな戦略を追究する旅に出発する時がきたようだ。

隠れたニーズを満たせ

「イノーバ・スクール」
国の教育を建て直す
民間企業

Finland
Estonia
China
UAE
India
South Africa
Australia

PART 1

UK

USA

Peru

国を変えた1つの企業

「魚は眠りますか？」

先生からこう問いかけられて、6人ずつ輪になった7歳児のクラスが活気づいた。清潔な白いTシャツと青いジャケットの子どもたちがヒューレット・パッカード製のラップトップを開いてインターネットで調べ始める。わくわくしている空気が私に伝わってくる。

「イノーバ・スクールズセルカド」（Innova Cercado）という学校で行われている授業の光景だ。学校はペルーの首都リマの中心サンチェス・ピニロス通りに位置し、近くにはウニベルシタリオ・サッカースタジアムやペルー文化博物館がある。

生徒はたちまち正解を見つける。「はーい、魚は眠ります。起きているけど夢を見ているみたいに、目を開けたまま眠ります！」。先生は待ってましたとばかりに、スマートフォンを使って学校のデータベースに収められた2万6000課程から眠っている魚の写真を選んでくる。

イノーバ・スクールズセルカドは3年前に修道院の跡地に建てられた、面積6000平方メートルの広々とした学校だ。窓に防犯用鉄格子をはめた家が密集する貧困地域に住む1100人の生徒が学んでいる。OECD（経済協力開発機構）のPISA（学習到達度調査）ランキングでは最下位付近が定位置のペルーだが、生徒の保護者は収入の15～25％を授業料としてこの学校に支払っている。中庭で風を受けているカラフルなビニール製の日除けは、彼らのお金で学校が購入したものの1つだ。

この学校で行われている授業を、「グループ学習」と表現する人もいれば「デザイン思考」という人もいる。モダンな職員室の壁に大きく貼り出されたビジョンステートメントは、同行の教育の未来を見つめ、「ペルーの子どもたちにワールドクラスの教育を約束する」と書かれている。

ビジネスとして成立する「学校教育」

それは決して過大な願いではない。イノーバ・スクールズセルカドは良質の教育を低コストで行う「イノーバ・スクール」という私立学校チェーンの1つだ。イノーバ・スクールは現在ペルーに49校あり、急成長している。そのコンセプトは、サンフランシスコのデザインエージェンシーであるIDEO（アイディオ）が、ハーバードやUCバークレーの教育専門家の助言を受けながら固めた。

IDEOは教育を一新するに当たって、4歳から18歳までの子どもを対象とするフルカリキュラム、教員養成コース、校舎、教室での授業を支援するテクノロジーといった面からアプローチした。つまり、手頃な価格で、相当な規模で、国際品質の教育を提供するトータルな学校教育システムを構築しようとしているのだ。

実際、月額平均130ドルの授業料で充実した教育を提供し、しっかり利益も上げているれっきとした営利事業だ。数学とコミュニケーションの全国テストでは、全国平均の2倍の高得点を獲得した。

だが、イノーバがもっと凄いのはその所有構造だ。この学校を設立し保有しているのはインターコープ（Intercorp）という企業なのである。銀行からスーパーマーケットまで幅広く経営し、ペルーのGDPの約4％を占めるコングロマリットだ。

社員数7万8000、売上80億ドルの企業がなぜ学校チェーンを経営するのかといえば、政府がそれに失敗しているからだ。**ペルーはここ15年で教育大臣が15人替わった**。最近2年に限れば4人だ。公立・私立を含めて教育状況の改善に取り組んで成果を上げた大臣はいない。

インターコープの社長兼CEOである**カルロス・ロドリゲス - パストール**は、それに危機感を抱いた。このままでは、自社の製品やサービスを買ってくれる中産階級の顧客層が形成されないばかりか、会社の成長に必要な人材も確保できない。**「政府がやってくれないのなら、自分たちでペルーに必要な教育システムをつくろう」**と決心した。

インターコープは幼稚園レベルで子どもたちの教育を始め、さらに労働市場に備えた大学を設立した。それは新興の中産階級の子どもたちへの教育機会を、既存の州立や私立の学校より効果的・効率的に、しかも意味のあるスケールで提供している。だが、これは慈善事業ではない。学校経営はインターコープの収益事業である。そうでなければ未来は拓けない。

「教育家」と「実業家」の出会い

「良質な教育が行き渡っていない状況を解消しなければ、ペルーはこの先、持続可能な国になれません」と語るのは**ホルヘ・ユズスキ**だ。私は彼と、子どもたちが走り回る人工芝の運動場を歩きながら話した。「ちゃんとした教育を受ける機会が、対象となる人口の5~7%にしか与えられない国では、生活していけません」。

ペルーの人口は3200万人。学生数900万人。その4分の1が1万2000ある私立学校に通っている。最高水準と評される学校の授業料は平均すると月額約1000ドルだが、教育成果はあまり上がっていない。

2人の実子とウクライナの孤児2人を育てるユズスキは、かねてこの状況を何とかしたいと思っていた。ロジスティクスの分野で20年働いた後、2005年に45歳で仕事を辞め、蓄えをはたいて生徒100人の小さな学校サン・フィリッポ・ネリをリマの北、ロスオリボスにつくった。

ユズスキの学校は2009年には3校に増えていた。ある日、カルロス・ロドリゲス−パストールが5人の幹部と一緒に視察に来た。1週間後、CRP(カルロス・ロドリゲス−パストールは社内ではこの略称で呼ばれている)はユズスキを昼食に招き、「学校に投資させてほしい」と言った。

「銀行や保険や小売をやっている会社が、なぜ教育に投資したいのか理解できませんでした」と当時を振り返るユズスキは、白髪で存在感のある人物だ。灰色のジーンズ、もこもこした黒のジャケット、やわらかい靴を履いている。そのユズスキに、CRPは「インターコープの未来は教育にかかっている」と説いた。「CRPは私に、『いくつ学校をつくりたいのか?』と尋ねました。少し考えて50と答えると、『なぜ100じゃないのか?』と言われましたよ」。

泥臭い「デザイン思考」

現在58歳になるユズスキは、イノーバ・スクールと名前を変えた学校の少数株主である。そして、インターコープが学校プロジェクトの規模を拡大するために雇ったのが、デザインエージェンシーのIDEOだ。国際品質の教育を多くの場所で手頃な価格で提供するために、イノーバは教育方法を再考する必要があった。ペルーには訓練を受けた教師が不足し、地価は急上昇していたからだ。

IDEOはサンフランシスコ出身の**サンディ・スパイカー**をリーダーに指名し、システム設計者、インタラクションデザイナー、民族誌学者、建築家、教育者、コミュニケーションデザイナー、ビジネスデザイナーなどから成るチームをつくった。

彼らはリマに腰を据え、何百人もの父親や母親の暮らしを、その生活環境の中に入って観察しヒアリングを行った。ちなみにスパイカーはその後、2019年8月にIDEOのCEOに就任している。

IDEOはアップルのマウスやP&Gの歯磨きチューブなどの製品のデザインだけでなく、組織や仕組みのデザインにおいても専門的な知見や経験を持っている。たとえば、銀行危機勃発後のアイスランドにオルタナティブな経済の仕組みを導入したり、ケロッグ財団の依頼で新しい教育方法を開発した実績がある。

その手法は「デザイン思考」として世界的に知られている。ユーザーがどのように製品やサービスを使用するのかを観察し、共感をもって理解することで問題を解決するアプローチだ。典型的な進め方は、学際的なチームが人々の行動を観察し、その主要な人間的ニーズを満たす方法についてアイデアを出し合い、製品やサービスのプロトタイプを開発し、正式発表の前に一切の前提や留保を排した実地検証を行うというものだ。

スパイカーのチームは、世界中の優れた学校を訪問したり、教育以外の業界がスケールというものをどう考えているかを研究するなどした後、「混合学習(ブレンディッド・ラーニング)」という方法に可能性を見出した。教師が教室で行う直接の指導と最適化されたオンライン学習をミックスしたもので、中央に設けられたデジタル・レッスン・バンクが教師をサポートし、教師(および保護者)が生徒の学習ぶりをオンラインでモニターできるというもので、本章冒頭で紹介した授業も混合学習の1つだ。教室は柔軟性に配慮して設計され、キャスター付き学習家具によって簡単にレイアウトを変更できる。

チームは財務計画を立て、年間6〜7校の新規開校を織り込んだ20年計画をまとめた。学校開設に要する費用は1校当り平均600万ドル、生徒数350人でスタートして最大1500人にまで拡大する計画だ。学校チェーンは海外にも広がっており、2018年にはメキシコのクアウティトラン・イスカリにも学校が開設された。同年、この事業は黒字に転じた。

「教師の育成」を国に任せてられるか

生徒が屋外でランチを取るためのデスクが並べられた運動場を歩きながら、ユズスキが私に語る。「私たちはこの国のために働き、利益を上げ、教育を向上させています」。彼によれば、月額130ドルという授業料は、政府による高校生1人当たりの投資額より年額換算で200ドル高いが、はるかに良い成果を上げている。将来有望で月収600ドル未満の家庭の子どもには、ペルー・チャンプス財団が授業料の4分の3を補助する。この財団もインターコープが設立した非営利団体だ。

学校は2023年までに100校、生徒数10万人に達するだろうとユズスキは言う。「私たちが抱える主な問題は、十分な数の、十分に質の高い教師を確保できないということです。それで、いま教員養成アカデミーを創設しようとしています」。

学校から南に6キロ離れた所にあるインターコープ本社では、**アンドレア・ポルトゥガル**がイノーバ・スクール全体を統括する仕事をしている。彼女によると、毎年イノーバの教師の5分の1が仕事を辞めていく。その一方で新しい学校が開設されるので、毎年1000人の教師が不足している。

そこでポルトゥガルのチームは、教師育成の効率最適化に取り組んだ。バークレーとハーバードの専門家と協力して**病院で行われている医師養成訓練について調べ、重要なノウハウを迅速に広めるメンターシップのあり方を研究**している。それを踏まえて、2019年春オープンの教師養成学校では、5年間のコースでソーシャルおよびメンタルなスキルも教えることになっている。養成学校も営利ビジネスであり、ここで学ぶ教師志望の学生の大多数は月額２００ドルの授業料を払う。卒業すれば、彼らはイノーバで働く機会を手にする。

ペルー版ニートをなくすための「大事業」

インターコープの取り組みはそれにとどまらない。ペルーでは毎年学校を卒業する30万人のうち、1年後に就業または就学しているのは半数に過ぎず、ユズスキの悩みの種になっている。

「彼らは『ニニス』(ninis) と呼ばれています。働かない（ニ・トラバコ）し学ばない（ニ・エストゥーディオ）からです。**ペルーには200万人のニニスがいて、そこに毎年15万人が新たに加わります。**これはペルーが抱えている時限爆弾のようなものです」

そこでインターコープは、高校を卒業する若者のために、大学入試に備えるための6カ月コースを開発した。これもやはり営利事業である。学生はインターコープでアルバイトすることで学費を捻出し、会社は非熟練労働を担う人手を確保できる。

さらにインターコープは大学そのものもつくってしまった。既存の大学が行っている技術教育に満足できなかった同社は、たとえて言えば自社版ＭＩＴ（マサチューセッツ工科大学）をつくったのである。5年前に設立されたペルー工科大学（ＵＴＰ）がそれで、現在リマ中心部に校舎5棟、郊外に4棟、そして地方に2棟を保有し合計6万人の学生に職業直結型スキルの訓練を行っている。

ＵＴＰの学術責任者である**ジョナサン・ゴラーガント**が、私とユズスキを大学に案内してくれた。

私たち3人は3Dプリンタ、移動式ラジオアンテナ、船舶用ナビゲーション・シミュレータ、クーカ社の産業用ロボットなどが置かれた部屋を見て歩いた。

ゴラーガントの説明によると、同校のコースは通常インターコープからの提案と協力で設けられている。たとえば、インターコープのパッケージング事業であるサンミゲル・インダストリー社で射出工程の熟練労働者が不足していたので、UTPがコースを新設し、インターコープの製造マネジャーが教員として学生を教えた。

90％以上の学生が卒業後2カ月以内に仕事に就く。就業当初の月給は平均700ドルだが、1年後には1000ドルに達し、その多くは戦略的役割を担う人材としてインターコープに採用されている。ちなみに、この方法は、才能のあるアプリ開発者を見つける方法としても有効性が証明されている。「私たちはペルーの学生の生活を変えるエンジンになりたいのです。この大学は卒業生の雇用率がペルーで最も高い大学です。**学校のプログラムを労働市場のニーズに結びつけているからです**」とゴラーガントは言う。

カフェテリア近くの廊下には、大きな壁画にメッセージが表示されている。「新しい学びのために古い学びを捨てる」。UTPの理事でもあるユズスキは、「学んだことを捨てるのは難しいことですが、日々これを継続する必要があります」と言う。銀行コングロマリットが従来の発想と大きく異なる方法で教育事業を推進するのは妙ではないかと水を向けると、確信に満ちた答えが返ってきた。

「インターコープの目的は、**ペルーを若い家族にとって南米最高の国にすること**

です。そのためには教育の機会を提供する必要がある。正しい価値観を教える必要があるのです。ビジネスとして規模を拡大させながら、国の根深い問題を解決しながら、それを行わなければならないのです。私たちのやり方以外に、他に方法がありますか？」

イノベーションのヒントは「暮らし」の中にある

リマのラ・ビクトリア地区は、ゲートで囲われた住宅街で犯罪が多発する地域だ。ここにある住宅で総勢20人を超えるプロダクト・デザイナー、民族誌学者、建築家、エコノミスト、分子生物学者、インダストリアル・デザイナー、哲学者、起業家たちが**「人間中心のイノベーション」**を目指して働いている。

これは、インターコープがさまざまな問題を解決するためにＩＤＥＯの呼びかけで集まった分野横断的なチームだ。この形式張らないハッカースペースは「ビクトリア・ラボ」と呼ばれている。

ラボに入ると、ポストイット、ホワイトボード、壁の落書き、「機敏に動け」と檄を飛ばすポスターが目に飛び込んでくる。**「大きく考え、小さく始め、速く動け」**と書かれたものもある。
「タンキングは愛の行為」と書かれたポスターもある。「タンキング」とは、インダストリアルデザイナーの**マリア・ポーラ・ロワイザ**によると、「相手にとって耳の痛いフィードバック」を意味する社内用語だ。「ペルーの文化では、正直なフィードバックが難しいこともあるけど、このポスターがいわば許可証の役割を果たしているわけです」。

2階のソファでは、イノーバ・スクールの研究者がラップトップをのぞき込みながら、家計が苦しい家族に学校の魅力を伝え、子どもを入学させてもらう方法を考えている。

階下のキッチンは、さまざまな活動が行われる場所で、ロワイザはここを「家族の心臓部」と呼ぶ。家族という比喩には理由がある。ラボのメンバーはこの界隈のペルー人家族といっしょに住み、彼らのニーズと願望を理解しようと努めているからだ。

彼らがターゲットとする中流階級の家族は、ラ・ビクトリアのような地域に住んでいる。ビクトリア・ラボ以外にも、インターコープ系列の4社が将来の事業を試すためにこの界隈に拠点を設けている。ラボのCEO兼創設者、39歳になる**ヘルナン・カランザ**が説明する。
「ビクトリア・ラボでは3つのことをしています。インターコープの34社の変革を助け、明日のインターコープを創造し、先取りのお祝いをすることです」

「週1テロ」の国を変える壮大な決意

インターコープは2018年3月に「ペルーを家族が暮らせる南米最高の国にする」というミッションを発表したが、このスピード感、スケール感、そして大胆な発想が、そのミッションを実現するための鍵を握っている。

このミッションはインターコープの切実な思いから生まれており、ペルー国内でテロが多発した20世紀後半の歴史への応答でもある。カランザはこう振り返る。「私は戦争中に育ちました。毎週、通りやビーチでたくさんの爆弾が破裂するのに慣れてしまいました。何日も電気は止まったまま、家々の窓は全部壊れ、映画を観に行くなんてことは夢のまた夢でした」。

ペルーの極左武装集団センデロ・ルミノソのゲリラ活動は今世紀初頭まで活発で、彼らの活動拠点は、小売事業の拡大を図るインターコープの投資リスクを高める要因となっていた。そんな過酷な経験をしている彼らは、少々のリスクでうろたえはしない。「インターコープの経営陣のほとんどは、ペルーを子どもたちにとってより良い国にするという国家主義的決意を持って行動している」とカランザは言う。

しかし近隣諸国と異なり、ペルーには国の発展に必要な思想や専門スキルを海外で学んだ人材がいない。そのため、CRPは有望人材と出会ったら、自ら成長を助けることに優先的に取り組んだ。

カランザはインターコープで5年働いた後、2009年にニューヨーク大学に進学するために辞職を申し出たが、CRP本人から電話があり「どうすれば会社に残ってもらえるか？」と尋ねられたという。カランザは同僚のいたずらだと思い、怒って電話を切ってしまった。再度CRPから電話があり、自分は本物のグループCEOだという辛抱強い説明と、大学終了後にインターコープに戻って来てくれたら研究資金を提供するという申し出があった。

「CEOとして自らそんなことを50人に対してやったのです。彼は、私が変化のエージェントになると見抜いていた。そんな先見の明を持つ人はめったにいないですよ」

CRPから電話があった数日後、カランザは彼に会いに行った。CRPはグループ全体のイノベーション・センターを立ち上げたいと言い、ニューヨーク大学での学びを終えて戻ってきたら、立ち上げに尽力してほしいとカランザに要請した。

2013年にペルーに戻ったカランザは、そのチャレンジに応えてビクトリア・ラボを立ち上げた。それを支援するためにIDEOも再び招かれ、IDEOから送り込まれた2人のスタッフはカランザと一緒に1年間働いた。

CRPは、イノベーションへの取り組みの真剣さを社の内外に伝えるために、ラボをインターバンク・タワーの20階、自分のオフィスがある19階の直上に設けることを提案したが、カランザは同意しなかった。彼はCRPに「ラボの重要性や権限についてはトップが発信してくれなくてもかまわない。本社から距離を置いて自由にトライできる環境だけあればよい」と言った。上からのお墨付きより、近隣に住む家族の仲間になることのほうが重要だと考えたのである。

ラボがインターコープの中で信頼を勝ち取るまでに、2年かかった。「当初、私たちと一緒に仕事をしたいという人は誰もいませんでした」とカランザは言う。だが、ラボがインターコープ各社に新しいアプリやサービスを制作するための教育を提供し始めたころから風向きが変わった。

ラボは、グループ各社に5カ月間のデジタル化促進プログラムにスタッフを派遣するよう呼びかけた。そのプログラムでは、既存事業を消滅させてしまうかもしれないオンライン・プロダクトの制作を学ぶ。ラボでは、そのようなプロダクトを「ビーコン」（無線標識）と呼ぶ。組織に進むべき道を示すものだからである。

ラボはプログラム開始後の18カ月で、グループ全体で53個のビーコンをローンチした。最初の1つは、インターコープの全国薬局チェーンであるインカファルマとの協力で開発した薬局アプリで、15人のマンパワーと45万ドルの予算を要した。ラボは複数のビーコンを同時にサポートするためのインキュベーター・プログラムも開始した。これにより開発の効率が向上し、ビーコン開発が1つあたり6万ドル、5人でできるようになった。

インターバンク、デパートのエクスル、イノーバ・スクールなどのグループ企業がチームをラボに送り、仕事を円滑に進める術を学んだ。その中には、誰かがヘマをしたらチーム全員がテキーラを飲み干すという、「テキーラ・モーメント」と呼ばれる失敗を笑ってはね返す儀式もあった。

ビーコンの内容を決めるときは、ラボ・チームは当該企業の代表者に、首尾一貫性のある基準でスクリーニングさせる。

「それはユーザーの満たされていないニーズに応えるものか？」
「競合他社がそれをローンチしたら悔しいと思うような優れものか？」
「組織の変革を迫るような内容か？」

ただビーコンをつくっても、新しい方法を学んで古い方法を捨てる準備ができていなければ、なんの意味もないのだ。

ウェブ開発者として5年間働いてきた**エドゥアルド・マリスカ**はこう言った。「究極的に、ビーコンは組織に新しい行動パターンを取り入れさせるためのトロイの木馬です。ビーコンを制作したチームが、ビーコンそのものよりはるかに重要です。彼らはこの先も他のことをやっていきますからね」。

ビーコン開発には関連組織の予算面での合意が必要だ。そして、小人数のチームが内容の妥当性を立証したら、ユーザーによるアルファ版プロトタイプのテストが行われる。そのフィードバックに基づいて、さらに作業用ベータ版のテストが行われ、その後ローンチされる。

ビクトリア・ラボは「ピザ2枚組織」というアマゾンの問題解決法を盗んだ。**プロジェクトに関わる人数は、ピザ2枚で足りないほどの多人数であってはならない**というものだ。そのサイズならチームは自律的に行動することができる。予算も厳しく制限され、スタート時の金額は6桁ではなく2万5000ドルだ。マリスカは言った。

「ベンチャー企業のように考えなくてはいけない。お金が多すぎると重荷になる。追加予算は、プロジェクトのバーンレート（利益が出る前に資本を消費する割合）やランウェイ（活動資金の残月数）

などのマイルストーンを見ながら承認されます。これは企業のCFO(最高財務責任者)の伝統的なやり方とは異なります」

改革のカギはいつも「火星人」が握っている

一方、デジタル・トランスフォーメーションをめざす取り組みは加速している。2019年初頭にCRPは、金融サービス、小売、教育およびヘルスケア事業の分野からそれぞれ5人の代表をビーチハウスに集めて長期計画策定キャンプを行い、「2024年のインターコープはどうあるべきか」について突っ込んだ議論をした。

議論がベテラン男性に支配されないよう、各グループの代表には30歳以下の若手リーダーと女性が少なくとも1人含まれていることが求められた。

マリスカはデジタル化の目標を、かつて英国の政府機関「デジタルサービス」で働いていた**トム・ルースモア**が語った言葉を借りて定義している。「インターネット時代の文化、慣習、ビジネスモデル、技術によって、高度になってきた人々の期待に応えること」。それは結局、何を提供できるかという問題に帰着する。**変化の前兆となる何かを始める**ということだ。

「トランスフォーメーションを云々するときに本当は『デジタル』という言葉は使いたくない。1か0かではなく、連続性も適応性もある事象ですから」とマリア・ポーラ・ロワイザは言う。

通り数本を隔てた住宅に、インターバンクはその中核的な銀行業務と真っ向からぶつかるようなフィンテック（金融技術）のスタートアップ3社を立ち上げている。親会社である銀行から切り離して独立性を与え、コンプライアンス上の縛りをなくして素早く動けるようにすることを狙った「ラ・カシータ（小さな家）」（La Casita）である。

そのうちの1つであるトゥンキ（Tunki）は、社員数24人のデジタル決済プラットフォームで、これが成功したら親会社のクレジットカード事業に打撃を与えるはずだ。もう1つのシーマ（Cima）は、データを使用して企業にローンを提供する。3つ目のマーキュリー（Mercury）はEコマース・マーケットプレイスで、私が訪問したのは24時間後には稼働開始というタイミングだった。

これら3社は予算が厳しく制約され、親会社から独立した社員採用を行っている。インターバンクの文化を理解しているインサイダーと、組織内部には存在しないスキルセットを持つアウトサイダーを組み合わせるためである。

ビクトリア・ラボが活動を開始したのと同じ2014年、インターバンクは金融イノベーションに取り組む「ラ・ベンターナ（窓）」（La Bentana）というラボを独自に立ち上げた。ペルーでは人口の4分の1しか銀行口座を持っていない。インターバンクはそこにチャンスがあると考えた。

CRPの考えは「火星人を仲間にしろ」という一言で表せる。**銀行マンなら決して持たないような疑問を持つアウトサイダーを仲間にしろ**ということだ。現在、人類学者やデザイナーと開発者から成る若手のハイブリッドチーム14人が、本社タワーの11階で働いている。**そこに銀行家はいない。**

見込みありと評価されたプロジェクトは「小さな家」を出て一般公開に向けて検証を繰り返す。ベンターナ・チームが母体の銀行の信頼を勝ち取るのには数年かかった。「最初の予算化のときは、投資委員会に10週続けて10回足を運んでようやくお金を出してもらったんです。事業計画を要求されたけど、そんな初期段階のプロトタイプで計画なんて作れないですよ」とラボを運営する**アレ・コロチャノ**は当時を振り返る。

結局彼女は、まともに取り合ってもらうにはまずMVP（ミニマム・バイアブル・プロダクト）（実用最小限の製品）を低予算でつくってみせるしかないことを学んだ。現在、ラボは銀行に、新規プロジェクトそれぞれにスポンサーを付けるとともに決定権限を持つ2人の社員を最大6カ月間研究所に派遣するよう要求している。

政府がほったらかしにしている問題を攻め続ける

現在、インターコープは教育と金融の分野以外にも踏み出そうとしている。次の分野はヘルスケアだ。ペルー人の約30％は医療保険に加入していないが、2300の支店を持つ薬局チェーンのインカファルマ（Inkafarma）を所有するインターコープは、無保険の人々のニーズを詳しく把握している。そこで、インカファルマと連携して「ペルー最大の低価格民間診療所チェーン」の構築をめざしているのだ。ここでも、政府が失敗した領域に民間が足を踏み入れようとしている。

リマのロスオリボスにある最初のアビバ・クリニック（Aviva clinic）は、2019年初頭に開業した。今後8年のうちにリマで10〜12箇所、他州でもいくつかの開業計画がある。「ペルーの新興ミドルクラスに、高品質で利用しやすい価格で医療サービスを提供する」ことをミッションとし、各診療所は初年度4万件の診察からスタートして10万件にまで拡大するという目論見だ。

患者は1回の診療ごとに低額の費用を支払うか、または地元の保険に加入する。クリニックは、患者に対応する診療クリニックの「アリバ・クーラ」(Arriva Cura)と、健康的生活の普及をめざす予防医療クリニックの「アリバ・クイダ」(Arriva Cuida)の2つから成り、別々の入り口を持つモジュール式の建物で運営される。アビバでは、妊娠中の女性のためのアプリや医師のためのデジタルコーチなどのアプリも開発中である。

アビバの**ホルヘ・オハラ**CEOが言うように、これもまたインターコープの営利事業である。

「政府が問題を解決しようとしない領域には、すぐにでも投資しなければ、10年後には手がつけられなくなる。誰も彼もがしょっちゅう病気で欠勤するような国では、経済成長など望めません。そんな健康状態では、インターコープもミッションを達成することはできないでしょう」と彼は言う。

ヘルスケアの次は何を目指すのか。ビクトリア・ラボで出会った**オスカー・マラスピナ**がいくつかの手がかりを与えてくれた。2021年にペルーは独立200年を迎えるが、いまだに農村部の先住民族には生活水準向上の果実が公平に分配されていない。2004年以来、貧困人口は3分の2に減少しているが、1人当り所得は都市と農村では大きな差がある。マラスピナは、農村部でのネット接続を実現することで、人々の生活向上を支援するプロジェクトに取り組んでいる。

マラスピナたち6人のチームがライカ（Laika）と呼ばれるそのプロジェクトに着手してまだ5カ月足らずで、CEOも予算も決まっていない。彼にわかっているのは、どのような技術的解決をめざすにせよ、国家的問題解決と利益の上がるビジネスモデルを両立させる必要があるということだ。彼らはまず中国、ケニア、メキシコを訪問することからプロジェクトに取り組んだ。

「ライカは国を変えるプロジェクトです。グーグルやイーロン・マスクに頼る必要はありません。**私たちの仕事は自分自身に誠実であり続けること**であり、浮ついたイノベーションの誘惑に惑わされないように気をつけています」

アウトサイダー・ビリオネア

インターコープを率いるCRPへのインタビューは、こちらの想定通りには進まない。私が何か尋ねる前に、彼から矢継ぎ早に質問が飛んでくるからだ。

「あなたが取材した企業の中に、私が有意義なことを学べそうな企業はありますか？」

「どこを訪ねたら効果的に学べそうですか？」

「ここにはたくさん本があるんですけど、あなたがお薦めの本はありますか？」

私たちはインターコープ・タワーの19階にあるCRPの部屋にいた。タワーはオーストリアの建築家ハンス・ホラインによる独特の曲線と傾斜した直線の20階建だ。屋上にはヘリポート、眼下には10車線の高速道路の立体交差が見える。

ＣＲＰはひと味もふた味も違う億万長者だ。グレーのジーンズ、白のオープンネック・シャツの上にブルーのノースフェイス・カーディガン。頭はほとんど白髪。インタビューを受けることはめったにないが、尋常ならざる好奇心の持ち主だと感じさせる。

私がその点を指摘すると、「自分が話しているときは学べないからね」と答えた。「さまざまなことに興味があるけど、当然行われているべきことが行われていなかったらイライラする。公共セクターがしかるべき仕事をしていないときは特にそうだ」。

ビジネスの世界に漕ぎ出したとき、ＣＲＰは敗北主義者や覇気のない人々が多いことに落胆した。「インフレ率が高いから難しいとか、テロが蔓延しているから無理だとか、そんな意見ばかり聞かされた。特に何度も聞かされて頭にきたのは、〝Sí, pero〟（イエス、バット）だった。『はい、経済は成長しています。でも、不況が迫っています』。私は部下たちに、ＯをＵに変えろと言ったんだ。〝¡Sí, Perú!〟（イエス、ペルー）とね」。

彼は自分の強みを自覚していた。「捨てなくてはならない知識」が少ないアウトサイダーであるということだ。

父が、死ぬまで「不死鳥」だった

ＣＲＰの父親、**カルロス・ロドリゲス‐パストール・メンドーサ**は、１９６０年代後半にペルーの中央銀行を経営していたが、軍事独裁政権が政権を奪取した1969年に国から脱出しなければならなかった。

カリフォルニアに住み、後に妻と6人の子どもたちが合流した。最年長のカルロス・ジュニアが9歳のときだった。CRPは、父親が人生を最初からやり直す様子を覚えていた。ウェルズ・ファーゴ銀行で下級職員のやる仕事を任されたが、不平を漏らす姿を見たことがない。

「拒絶されて、持っていたものをすべて奪われるような体験をすれば、どんな変化も怖くなくなる。この先直面する問題なんかちっぽけなものに違いないと思った。すべて一時的なものだと」

父メンドーサはペルーに戻り、1980年代に経済大臣として返り咲いた。しかし1984年、その職から退いた数日後に自宅で暗殺されそうになる。かろうじて難を逃れたその時のこともCRPは覚えている。それは自分の国がいかに壊れかけているかをCRPに思い出させる出来事の1つである。

「父と母、そして姉が家にいた。父は私に電話をかけてきて、みんなが殺されたら私は何をすればいいか指示したんだ。あのときのことに比べたら、その後の人生なんて毎日ディズニーランドで遊んでいるようなものさ」。

彼は公立学校で学び、UCバークレーとダートマスで学び、ウォールストリートでヘッジファンド・マネジャーとして働いた。その後1990年に彼と父親はバンク・オブ・アメリカのペルーでの営業権を買い取った。その時点ではペルー最小の銀行で初年度の従業員は42人、利益はわずか8万ドルだった。その4年後、彼らは国営銀行であるインターバンクを買うためのコンソーシアムをまとめインターコープ・グループを結成した。ところが、その数カ月後に父が亡くなった。

「ジレンマに直面したね。ザ・クラッシュが歌った『とどまるべきか行くべきか（シュド・アイ・ステイ・オア・シュド・アイ・ゴー）』の世界だ。私はとどまることにした。ヘッジファンドの人間だったからね。やめる日は父の死によってではなく自分で決める、と言い聞かせたんだ」

銀行は現在ペルーで4番目、リテールバンクでは2番目に大きいほどにまで成長し、インターコープは映画事業グループを設立し、ホテル事業を立ち上げ、スーパーマーケット・チェーンを買収した。その過程でインターコープの戦略が形成されていったが、CRPに言わせればゴールは一貫して明確で、新興の中流階級を対象とするビジネスに集中すること、そしてペルーの経済成長のエンジンになることだった。「私たちの真の目的は当初から、この国の経済的展望を開き、良い影響を与える民間団体になることです」。

ペルーに蔓延していた「とんでもない教育」

明確な社会的目標がインターコープの戦略の道しるべとなった。2007年に「足跡を残した教師」を顕彰する賞を立ち上げたのもその一環だ。ペルーの25の地域のそれぞれで最高の教師を選び、車と住居（アパート）を贈呈している。

その3年後、スーパーマーケット事業である「スーペルメルカドス・ペルアノス」(Supermercados Peruanos) は、「ペルー・パシオン」(ペルーの情熱) というプログラムを開始し、農家や零細供給業者の経営・技術支援を通じた農村開発に取り組んでいる。

CRPはシンガポールと韓国を研究し、両国がわずか2世代でどうやって貧困から抜け出したかを理解した。彼が得た結論は、**国の発展にとって最も重要な要素は質の高い教育であるということだった。**

CRPは、自分が生きてきたこの数十年、「ペルーはなぜ世界クラスの学校教育を行って先進国になることができなかったのだろう」と自問した。学校教育の質を高め、OECDの成績表でペルーの順位を上げよう。それができたらその戦略をラテンアメリカ全体に輸出しよう。そうすれば人々はペルーという国を誇りに思うはずだ、とCRPは考えた。

彼は**子どもの学校を探している親のふりをしてペルーの学校を秘密裏に調査**し、そこで見たものにショックを受けた。公立学校の教育はお粗末で、生徒に何も期待せず、漫然と行われていた。目的意識の欠如は、営利目的で経営されている有料の学校にも蔓延していた。

ハーバードやプリンストンといった名前を校名に織り込んで、有名校と何か関係があるかのようにミスリードしている学校もあった。マイクロソフトの創設者とは無関係なのにビル・ゲイツ・スクールと名乗り、同社のロゴを表示している学校さえあった。

「私が親のふりをして話を聞いたある学校では、対応した女性が私の質問にいらついて、『税務署の人ですか?』と尋ねてきた。ノーと答えたら、『じゃあ教育省?』と言うので、それにもノーと答えた。『じゃあどうしてそんなに根掘り葉掘りきくのですか? もうお引き取りください。私はここの校長でオーナーですよ』と言うから、最後にもう1つだけと言って、なぜ学校を始めたのか理由を尋ねた。『学校は中華料理店を経営するよりも儲かるから』と言われたよ。教育を馬鹿にするな。この国の未来をどう考えているんだ。教育への献身はないのか。自分たちの手でペルーの教育をなんとかしなければならないと思った瞬間だったな」

彼は、自分が行った調査のことを思い出しながらまくし立てた。

「正しい利益とは何か?」を問い続ける

イノーバ・プロジェクトは4つの優先事項を掲げてスタートした。

①授業料を手頃な水準に抑える
②何百もの学校に拡張できるモデルを構築する
③卓越した教育効果を上げる
④利益を上げる

「利益が出なければ続けられない。私たちのグループはイノーバの51%を持っているが、残りの49%を誰が持っていると思う? プライベートエクイティ・ファンドだ。彼らは手強い交渉相手だ。中にはこの事業を理解する心ある人もいるが、まあ、めったにいない。おかげで私たちは正直であり続けることができるんだけど」

問い続けることも重要だった。たとえば、「親が学費を払えなくなったらどうすれ

ばよいか?」という問いから奨学金制度が始まり、いまでは2000人の子どもに支給されている。**「イノーバは既存の公立学校も支援できるだろうか?」**と考えたことから現在、標準的な公立学校の授業を補完するための50ドルのデジタル・カリキュラムを設計中だ。

だが、突き詰めれば、インターコープがイノーバに関わるのは本質的に自社の利益追求である。「国が栄えればわが社もうまくいく。誰かにお膳立てしてもらって、そこに乗っかることもできるが、道路を設計するところからやるほうがはるかに面白いじゃないか」とCRPは言う。

これまで、インターコープは約6億ドルを教育に投資した。相当な覚悟がなければできることではない。だが、これは利益追求のために存在する巨大コングロマリットの事業だ。私はCRPに、「インターコープの教育や医療などへの取り組みは、政府が果たすべき重要な責任の一部で私的な利益を上げているという見方もできるのではないか?」と、意地悪な問いをぶつけた。

「そういう指摘はあるが、じゃあ代替案は何か? ペルーには幼稚園から12歳まで800万人の子どもがいるが、私たちが預かっているのは3万7000人にすぎない。成果を上げて他の人にも真似してもらったり、政府にイノーバの卒業生を送り込むことで、教育と国を前進させたいんだ」

ペルーの国民の20%は貧困に苦しんでおり、自分は宝くじに当たった幸運な人間だと彼は言う。そう語る彼の顔は輝いて熱を帯び、声に一段と力がこもる。**「影響力のある人間が顧客のために良いことを本気でやったら、大きなことができると思わないか?」**それなのに、目にするのは悪いことばかりだ。なぜみんな正しいことをめざさないんだ」

「邪魔するな」というニーズ

私が会った中で最も印象的なハイテク・スタートアップの創設者の何人かは、目先の利益に目を向けず、「消費者の満たされていない隠れたニーズを満たすこと」に全力を注いで成功した。

たとえば、何百とあるコモディティ化したメッセージングアプリの中で、ワッツアップは**「どんなデバイスでも抵抗なくシンプルに使えるメッセージングアプリ」**というユーザーの真の望みを理解することによってブレークスルーを果たした。

同社がまだ誰からも注目されていなかった2013年後半、私はマウンテンビューの彼らのオフィスで創業者たちと数日を共にすごした。**ジャン・コウム**のデスクに共同創設者である**ブライアン・アクトン**の署名入り手書きメモがピン留めされていたのだが、それを見てびっくりした。

「広告なし！　ゲームなし！　仕掛け（ギミック）なし！」

モバイル・メッセージングアプリがひしめく市場で、この断固たるユーザー重視によってワッツアップはテンセント（騰訊）のウィチャット（WeChat：微信）、フェイスブック・メッセンジャー、スナップチャット、LINE、キク・インタラクティブ（KikInteractive）、カカオトークなどを追い越した。それもわずか50人のスタッフで。

「ぼくたちの戦略は単純。ユーザーの邪魔にならないことだ。検索の分野でグーグルがやっていること同じさ。グーグルの前にあったポータルを覚えてる？　覚えてないよね。グーグルは良い仕事をして、検索ユーザーにできるだけ早くグーグルを離れて目当ての情報にアクセスしてほしいと望んだ。僕たちもそれと同じで、ユーザーには広告に邪魔されずにやり取りをしてほしいんだ。ユーザーから1ペニーでも多く絞り取ろうとするコンサルタントはここにはいないよ」と、内部取材を認められた最初の雑誌記者である私にコウムは言った。

彼らはサービスの信頼性とシンプルさにこだわった。アンドロイドからシンビアンまで、7つのプラットフォームで自分たちのサービスが「正常に」機能することを確認した。オフィスのホワイトボードには年間99・92456％というワッツアップの稼働率が記載されている。600台のサーバーが、1秒間に最大25万件のメッセージと1日10億枚の画像をスムーズに配信している。

ブライアン・アクトンはヤフー・ショッピングに取り組んでいたとき、それを反面教師として徹底的なユーザー重視の教訓を学んだ。ヤフーの社内では常に、ページにもっと広告やロゴを載せる方法を議論していた。「そんなことユーザーと何の関係がある？　ぼくのサービスモデルは純粋で、顧客はユーザーなんだ」

コウムとアクトンが新機能を追加することがあったとしても、それは侃々諤々の議論とユーザー重視の実験を経て**「サービスの膨張ではなく単純化につながる」**という確信を得た場合に限られた。コウムのデスクの上には、ボイスメッセージングを簡単にする方法を理解するために彼が使っていた1組のトランシーバーがあった。プッシュ・ツー・トーク・ボイスメッセージは、

1回のタップでメッセージを録音して送信できる。再生するときはデバイスが耳のそばにあるかどうかをセンサーが感知し、スピーカーモードと低音量モードが自動的に切り替わる。

「いつか大きな会社に事業を売却したくなるのではないか？」と私が水を向けると、ユーザー・ニーズを最重要視するコウムとアクトンは不愉快そうな表情を浮かべ、アクトンはぴしゃりとこう言った。「ぼくたちはユーザーと約束を交わしているから、誰かに会社を売るなんて倫理に反することだ」

その2カ月後の2014年2月、フェイスブックがワッツアップを190億ドルで買収したとき、崇高な理念にも値段が付いていることを私は学んだ。大した額ではあるが。

クラウドストレージとファイル共有のスタートアップであるドロップボックスの**ドリュー・ヒューストン**にも、同様の強迫観念じみたユーザー志向がある。ユーザーに魔法のフォルダを提供するために、どんな技術的複雑さにもひるむことなく挑んでいる。

2012年1月にミュンヘンで開催されたDLDカンファレンスで出会ったとき、ヒューストンは「すべてのデバイス、サービス、アプリケーションを結びつける仕組みをつくって、本当に重要な問題を解決する」というミッションを語った。

彼の母親はiTunesに楽曲を持っていて、アンドロイド携帯で聴きたかったのだが、デバイス間の通信ができなかった。そこでドロップボックスが登場した。彼のチームは、シンプルさを徹底的に追求する中で、ドロップボックスのアイコンをファインダーに表示するためにアップルのOSをハックする必要さえあった。ドロップボックスは2018年3月、時価総額80億ドルで公開された。

自動車修理サービス企業の大変身

「隠れたニーズ」に目を向けることの恩恵にあずかれるのは、ハイテク・スタートアップ企業だけではない。

はるか昔の1920年以来、オーストラリアでは、全国道路・モータリスト協会（NRMA）がロードサイドで自動車の修理サービスを行ってきた。しかし、自動車の故障が減り、動力がガソリンから電気に移行するにつれ、同国最大の会員組織であるNRMAは存続の危機に直面した。会員数も売上も減少し始めた。多くのドライバーに愛されてきたナショナルブランドはまもなく事業開始から100年を迎えるが、次の世紀もその存在意義を保てるか雲行きが怪しくなった。

そこで2016年1月、NRMAはインターネットと有料テレビの分野から新しいCEOを招聘するという大胆な決定をした。乗り込んで来たのはフォクステルとセブン・ウエスト・メディアのCOOを務め、米ヤフーと豪セブン・ネットワークが出資するポータルサイト「ヤフー7」を率いたこともある**ローハン・ルンド**だった。

彼は、変化に対する内部的抵抗に打ち勝つためには断固たる行動が必要だということを知っていた。就任1カ月で34人いたトップマネジャーのうち27人が会社を去った。就任前に**顧客対応の前線で働いているスタッフ50人を対象にヒアリングを行った結果、建設的ア**

イデアを持っている社員が、時代遅れの経営陣に不満を感じていることもわかった。

「上層部の態度は、『ＮＲＭＡにはイノベーションの責任者がいて、イノベーションのための部門が新しい取り組みをやっています。何か問題でも？』という感じだった」とルンドは振り返る。真の破壊的再出発（ディスラプション）のためには「満たされていない顧客のニーズを満たす」ことが必要だと宣言した。

ルンドは、経営チームに対して、「イノベーションは、まぐれ当りを願う片手間仕事では実現しない」と力説した。イノベーションは、時代の変わり目の混沌を理解し、満たされていないニーズは何かを理解した者だけが起こせる、と。

「事業」の前に「事業の存在意義」を広げよ

彼はＮＲＭＡに吹きつける深刻な逆風を直視した。ＥＶ（電気自動車）の増加、メーカーによる車両データ管理の進展、ロードサイドサービスをめぐる保険会社間の競争、ライドシェアリング、自律走行自動車、新しい輸送技術――こうした新しい現実を否定することはできない。現実の中で車のハンドルを握る会員をエンパワーする新しい方法を見つけるために、ルンドはＮＲＭＡの存在意義を一から定義し直した。

電気自動車の台頭を脅威と見なすのではなく、ＮＲＭＡはオーストラリア最大の急速充電設備ネットワークの拡充に着手し、会員にロードサイド充電を無料で提供した。ソフトウェアが修理工の存在意義を薄れさせたと嘆くのではなく、会員が登録した車両にデータ収集装置を取り付けて遠隔保守と故障予測のサービスを提供した。自動運転車の増加を恐れるのではなく、自らも自律走行シャトルバスを開発した。このときは、手始めにシドニー本社のスタッフが利用できるものを開発した。

「ライト・オン・ザ・ヒル」（丘の上の灯り）というコードネームの総合戦略によって、NRMAは、その事業を**車両だけではなく運輸交通（トランスポート）と旅行（ツーリズム）にも広げる**べく再編した。現在、同社の事業は3つのものを見据えている。自動車、旅行、目的地（デスティネーション）だ。「それは自分で自分を打ち壊すためです。必要とされる会社であり続けるための方策を他社より先に実施したいのです」とルンドは語る。

「顧客との接点」を最大限に拡大する

戦略の再考は「自動車」から始まった。シドニーのオリンピック・パークにあるNRMA本社の前には、ヴィーフィル（Veefil）という電気自動車の急速充電スタンドが設置されている。青と白で塗り分けられた、安全剃刀のような形をした大人の人間ぐらいのサイズの装置で、30分で最大容量の約80%まで充電できる。

「あなたが動くとき、いつもそこにNRMAがある」というコピーが見える。投資額1000万豪ドルで、ニューサウスウェールズとオーストラリア首都特別地区に設置される40基のうちの最初の1基だ。

充電設備ネットワークの責任者である**バーンハード・コノプリア**は、エネルギー科学者でも環境保護主義者でもない。2017年まではフォックステルの戦略責任者で、その前は衛星デジタル放送会社のBスカイBにいた。

「オーストラリアのEVへの取り組みは諸外国に比べてひどく遅れています。この国には豊富な自然エネルギーがあるんですけどね。59％の顧客が、充電スタンド不足や航続距離が不安だと答えています。それで**われわれはインフラの整備に着手することにしたんです**」

充電スタンドの設置には1基15万豪ドルかかる。だが、この投資は単なるポーズではない。この充電設備ネットワークはやがてオーストラリアのEV充電ニーズの5〜10％を満たし、そこまで行けばさまざまなビジネスチャンスが見えてくることをコノプリアは見据えている。

NRMAは充電設備を商業目的地に設置したり家庭用充電器として販売することもできる。EVを所有する会員は、おそらく余ったエネルギーをNRMAのインフラを通じて電力会社に売ることになるだろう。

一方で、NRMAはコア事業に見切りをつけたわけではない。ロードパトロール部隊にはいまでも年間170万件の出動要請がある。2017年には6万2575件のロックアウト、1万6531件のパンク、30万3193件のバッテリー切れに対処した。

そんな中でも、NRMAは顧客ニーズの変化に素早く対応できるよう前線のスタッフの仕事の進め方を見直した。出動車両の100台以上が交換用バッテリーを積み、ボタン1つでレッカー車になる新しい特注の「モバイル・レスポンス・ユニット」（MRU）に切り替わった。パトロール担当歴24

年の**トニー・タミン**が、黄色と青で塗り分けられたMRUのボディをさすりながら話してくれた。

「6週間前からこれに乗っています。故障車両のドライバーにこれで牽引できますよと言ったら、ずいぶん喜んでくれました。**既存のコア事業でも、会員の期待以上のことをすること**で、大きな違いが生まれています」

NRMAをオーストラリアで最も信頼されるブランドの1つにしているのが、そのような顧客（カスタマー）体験（エクスペリエンス）だ。とはいえ、会員の車が故障するのは平均で3年に1回にすぎない。そこで同社は、修理、純正バッテリー、自動車保険や自動車ローンを提供することで会員との接点（タッチポイント）を増やそうとしている。

ここでも、その拡大戦略を支えているのはアウトサイダーだ。ロードサイドサービスの責任者**メラニー・カンシル**は、以前はナイン・エンターテインメント（メディア会社）で戦略と投資の仕事をしていた。

「自動車修理」の延長線上にあった「旅の目的地」という市場

そしてNRMAは、主戦場である自動車の世界から外に打って出ようとしている。「人の移動を支援するのが私たちの仕事です。それがわが社の最初の目的でしたから、少し手を広げただけのことです」とルンドは話す。車なら70分かかるシドニー・ハーバーからノーザンビーチまでを14分で結ぶ通勤・観光フェリー会社のマンリー・ファスト・フェリー（Manly Fast Ferry）を買収したのだ。

それはNRMAにとって、オーストラリア最大の運輸・交通サービス会社になるという大きな目標をめざす最初の一歩だった。ライト・オン・ザ・ヒル戦略の2番目の要素である「旅行」と3番目の要素である「目的地」ともつながっている。

NRMAは常にドライバーの利益を追求してきた。**だとすれば、ドライバーが向かう目的地の魅力を高めることに何の不思議もない。**そう考えたNRMAは、レジャー目的地の国内最大の運営企業になるべく、42のホリデーパークを購入し、ホテルチェーンのトラベロッジを傘下に収めた。

ルンドはまた、「メンバーシップ」(会員制)の意味を再考することで、大胆な起業家的飛躍を遂げた。NRMAは現在、ロードサイドサービスを含まない「NRMAブルー」という月額5ドルの会員制サービスを提供している。ガソリン、保険、旅行、エンターテイメントなどの分野で、35のパートナー企業が3000のアイテムを提供するサービスだ。

たとえば燃料1リットル当り5セントの割引、観光名所の入場・入園料割引、宿泊および交通サービス、そして無料期間2カ月のスポティファイ・プレミアなどが提供されている。

その目標は、**データを活用して顧客との間にパーソナライズされた関係を築き、「市場」と呼べるほど多数の会員を集めること**だ。くたびれかけた自動車修理工場が突如、競争力のある販売会社に変身し、顧客の日々の生活に影響を与え始めている。

結果がすべてを物語っている。**連続15年も会員数を減らし続けたNRMAだったが、最近2年で会員数は5%増えて260万人に達した。**宿泊施設、レンタカー利用、旅行サービスまで含めれば、500万人の顧客にリーチした計算になる。不安定な財務状況からも脱し、2018年の税引前利益は、前年比17%増の1億2930万豪ドルに達した。ネット・プロモーター・スコア（顧客のロイヤリティや継続利用意向を測る指標）で測定した顧客満足度は、同社史上最高を記録した。

ルンドは言う。「数年後、この会社は今の規模に留まっていることはない。私たちはいまや運輸・交通と旅行の会社であり、この分野では2〜3年でオーストラリア最大になるでしょう」。

デジタルの未来に対応する体制を築き、多彩なデータを活用する企業になることで、NRMAが次の100年も事業を継続している可能性ははるかに高まったと言える。最後にルンドは、「わが社にはいまもこれからも、楽しいことが一杯あるんです」と付け加えた。

隠れたニーズを満たせ

真のイノベーターは、新技術や経済情勢の変化から生じている新しい顧客ニーズを察知し、満たされていないニーズの中に機会を見つける。

企業が顧客ニーズの変化を理解するには、イノーバ・スクールのように、**「学んだことの捨て方を学ぶ」**必要があるのかもしれない。そのための実践的な方法をいくつか挙げる。

1 顧客の「生活」を体験する

満たされていない真の顧客ニーズを理解するために「顧客と生活を共有すること」に勝る方法はない。IDEOのやり方で構築されたインターコープのビクトリア・ラボは、顧客と同じ行動をし、顧客をその自宅で観察し、チームメンバーを顧客の近隣に住まわせることなどによって、顧客の生活の中に入り込んだ調査を行っている。ラボの中心メンバーに人類学者、心理学者、デザイナー、ストーリーテラーなどがいるのはそのためである。

2 アウトサイダーを招き入れる

混成チームには、自主性と上部組織からの独立性が必要である。CRPはそれを「火星人を仲間にしろ」と表現する。挑戦的な方法で考え、アウトサイダーならではの好奇心を持ち続ける人のことだ。

ビクトリア・ラボで私は、ニューヨークから来ていた友人の**トリシア・ワン**と再会した。自らを「世界を旅するテクノロジー民族学者」と称する彼女はリマに拠点を移そうとしていた。ＮＲＭＡでも、ローハン・ルンドは、テレビや消費者向けウェブビジネスからリーダー人材を招聘することによって組織に根づいていた支配的な文化に挑戦した。

3　チームの独立性を保つ

イノベーションを牽引するチームの独立性は、社長室からは十分離れているが、常にトップが意識の中にとどめていられる程度には近い場所に拠点を定めることで強化できる。ＣＲＰは、自社のラボをろうそくの火にたとえて、タワーからちょうどよい距離になくてはならないと説明した。「近すぎると火傷（やけど）するし、遠すぎると見えなくなる」と。

4　明確なミッションを掲げる

はっきりと宣言されたミッションは、全社一丸となって大きな改革を進め、社員を動機づけるのに役立つ。インターコープは「ペルーを家族が暮らすのに南米最高の国にする」ことをミッションとした。ＮＲＭＡはそのミッションを「自動車の修理」から「オーストラリアを動かす」に定義しなおした。戦略も事業も、すべてはミッションから自然に生まれてくる。

5 「ビジネスのデジタル化」3法則

ビクトリア・ラボの「ビーコン」は、新しいビジネスラインを反復し、既存事業をデジタル化する取り組みの好例だ。

デジタル化の第1の方法は、既存のビジネスと競合するデジタル技術を考えることだ。たとえばビクトリア・ラボは、インカファルマ・ストアと直接競合する処方箋配信アプリを開発した。

第2の方法は、まったく新たなデジタルサービスに取り組むことだ。たとえばリアルタイムのガソリン価格と連動するサービスを提供するNRMAのアプリは、既存のデータベースに少し手を加えれば出来上がるようなものではなかった。

そして第3の方法は、発想を自由に広げることだ。インターコープは元をたどれば銀行であり小売業であって、ユーザー体験デザイナーやアジャイル技術者を必要とする事業を行っていたわけではなかったのだ。

6 社内での戦いに備える

NRMAの取締役会が「ローハン・ルンドは事業の刷新に成功するだろう」と信用するまでに6カ月かかった。「当時の取締役会は、私がやることすべてを自分たちへの攻撃と感じていた」とルンドは振り返る。しかし、彼は少しずつ前進を積み重ね、抵抗勢力からの信頼を獲得していった。

7　最前線のスタッフの意見を聞く

NRMAでは、メラニー・カンシルが少なくとも月に2回、電話対応スタッフとランチタイムミーティングを行い、実際の顧客サービスの電話を傍聴する。また、少なくとも月に1回、ロードサイドサービスの出動にも同行する。カンシルは、「彼らが何を言っているのかがはっきりわかる」ために、小さい会議のほうが大きい会議よりよいと言う。そのようなミーティングでこそスタッフは心配事を打ち明け、顧客が何を求めているかを教えてくれる。

さらにNRMAは、上級管理職レベルや役員会レベルでジェンダーの多様性を保つことが、会社全体のヒューマンスキルの向上に役立ち、ひいては顧客に喜ばれる結果につながっていることを認識している。

8　焦点を絞る

「広告なし、ゲームなし、仕掛けなし」をめざしたワッツアップのように、顧客が「本当に望んでいるもの」を追求することが大切である。

チームを奮い立たせろ

「アラップ」
実現不可能な老舗ホテルの地下建築プロジェクト

Finland
Estonia
China
India
UAE
Australia
South Africa

PART 2

全員参加型イノベーション

ロンドンのメイフェアに建つ由緒あるクラリッジズ・ホテル。その裏に、業務用車両が通るブルックス・ミューズという道路に接して、小さな橋脚型クレーンが一基、設置されている。1泊1200ポンドの5つ星ホテルで、工事用の仮囲いの上から顔をのぞかせているこのクレーンだけが、建築工事が進行中であることを物語る。

私は回転式ドアからホテルに入り、ゲストから完全に隔離された部屋でヘルメットにゴーグル、ブーツを身につけた。案内役の**ジム・マッキー**は長身で赤ら顔に白いあご髭をまばらに生やした66歳のエンジニアだ。工事による振動を表示しているモニター画面の横を通り、床にあるほこりっぽい大きな穴の前に立った。ハシゴでゆっくり地下空洞の底へと降りながら、マッキーが誇らしげに言った。

「誰もが『不可能だ』と言った建設工事だ。彼らの『不可能』は、私にとっては『挑戦しがいがある』という意味になるがね」

地下に降り立った私たちの頭上には、厨房や洗濯室など、ロンドン一有名なホテルの舞台裏の喧噪があるはずだ。もちろん見えはしない。スイングドアを越えると世界は一変し、アールデコ調のロビーの静寂があるはずだ。

グランドフロアでは、シャンデリア彫刻の下で客たちが午後のティータイムを楽しんでいる。だが、誰一人、1854年に開業し、英国女王、チャーチル大統領、キャサリン・ヘップバーン、その他名前を挙げればきりがない各国の皇族やセレブが宿泊したホテルが、ロンドンで最も野心的な建設現場になっていることに気づいていない。

「不可能を可能にする男」すら諦めたプロジェクト

コットンシャツに着古したジーンズのマッキーは、自分をエンジニアと称したがらない。アイルランドのドニゴールで育った彼は、正式な教育を修了していないが、半世紀近い実績の蓄積によって「ロンドンの難工事をいくつも成功させた建築エンジニア」という名声を獲得した。

完成させた仕事の中には、複雑なサスペンション構造のタワービルを下から上へと解体したレドンホール街122番地でのビル解体工事や、駅を閉鎖せずに進めたリバプール・ストリート駅の屋根撤去工事などがある。

2007年に、高級ホテルを所有するメイボーン・ホテル・グループがクラリッジズ・ホテルの地下に2階分の拡張を行うと決めたとき、大株主である**パディー・マッキレン**が、マッキーの所属するマギー・グループ（McGee Group）に建設を依頼したのは自然なことだった。

建設工事に関して、マッキレンには2つ条件があった。

［その1、ホテルは工事中も全館で営業を続けること］

レセプションフロアの下で工事が行われていることを客に気づかせてはならない。サヴォイ・ホテルは2007年12月、工期10カ月総工費1億ポンドの改装工事を開始するにあたり、高額の宿泊費を払う常連客を失うリスクを冒して営業を停止し、最終的に営業停止期間は3年、総工費は3億2000万ポンドに達した。マッキレンはそのようなリスクを取りたくなかったのだ。

［その2、建設機材やコンクリートの搬入、残土の搬出に使うのは、ホテル裏手の2メートル四方の開口部だけに限ること］

さすがのマッキーも、当初は「実行不可能な夢物語だ」と依頼を断った。そして2000年のリーマンショックもあり、この地下拡張計画はいったん沙汰止みになった。しかし、マッキレンは2015年、地下5階、工費3500万ポンドに拡大した計画を携えて、再びマギー・グループを訪ねた。

新しい計画は地下にプール2つ、スパ、複数のレストラン、店舗とオフィスのスペースを新たに設けるほか、上階にある機械・電気・空調設備を地下に移し、空いたスペースに客室40と6つ星のスイートを作るというものだった。

マッキレンは、**総床面積6000平方メートルとなる地下5階を設計し、それをホテルの客に気づかれることなく造り上げる**という途方もない課題を残して立ち去った。

難工事ほど燃える謎のエンジニア集団

マッキーは、最初に自分が断ったあと、一流の建築会社やエンジニアリング会社も「実行不可能だ」として工事を断り続けていることを知っていた。マッキーはすでに引退してマギー・グループから離れていたが、プロジェクトを引き受けた古巣に呼び戻された。

そのとき彼は、力になってくれそうな人がいることを思い出した。以前、難工事になればなるほどやる気を燃やす一風変わった構造・地質工学エンジニアの集団と働いたことがあったのだ。アラップ（Arup）という、ロンドンに拠点を置く建築コンサルティング・エンジニアリングの会社だ。

アラップは世界に1万5000人の社員を擁する従業員所有（従業員が過半数株主となる所有形態）の会社で、世界中で困難な建設に取り組んでいる。「真のエンジニアリングを提供できる会社があるとすれば、アラップをおいて他にないと思った。私がその計画の話をしたとき、彼らの興奮ぶりは尋常じゃなかった。頭のネジが飛んだのかと思ったよ」とマッキーは言った。

アラップは、エンジニアであり哲学者でもあるデンマーク系英国人のオーヴ・アラップが1946年に設立した会社だ。手がけた建造物の一例を挙げれば、シドニーのオペラハウス、クパチーノのアップル・パーク（アップルの本社ビルを中心とする施設）、北京のCCTV（中国中央電視台）、デンマークとスウェーデンを結ぶオーレスン・リンク（オーレスン海峡をまたぐ鉄道・道路併用橋と海底トンネル）などがある。ロンドンではザ・シャードという超高層ビルやミレニアムブリッジ（テムズ川にかかる歩道橋）、香港では国際金融中心（センター）、ニューヨークではセカンドアベニュー地下鉄線の実現にも一役買った。

35カ国に90の支社を持つ収益15億ポンドの大企業だが、社員にあれこれ指図しないことで知られる。グレーターロンドンのフィッツロビアにあるオフィスで副会長の**トリストラム・カーフレイ**は、「私には全然権威がないんです」と言った。「社員は自分で決断を下し、自分と同僚にだけ説明責任を負っています」。もちろん、わざとそうしている。アラップは社員に自律心と好奇心を持たせ、ワクワクして取り組めるプロジェクトを選ばせることに熱心だ。

3つの難問、3つの勝利

マッキーは、以前一緒に仕事をした、アラップ在職38年のベテランであるディネシュ・パテルをクラリッジズ・ホテルに招き、地質工学と建築構造の専門家と一緒に地下建築の設計をやってもらえないかと持ちかけた。パテルは、トンネル掘りと地下構造物の設置を生きがいにしている。

「これは建設不可能な地下室と呼ばれていました。でも、アラップは知恵を絞って難工事をやり遂げるのが好きでね。無難な仕事はしないけど、能力の限界を試されるようなプロジェクトに挑むのが好きなんです」とパテルは言う。

パテルはそれまで半端ではないストレスのかかる難事業を体験していた。ロンドンだけでも、ロンドンで最も高いヘロンタワー（230メートル）、ヴィクトリア&アルバート博物館の世界クラスのギャラリー、ケンジントンのワン・ハイドパークでの超高級住宅地の開発などがある。

「どれも困難なプロジェクトだったけど、クラリッジズの案件と較べたらかわいいものだ。地下の工事をやっているときは眠れない夜が続く。いいところまで行ってはダメになって、やり直すことになるんだ。ドナルド・トランプやヒラリー・クリントンを泊めるホテルというのは簡単じゃないよ」

マッキーには1つのアイデアがあった。1920年代に建設されたアールデコ調のクラリッジズ・ホテルのウィングは、61本の柱で支えられている。その柱の下に立坑を掘り、新たに地下の柱を建設して支持基盤とする方法を思いついたのだ。これならできるかもしれない。

パテルがその案をアラップの同僚たちに説明し、2015年12月に実現可能性（フィージビリティ）の調査を行ったところ、全員がたちまち夢中になった。アラップが大好きな「不可能なプロジェクト」だったからだ。

彼らは1928年以降の古い『ビルダー』（The Builder）誌を探し出し、当時のホテル建設チームを悩ませた地下1メートルの軟弱地盤のことを調べた。この地層が水分を含むと練り歯磨きのようになり、構造全体が不安定になる。アラップとマギーのチームは、「真空脱水」と呼ばれる方法でこの課題を解決した。スポンジから水分を取り除くような吸引力を地面に持たせる方法だ。彼らは最初の小さな勝利を収めた。

だが彼らの前に、より不確かな2番目の難題が立ちはだかった。ホテルは100年前に造られたコンクリート製のベタ基礎の上に乗っている。50メートル×25メートル、約75トンの鋼鉄で補強された厚さ1メートルの基礎だ。それは、地下5層の構造物を造る工事に耐えられるのだろうか？

クラリッジズ地下工事のマネジャーであるアラップの**サラ・グローバー**は言う。

「ポキンと折れるような土台の上に何かを建てるわけにはいきません。すでに人が居る建物があればなおさらです。この問題は、言わば卵が先か鶏が先かという問題です。鉄骨がどこに入っているかを知る唯一の方法は基礎を壊して中を見ることですが、それをやってしまったらホテルを支えている構造を破壊することになります」

彼女のチームは実験検査のために基礎の一部を切り出し、設計チームが数値モデリングを使って延(えん)性(せい)を調べ、工事による地殻の動きで生じる曲げ圧力にラフトがどこまで耐えられるかという破壊試験を行った。試験の結果、この基礎には建設工事によってかかる圧力に耐えられる強度があることがわかった。これが2つ目の小さな勝利だった。

だが、次が本当の難問だった。ホテルは地中に埋められた61本の鉄骨の柱に支えられた基礎の上に建てられている。どうすればこの柱を安全に下方に伸ばし、地下に新設する5つの階と営業中の地上の8つの階を保持することができるのか？　どんな技術を使えば、2メートル四方の開口部が1つだけという厳しい制約の下、ホテルの営業を続けながら地下工事を進めることができるのか？

アラップのエンジニアとジム・マッキーは創造力を発揮し、見事なまでにシンプルな方法を見つけた。鉱山労働者を雇い、まず、ホテルの地下にある泥層と、さらにその下の硬い粘土層を地下30メートルまで掘り進む。次に、いまある61本の柱の下に立坑を掘って鉄骨を組み、コンクリートを充填してホテルを支える新しい基盤を形成する、という方法である。

15人の鉱夫と2人の坑道管理者が、主にアイルランドのドニゴールで雇われてやってきた。彼らは昼夜を問わず体系立ったやり方で、わずか**17カ月で、述べ深さ1800メートルになる立坑と総延長400メートルのトンネルを手掘りで掘った**のだ。

マッキーが言った。「トラック500台分の土を、ほとんどシャベルだけで掘った」。

「分業型イノベーション」の真逆を張る

マッキーが、すでに完成した地下1階に案内してくれた。そこでは蛍光反射ベストを着た建築作業員がてきぱきと動き、建設機械を搬入していた。驚くべき結果だ。地下鉄の駅さえ造れそうなコンクリートで覆われた広い空間が完成し、内装工事の開始を待っている。コンクリートの収縮を防ぐために、油圧ジャッキが支柱にセットされている。

マッキーは、水泳プールが造られる2本の柱の間を指さし、工事の騒音に負けないように大きな声で、「いまは建物全体が油圧ジャッキで支えられている状態だ」と説明した。「この3500万ポンドの工事が終わったら、1億2000万ポンドの新しい不動産が生まれるらしい。受注額を決めるとき、それを知らなかったのが残念と言えば残念かな」。

私たちの近くでコンクリート床を検査していたパテルも、進捗状況に満足気だ。

「ここでは、まったく異なる業界の技術を使っている。競合他社はある部分までの設計だけすると、細いことは他の誰かに押し付けて、それで〝イノベーション〟と言っている。でも、こういうプロジェクトでは、最後までチームとして働く必要があるんだ。鉱山技術を持ち込むのも、壁の小さな穴を通すのも、**何もかも全部チームで取り組むべき**なんだ」

マッキーは自分と仲間たちが成し遂げた仕事に誇りを感じながら、現場を最終確認した。2019年1月、彼のチームはスケジュール通り、5層の地下階とそれをつなぐ作業用トンネルを次の内装工事の工程に引き渡した。

彼らはたった1つの開口部からトラック3000台分（約60000トン）の廃棄物を運び出した。しかもホテルの利用客に気づかれずに。寝ている間に地下で何かやっているという噂を耳にした常連客はいたようだが。

「引き渡し後、億万長者やロックスターの客が、地下を見たいと言って降りてきたよ。厳しい制約の下で、しかも自分たちが豪華な夕食や5つ星のスイートルームを楽しんでいる足の下で、こんな工事が行われていたのかと、みんな驚いていた」

パテルにとってこの工事は、**優れた人材がいて、挑戦しがいのある課題があって、好きにやらせてもらえるなら、とてつもなく素晴らしいことを達成できる**という証拠に他ならない。

「私たちはこういう仕事に尻込みしないんだ。リスクは大きいけどね。アラップの最大の資産は人間だ。人間こそが本当の財産（リアル・エステート）なんだ」

人間が「手段」ではなく「目的」である組織

たくさんの本が乱雑に積まれたオフィスで、アラップ（Arup）の副会長トリストラム・カーフレイに話を聞いた。

「私が取締役会に加わったとき、元会長からこう言われたんです。『おめでとう、でもこの昇進で何かが変わると思わないほうがいい。部下がこれまでより少しは話を聞いてくれるようになるかもしれんがね』と。実際、ここでは新人社員のほうが先輩社員より何でもよく知っているんです」

アラップは年に平均6700のクライアントから、1万8000件のプロジェクトを受注している。だがカーフレイによると、最大のプロジェクトは自社のための取り組みだ。優秀な人材を雇い、命令されずとも協力して働き、不可能なプロジェクトに夢中で取り組むよう動機づけるプロジェクトだ。

アラップ創業者・伝説のスピーチ

1970年7月9日、オーヴ・アラップはハンプシャー州ウィンチェスターに社員（パートナー）を集めたミーティングで、会社の価値と目的について語った。彼の話は「キー・スピーチ」として継承され、半世紀を経たいまも、すべての新入社員がそれを読む。アラップはこう言っている。

「この会社は巨大で効率的に運営されていますが、人間的であり友好的でなければなりません。だれも指揮命令系統の一部、官僚機構の一部として扱われることがあってはならないのです。**一人の幸福が全員の関心事であるような組織、人間が手段ではなく目的であるような組織**にしなくてはなりません」

世界トップクラスの才能を引き付けるために、給料は仕事内容ほどの効果はないと考えるアラップは、さらに次のように述べている。

「才能ある人材を引き付けるものは、創造力を発揮できる、面白くてやりがいのある仕事です。自分を最大限に伸ばし、成長させてくれ、責任を持たせてもらえる仕事です。**形式主義を感じたり、誰かに仕事ぶりをのぞき込まれたり、自分の仕事に関する決定に関われなかったり、あるいは同意できない決定に異議を唱えられなかったりすれば、彼らは荷物をまとめて会社を去っていく**でしょう。そうでなくてはならない。だから私たちには、才能のある個人がのびのびと働ける環境を用意できるかどうかが問われているのです。意思決定の権限は、可能な限り下へ下へと広げなくてはなりません」

アラップのスピーチから50年経つが、その価値観はいまも変わることなく受け継がれ、「彼」という代名詞に表れる当時のジェンダー的偏向も解消され、世界で最も優れたエンジニアがここでキャリアを磨くために集まってくる。

「年功序列」の時代は完全に終わった

カーフレイは1981年にケンブリッジ大学を卒業し、アラップに入社した。2008年北京オリンピックのアクアキューブ、シンガポールのマリーナベイにある二重らせん構造のヘリックス・ブリッジなどシンボリックなプロジェクトに取り組んだ。

「アラップの社員は、上から押し付けられないときに最高の仕事をする。会社は信頼関係で結ばれた全社員によって所有されているので、〝われわれ〟と〝彼ら〟という壁はありません。これまでのところ、このやり方は上手くいっています。毎年利益を上げているし、私たちに影響力を及ぼそうとする外部からの投資も必要としていません」とカーフレイは言う。

だが、彼はこう自問することを忘れない。

「世界が私たちより速く変化し始めたら、私たちのやり方は上手くいかなくなるかもしれない。デジタル時代においても、私たちが掲げる目的は適切といえるだろうか？」

これは重要な問いだ。新しい世代の考え方、前提、適応スピードについていけなくなれば、人材獲得競争に負けることをアラップは知っている。

「いまや**勤続35年の社員より新入社員のほうが優れた知識とスキルを持っている時代**なのです。いつ人材の混乱が起きてもおかしくない。たとえばブロックチェーンや機械学習の話に、いまのリーダーはほとんどついていけない。そこに限ればもう役立たずです。組織の中だけを見て、互いに慰め合っている内向きの集団では、現実の世界で生きていけません」

そう私に話した日の前夜、カーフレイはアラップ在職45年になるもう一人の副会長と食事をともにした。話題はデジタルネイティブ世代の若者に及んだ。**「自分のネットワークを通じて問題を解決し、ユーチューブで自己教育するような彼らが、ベテラン社員の専門知識に価値を置く、階層構造の内向きの会社に入りたいと思わないのは当然だ」**という点で2人の意見が一致したという。

たいていの専門的なパートナーシップ組織と同様、アラップでも社員はまず階層のいちばん下に入り、経験と知識の蓄積に応じて徐々にポジションを上げていく。いきなり起業することも普通な時代に、才能のある卒業生が10年間がまんしなければならない理由はない。カーフレイは言う。

「私たちはスタートアップと真逆のことをしている。アラップは〝われわれ〟を強調しすぎている。もっと風通しのよい、ネットワーク的な、外の優秀な人々と簡単につながれる組織になる必要があります。一生勤め上げるような会社ではなく、自由に出たり入ったりできる会社になるべきなのです」

世界一権限のないCEO

イノベーションを探究する旅の目的地はフィンランドに移る。

ヘルシンキにあるゲーム会社、スーパーセル（Supercell）だ。

ジョナサン・ダウワーは、10カ月間ゲーム開発者とデザイナー10人を率いて「スマッシュランド」の制作に取り組んだ。このモバイルゲームは「キャラクターを集めて他のプレイヤーと戦うピンボールマシンみたいなもの」で、カナダ、オーストラリア、ニュージーランドで初期テストのためにリリースされ、社内で大いに愛された。しかし、彼らの頑張りにもかかわらず、期待通りの数のプレーヤーを引き込むことができなかった。

ニュージーランド出身のゲームアーティストであるダウワーは、ヘルシンキのオフィスでチームメンバーに「まだこのゲームの成功を信じているか正直に話してほしい」と静かに促した。「なんとか成功させようとあれこれ試みたけど、チーム内に失敗の懸念があるのを感じたんだ」と彼は振り返る。「メタゲームに問題があったのかもしれない。修正作業がフランケンシュタイン誕生みたいな混乱に陥ってしまったんだ」

チームはヘルシンキのサウナサアリ（サウナ島）に行くことにした。サウナで雑談しているうちに、ふと気づくと、他のゲームのアイデアについて興奮して話していた。

「そのとき、スマッシュランドをやめることを決めたんだ。素晴らしいものをめざせないことがわかったからね」とダウワーは言う。彼は、全社員に宛てたメールで中止決定を伝えた。

「その日、イルッカは国にいなかったので、相談はしていない」

なのである。

「完全な権限委譲」という悲願

イルッカ・パーナネンはスーパーセルのCEOであり、ダウワーの上司なので、この中止決定のプロセスは奇妙に思える。だが、利益をもたらすかもしれないリリース直前のゲームを、チームリーダーがCEOと相談することさえなく中止するようなことこそ、まさにパーナネンが望んでいることなのである。

スーパーセルはヨーロッパで最も成功したスタートアップの1つであり、最高に価値のあるゲーム会社の1つだ。その共同創設者にしてCEOのパーナネンは、280人の社員が自発的に意思決定を行うよう徹底した権限委譲(エンパワーメント)を行っている。2017年、ロンドン近郊でグーグルのツァイトガイスト・フェスティバルが開かれた際、ランチを食べながらパーナネンは私に言った。

「世界でいちばん権限のないCEOになりたいんですよ。そのために、権限をゲームを実際に作るチームである〝セル〟、つまり社員に与えたい。**私の仕事は、考え得る最良の人材に来てもらえる環境を整えて、最大のインパクトを生み出す方法を彼ら自身に決めさせること。それができたら、あとは邪魔にならないように姿を消すだけです**」

その戦略は、彼に投資した人々の願いをはるかに超える結果をもたらした。2016年、創業6年の同社は4つのゲームを市場に送り出したが、中国のテンセントは86億ドルを出資し、時価評価額1

02億ドルの株式の過半数を入手した。同年、同社の無料ゲームは、主にゲーム内課金によって23億ドルの売上と10億ドルの利益を上げた。同社のゲームであるクラッシュ・オブ・クラン、ブームビーチ、ヘイ・デイ、クラッシュ・ロワイヤル、2018年12月以後はそれらに加えてブロウル・スターズを、毎日1億人以上が楽しんでいる。典型的なプレーヤーは6分間に8~9回ログインする。

パーナネンに言わせれば、同社の成功は、小人数のチームを意味する「セル」あるいは複数のセルを集めた「スーパーセル」に根源的な自主性を与えたことによってもたらされた。それは、彼自身がかつて働いて不満を抱いた階層型組織の裏返しだった。

2018年9月、私はパーナネンに招かれて、かつてのノキア研究センターにあるスーパーセルを訪問した。フィンランドの夏も終わろうとする、暖かい月曜日だった。

同社でセルのリーダーを務めるダウワーは言う。「誰もが自分で意思決定できます。エゴを捨てれば自ずと正しい意思決定ができます」。もちろん、セルは自分たちの決定の正しさを会社に認めさせる必要があり、金曜午後の全員参加の会議はそのために行われる。

重要な決定を行った時など、シャンパンのボトルを開けて祝杯をあげることがある。そして、ゲーム開発の失敗を認めたスマッシュランドの中止決定の時にもボトルが開けられた。

「〝ザ・ラーニング〟というブランド名が付けられていて、無地のラベルに失敗から学んだ教訓を書き込むことになっています。失敗ではなく失敗から学んだ教訓を祝うんですよ」とダウワーが言った。スーパーセルで5年間ゲーム開発をリードしている彼は、タトゥーとあご髭、ジーンズにTシャツだ。

靴を履いていないのは、部屋では靴を脱ぐことになっているからだ。擦り切れたソックスを履いていた私はバツが悪かった。

「そうは言っても失敗は最悪です。ミーティングで開発中止の報告をしたとき、緊張で震えました。泣きたい気分になって、とてもシャンパンの気分じゃなかった。でも、**自分たちがどこにいるか、どこに行きたいのかを描いた絵を見せて学んだことに祝杯をあげた**とき、みんなから拍手が起こったんです。信頼関係がなかったら、そんなことは起こりません」

「働き方」と「多様性」の本質

ダウワーのチームメンバーは、次に参加する別のセルにすぐ移ることができた。ダウワー自身はその後、クラッシュ・ロワイヤルのリーダーとして2年半働き、その次は新しいゲームに取り組む4人のセルの一員となった。「働き方に、こうでなくてはならないというものはありません。最高のゲームをつくるという共通の目標に向けて、自由なスタイルで働く人々の群れがこの会社です」

スーパーセルのウェブサイトには一時期、「最高のゲームを作る最高の人々」というスローガンが載っていたが、いつからか「人々」が「チーム」に書き換えられた。

そこにはまた、社員のポラロイド写真がセル別に壁に貼られていた。それを見る限り、セルのサイズは4人から17人まで、人数はさまざまだとわかる。いちばん新しいゲームのブロウル・スターズ開発チームは13人だ。管理部門もセルになっていて、12人のメンバーがいる。誰かが別のセルに移ったグループには空きスペースができ、次に入った人の写真が追加されることになる。

多様性を重視していることもうかがえる。ヘルシンキのルオホラハティ地区にある本社では、働いている社員の出身国は32カ国に上り、英語が社内の公用語だ。フィンランド以外に約80人の社員がサンフランシスコ、東京、上海、ソウルで勤務し、1人の音楽作曲家がコペンハーゲンにいる。

パーナネンの考えでは、**最高の仕事は、全員が自分なりに貢献しようと熱心に働く小人数のチームによって行われる。**そういうチームでは、全員が製品開発のロードマップを掌握している。上司はときおり質問をするだけで、自分の答えを押し付けることはない。そんなやり方は「文化を破壊するだけだ」と言う。

透明性も重要だ。ゲームのベータ版が発表される前に、全社員が実際に新しいゲームで遊んで意見を述べる。開発チームは会社全体に、会員の維持やユーザー・エンゲージメント、収益目標などを伝え、目標に達しなければ言い訳の余地はない。

パーナネンがグーグル・ツァイトガイストのイベントで述べたように、「組織図やプロセスをいじっても素晴らしいゲームは生まれない。ゲームは科学ではなく芸術の一形態であることに私たちは気づきました」。それは、チームに失敗を許すということに他ならない。なぜなら、**「失敗していないということは、革新的なことをする努力をしていないのと同義」**だからである。

「強い文化」があれば「ルール」は要らない

スーパーセル勤務歴7年のベテランである**ティムール・ハウシラ**は言う。

「新入社員が自分で自由に意思決定してかまわないと学ぶのに2週間かかります。社員はゲームの方向性、タイムライン、締切、外部のパートナーに協力を求めるかどうかなどを決めることができます。もちろんパーナネンはパワフルだけど、そのパワーはチームのマイクロマネジメントには向けられていません。**彼が注力しているのは、良い質問をすること、社員同士を適切に結びつけること、そしてどこまでやったら一歩退いて社員にまかせるべきかを判断すること**です。彼はチームを信頼しているんです」

あご髭を生やし、長い髪を後ろで束ねたハウシラは、ヘイ・デイとブーム・ビーチの元ゲームリーダーで、現在は新しいゲームの制作に取り組んでいる7人のチームの一員だ。「ぼくたちは過去を祝うのをやめません。自分たちが作ったゲームが何億回もダウンロードされているというのはうれしいですからね。でも、ぼくたちをやる気にさせるのは、新しい機能や新しいゲームの開発です」

オフィスのドア付近には、全世界のユーザー・ログイン数がリアルタイムで表示される人型ディスプレイがある。人材採用チームの一員であるアレクサンダー・パトゥチャスが、「それ、世界進出地図（ワールド・ドミネーション・マップ）というんです」と教えてくれた。

ユニークな企業文化で成功するスタートアップはゲーム業界だけではない。エアビーアンドビーの共同創設者である**ブライアン・チェスキー**は、2013年10月にチーム全体に宛てて書いた「文化を壊すな」と題する文書に次のように書いた。

「強い組織文化があれば、ルールは少なくてすみます。強い文化があれば、会社は社員が正しい行動をすると信じることができる。社員は独立心を持って行動することができ、起業家精神を発揮できる。起業家精神旺盛な会社は〝月に人間を送り込む〟ような飛躍を遂げることができるのです。**組織の文化が弱ければ、詳細なルールやプロセスを決めなくてはなりません。それは、社会全体についても言えることです**」

確かに、ゲームデザインにはクリエイティビティを刺激するアプローチが必要だ。スーパーセルのジョナサン・ダウワーもこう言っていた。「自動車メーカーは、ブレーキを踏んだら絶対に止まるクルマを造らなくちゃいけないから、生産ラインの作業員に自由に働いていいとは言えない。でも、クリエイティビティが必要な仕事では、フリースタイルで働き、多くのアイデアに心を開かなくてはなりません。いまではさまざまな業界でクリエイティブな要素が求められているから、他の業界でもぼくたちの考え方を使えるかもしれない」。

私はスーパーセルが直面するリスクは何かとダウワーに尋ねたら、「重力」という答えが返ってきた。「会社が大きくなるほど、私たちを伝統的なスタイルに引きずり込もうとする重力も大きくなる。そうなったときの最大のリスクは、自らに挑戦したり、自らに疑問を投げかけたりするのをやめることだと思う。フロー通りに事を進め、プロセスを整えるのは簡単だからね」。

アラップ式イノベーション誘発法

再び舞台をアラップに戻す。白いシャツに蝶ネクタイ、ポケットに青いペンを差した**クリス・ルエブクマン**が語る。「私たちはCERN（欧州原子核研究機構）のために巨大なトンネル（衝突型円型加速器）を作りましたが、その際、ドローンで内部を撮影したデータを、独自に開発したアルゴリズムに当てはめてクラックの状態を明らかにしました。それまでは、クラックの状態を調べようと思ったら、足場を組んで、それこそ1平方センチ単位でシラミつぶしに確認しなければなりませんでしたから、これはかなりのイノベーションです」

社員に最新動向のさらに先を進ませ、イノベーションを実現するために、アラップはどのような方法を使っているのだろう。ルエブクマンによると、オートデスク（PART9参照）のようなソフトウェア会社は、実験と研究を中央で集中的に行っているが、アラップは1万5000人のスタッフに「権限委譲と自主の深い感覚」を与えるために、その機能を分散化している。

アラップで「グローバルな先見力、研究、イノベーション」のための取り組みの先頭に立っているルエブクマンはカリフォルニア州で納税しているが、時間の半分以上は世界を旅し、社員が最新のツールと知識を得て、好奇心をもって最高の仕事ができるようにするために費やしている。

彼の任務は、組織に「流動性、信頼、そして好奇心」を注入することだ。すなわち、全社員に会社の外で起こっている変化の動因に気づかせ、発想を刺激し、ラインの管理職にそのじゃまをさせないことである。これは、中央に集めた専門家の手でイノベーションを実現しようとする〝象牙の塔（アイボリー・タワー）方式〟とは反対のやり方だと彼は言う。この研究を優先的にやれ、と号令をかけるCEOもCTO（最高技術責任者）もCMO（最高マーケティング責任者）もアラップにはいない。

アラップは、ブロックチェーン、ロボット工学、機械学習といった新しいテーマに関するワークショップに社員を招待したりもする。研究したいテーマがある社員は、オンラインで簡単に助成金を申請することもできる。その際必要なのは、その研究によって得られる新しいスキルが、会社と同僚にどう役立つかを説明することだけだ。影響の及ぶ範囲に応じて、ローカルまたはグローバルなレベルで採否の決定が行われる。

しかし、どんな仕組みを工夫しても、もしアラップが才能と意欲のあるプロの問題解決者を引き付けることができず、最高の仕事をさせることができなければ、何の意味もない。そうならないためには、普通の企業と同じように行動しないことが重要である。

私たちがクラリッジズ・ホテルの見学を終えて立ち去るとき、ディネシュ・パテルは自分に言い聞かせるように言った。「アラップがクライアントに提供できる最高の価値は、アラップの理念にコミットした、さまざまな専門分野にまたがる才能豊かな社員集団です。少なくとも、私たちには気にしなければならない株主はいません。会社の運命は、働いているわれわれだけが握っているのです」

チームを奮い立たせろ

優秀な人材は、最高の仕事ができ、成長できる機会のある職場を探す。従業員のモチベーションに関するさまざまな研究を評価したダニエル・ピンクの2009年の著書『ドライブ』(邦題『モチベーション3・0』)は、給与や地位は、自律性、習熟、目的などと較べると、はるかに弱い動機づけでしかないと結論づけた。

1 優秀な人材に権限移譲する

敵に中心がなく、分散して行動する可能性があるいま、軍隊でさえ階層型組織による意思決定に疑問を持ちはじめている。多くの業界が、スタッフの権限を強化し、明確な責任を設定することで、大きな成果を得ることができる。

2 官僚主義を一掃する

社員に自律的に行動する自由を与えることに加え、社員の足を引っ張る社内の障害、たとえば形式主義的な承認手順や不要不急の会議などを最小限に抑える。官僚制はスピードと創造性の敵である。

3 全社員をあらゆる議論に参加させる

職位にかかわらず、全社員に会社に関するすべてのことを伝える。これには高度な透明性が必要だ。

スーパーセルでは毎日、全従業員に主要な業績数値がメールで伝えられる。

4 **失敗の恐れを取り除く**

リスクは冒せないと思っている社員に、傑出した仕事はできない。失敗したら立ち止まり、そこから得た教訓を咀嚼することが重要だ。シャンパンの乾杯でその教訓を祝うかどうかは別にして。

5 **信頼を醸成する**

クリエイティブな職場文化は社員相互の信頼の上に成り立つ。ティムール・ハウシラは言う。「結果が期待外れに終わったら社員は会社を去るべきだと考える会社は、チームを信頼しておらず、チームも会社を信頼できない。信頼がなければリスクも取れず、イノベーションも起こりません」

6 **未来を読む機能を社内に設ける**

経営陣も社員も市場が進んで行く先を見通すことができ、その進展に自社の製品やプロセスを適合させる方法を考えることができる。クリス・ルエブクマンは、未来を考えるために年に2日確保することを提案している。1日は問題を理解するために使い、もう1日はそれに対応する計画立案のために使う。残る1年は計画に従って行動する。

海賊を雇え

「DDS」ペンタゴンを救うハッカー集団

Finland
Estonia
China
India
UAE
South Africa
Australia

PART 3

USA

UK

Peru

正義のハッカー集団

15年以上前、米国海兵隊軍曹の**アレックス・ロメロ**は、ミサイル発射管制システムのメンテナンスをしているときに、警戒すべき事象に気づいた。制御装置に向けて特定のシークエンスで光が照射されると、ミサイルの軌道が変わってしまう可能性があったのだ。

ロメロは電子光学の専門家で、コンピュータセキュリティの分野でも経験があったので、その脆弱性は兵器体系全体の有効性を損なう可能性があることが理解できた。さっそくその懸念を上官に伝えたが「お前が口出しする領域じゃない」と却下された。

数年後、ロメロは米国国防総省のメディア部門で情報セキュリティの仕事をしていたが、彼にとっては常識の範囲内である考えを上司に進言したとき、再び同じフラストレーションを味わうことになる。Eコマースのアリババ（阿里巴巴）からソフトウェア開発のゼンデスクまで、**デジタル企業はどこでも、部外者がソフトウェアの脆弱性を指摘してくれたら報奨金を与えるという「バグ通報報奨制度」を設けていた。**ロメロは国防省も同じことをすればよいのではないかと進言したのだ。

倫理的なハッカーに、一般公開されているウェブサイトのセキュリティ・チェックを依頼して、たとえばISIS（イスラム国）が人質斬首ビデオを国防総省のサイトにアップする危険性を最小限に抑える工夫をしてもいいのではないか、と考えたのだ。しかし、そんなことはできないと言われた。

制服を着た軍人だらけのペンタゴンの食堂で、スターウォーズTシャツを着たロメロが当時を思い出しながら話してくれた。

「国のシステムの脆弱性を知った人が、しかるべき筋に通報するための法的な枠組みがなかったのです。それをやったら、コンピュータ不正行為防止法に抵触するおそれがあったからです」

だからこそ進言が却下された数カ月後、ジーンズにTシャツという出で立ちの数人がロメロのもとにやってきて「ハック・ザ・ペンタゴン」(国防総省をハックせよ)と名付けられたバグ通報報奨プロジェクトの実験に協力してほしいと言ったとき、ロメロはにわかには信じられなかった。

彼らは、自分たちは防衛デジタルサービス(DDS)の人間だと名乗ったが、ロメロはそんな部門を知らなかったし、当時DDSにはウェブサイトさえなかった。何らかのソーシャル・エンジニアリング(機密情報を漏洩させるための心理操作)に違いないと考えたロメロは、彼らに「責任者からのしかるべき文書を持って出直してくれ」と要求した。

翌日、彼らは本当に文書を持ってきた。そこには国防長官の署名があった。DDSは本物であるどころか、国防総省のトップが承認した組織であり、事前審査されたハッカーに政府のネットワークに侵入させる実験を管理する最初の政府部局だったのだ。もちろんロメロは参加した。

世界最強組織をあらゆる角度からハックする

ハック・ザ・ペンタゴンは、2016年4月18日の真夜中に公開され、5つの一般向けウェブサイトが標的に指定された。国防総省、国防総省ライブ（DoD Live）、防衛ビジュアル情報配信サービス（DVIDS）、マイAFN（AFNは米軍放送網）、防衛画像管理運営センター（DIMOC mil）の5つである。開始13分で最初の脆弱性が確認された。6時間後、その数は200に増えていた。登録された1400人強のハッカーのうち250人以上が脆弱性レポートを提出し、そのうち108の通報が「論理的で固有性があり、賞金の対象となる」と認定され、総額7万5000ドルが支払われた。

アシュトン・カーター国防長官（当時）は、後に次のように語った。「この実験に着手するまで、世の中をよくしたい、国家と国民の安全に貢献したい、と思っている正義のハッカーがこんなに多くいるとは思ってもいなかった」。カーターによると、**この取り組みに要した費用は15万ドルだが、少なくとも100万ドルの損失を防いだ。**

しかし、それはDDS躍進のほんの始まりにすぎなかった。バグ通報プロジェクトを率いた**リサ・ウィスウェル**は、この実験の成功を最大限に活かそうと決意した。ウィスウェルはDARPA（国防高等研究計画局）という先進的な研究機関からペンタゴンにやって来て、2015年のサイバー戦争戦略の策定に協力した人物で、国防総省でも一目置かれる存在だった。

彼女は、政策提言を含む手堅いレポートを政府諸機関に配布し、すべての最高情報セキュリティ責任者を、政府関係者のみを集めた装備品仕様説明会（インダストリアル・デー）に招待した。「私たちは彼らに、プロジェクトを説明する際の文言や、法に抵触せずに進める方法を教えました」と彼女は言う。その隣りにはアレックス・ロメロがいて、2人のまわりには制服組が座っている。

「規則で固められた国防総省でうまくいったやり方を、他の政府機関でも生かしたかったのです。**システムのバグは、手につけられなくなる前に発見して、つぶしてしまうのがはるかに安上がり**なんです」

その結果、「ハック・ザ・ペンタゴン」に続いて、いくつか軍事分野のバグ通報報奨金プロジェクトが実施され、国防総省に代わってハッカー・ワンという会社を含む複数の企業がそれらを管理した。2016年12月「ハック・ジ・アーミー」（陸軍をハックせよ）では118の脆弱性が特定され、10万ドルが支払われた。「ハック・ジ・エアフォース」（空軍をハックせよ）では207の有効なレポートが提出され、13万ドルの報奨金が支払われた。

ウィスウェルは振り返る。「私たちは実験に制約を課しました。国防上の任務遂行に必要不可欠な要素には手をつけないということです。実験対象は、万一実験のせいでダウンしても国家的危機には至らない、広く一般に公開されているサイトに限定しました」。彼女はプロジェクトに関する広報を慎重に行い、法務省とも緊密に連携して法的リスクを最小限に抑えた。

DDSが、この脆弱性発見プログラムで初陣を飾ったことは間違いない。悪意のハッカーがサーバー・ルームの温度調整システムにアクセスできることや、内部ネットワーク上にのみ置かれているはずのコンピューターが外のインターネットに露出していることなどが判明した。

しかし、もっと根本的なことは、**バグ通報制度を何度提案しても却下してきた官僚たちに、自分たちは何でも知っているという考えが間違っていることを思い知らせた**ことだ。

現在、他の政府機関でも、国防総省と同じように、DDSの助言を受けて独自のバグ通報報奨プログラムを実施するための立法が進行中である。ロメロが語気を強めて言う。「悪者が隣りにいるわけです。ヤツらは許可など待たずにハッキングします。私たちはヤツらと同じグラウンドで戦おうとしているだけなんです」

ウィスウェルは現在、ペンタゴンでの仕事を終え、教師になる準備をしている。「学生たちをバグ通報報奨プログラブに参加させるつもりです」と笑みを浮かべる。一方ロメロは、自分の考えをどこまで押し進められるかを確かめるために、DDSの正式なスタッフとなり、フルタイムで働いている。「いま、もっと複雑なものを扱う方向で動いています」とロメロは言う。国防総省にある複雑なシステムといえばミサイルから人工衛星まで多岐にわたる。その安全性を守るために、新しい方法で高度な技術力を動員する必要があることを、腰の重い官僚たちもようやく認識したようである。

43歳、「反乱同盟軍」のリーダー

「オタクがどこからか湧いてきて、正規の職員が何年もかけて成し遂げられなかった仕事を数カ月でやってのけたんだから、それはみんな驚きますよね。しかも損得抜きでやったわけですから」

DDSの創設者でありディレクターでもある43歳の**クリス・リンチ**は、誰に腹を立てているのか、しばしば苛立ちを露わにしながら話をした。室内でも頭にサングラスを載せ、黄色いスニーカーを履いている。スター・ウォーズのTシャツの左袖から、数学の黄金比を描いた腕のタトゥーがはみ出している。「〝橋を燃やして道を照らせ〟が私のモットーなんです」。

DDSは、ツイッターのプロフィールによると「国防総省のテクノロジーを強化するためにペンタゴンにやってきたオタク集団」である。エンジニア、設計者(デザイナー)、プロジェクト・マネジャー、官僚主義を攻撃するハッカーなど40人から成るが、その多くの以前の勤め先はネットフリックス、国際的デザイン会社のIDEO、ドロップボックス、データ解析のパランティアなどだ。

米国の戦闘部隊から一本釣りされた技術的に優秀な兵士たちであり、だれもが「海賊の文化」を誇らしげに標榜している。公式ウェブサイトでのクリス・リンチの肩書きは「怖いもの知らずのリーダー」。ペンタゴンの執務室のドアには、その部屋の主(あるじ)の名前が表示されるが、彼の3A268号室のプレートには「反乱同盟軍」と書かれている。

「ここで私は何をしている思います?」と、テーブルを挟んで私の向かいに座っているリンチが話し始めた。場所はペンタゴンの奥深く、迷彩服を着た何百人もの男女で埋め尽くされた食堂だ。

「ここは驚くべき使命を与えられた人々の場所です。300万人といえば大都市並み、いや小さな国並みでしょう。彼らの仕事は、橋や街や戦車や戦闘機をつくること。衛星を宇宙に打ち上げて、クルマが湖に落ちないようにGPSを動かすのも仕事。世界で最も敵対的な場所に行くこともあれば、信じられないほど技術的に高度な仕事に就くこともある。それなのに、ここには技術者がいないんです。みんな出て行ってしまったから。この組織は果たすべき使命を果たしている。命令一つで世界中どこにでも10万人の若者を派遣することができます。私たちはそういう命令を受けることはないけれど、ここでいま必要とされているのです」

彼は言葉を継いでこんなことを言う。「わが人生最悪の仕事かな。尻尾を巻いて逃げ出したくなることもある。でも、時々気持ちが高ぶって、残りの人生ずっとこれで頑張ろうと思うこともある。いつか、自分がやった仕事には大切な価値があったのだ、と納得して死んでいければいい」。

退役軍人を救うために

防衛デジタルサービス（DDS）は米国デジタルサービス（USDS）の国防省版だ。

USDSは医療保険を扱う政府のサイト（Health Care.gov）を襲った災厄がきっかけとなって生まれた。そのサイトは、オバマ大統領が進めたACA（患者保護並びに医療費負担適正化法）への登録を管理するために2013年10月に開設されたが、2時間も経たないうちにクラッシュしてしまった。初日に登録できたのはわずか6人だった。**当初予算は9370万ドルだったが、その混乱を収拾するのに最終的には17億ドルもかかった。**

この混乱を収拾するため、オタク集団がホワイトハウスに呼び集められた。当時グーグルのエンジニアだったマイキー・ディッカーソンもその一人だ。この混乱収拾の取り組みから、2014年8月にUSDSが新設され、ディッカーソンが初代局長に就任した。

そのUSDSから、大学中退組で何度かの起業体験もあるクリス・リンチのもとに、45日間働いてほしいという協力要請が舞い込んだ。当時、2万人の退役軍人の医療データが国防総省から退役軍人局に転送される際に行方不明になってしまい、退役軍人が急を要する治療を申請しても、20件につき1件の割合で却下されるという事態が生じていた。この問題を解決するための要請だった。リンチと3人のエンジニアは、心痛むその問題を解決するために誘いに応じた。

リンチたちが調べたところ、件の医療記録システムはPDFファイルしか認識しないことが判明した。何年もの間、医師は自分が登録したデータが転送中に消滅しているとも知らず、スキャンしたJPEGデータをせっせとシステムに取り込んでいたのだった。

「たとえば、クウェートの油田地帯で従軍していたために癌になり、化学療法が必要なのに、過去の医療記録が見つからないために公的支援を受けられないといった状況があったわけです。必要なら訴えればいいじゃないかと言わんばかりでした。10年も探せば何か記録が出てくるかもしれないけど、そのころには本人は死んでるさ、という感じでした」

解決に向けてエンジニアチームが乗り出した。彼らは行方不明になっていた2万件の文書を適切に処理した。その結果、記録の転送に要する時間は3カ月から1日に短縮された。アップデートが18カ月ごとではなく2週間ごとに行われるようにシステムが改修された。彼らの力で、退役軍人は正当な権利に基づいてしかるべき治療を受けられるようになったのである。

「45日かけてやったことは、本質的にはファイル・コンバーターの制作だった」とリンチは言う。「これで、申請が却下されていた退役軍人が死なずにすむことになった。20人に1人。われわれだからできたことです」

約束の45日の最終日、オバマ政権のCTO（最高技術責任者）であるトッド・パークから電話があった。USDSの国防総省版——つまりDDS——を組織してもらえないか、という相談だった。

面接に赴いたリンチは、そのポジションには他にも候補者がいて、競わされていることを知った。汗を拭き拭きパワーポイントのプレゼン資料に目を通しているスーツ姿の男もいたが、リンチは普段通りのパーカー、Tシャツ、ジーンズで、プレゼンの用意もしていなかった。

彼はただ考えをシンプルに述べた。「技術オタクを集めたSWATチームのスタイルでスタートさせ、**いちばん大きくていちばん重要な問題からつぶす**というやり方はどうですか。うまく行ったら次に進むということで」。

リンチは2015年11月からその仕事に就いた。「これは人生最大の回り道だった。ぜんぜんイケてなかったし、たくさん問題も抱え込むことになったし。でも、大事なことだとわかっていた」

ペンタゴンに乗り込んだオタク集団

それまでカフェが仕事場だったリンチは、武装した兵士が警備に当たるペンタゴンで仕事を始めることになった。廊下を全部つないだら長さが28キロにもなる、世界最大のオフィスビルだ。

だがリンチには、そこに部屋も、部下も、コンピュータも、官僚組織の中で助けてくれる者もいなかった。組織が自分を受け入れるのを嫌がっていることを彼は知った。それまでの人生でいちばん孤独な時期だったと彼は言う。

リンチは結局、自分のアパートのキッチンで仕事を始め、USDSから何人かを引き抜いた。たまたま出会った**レイナ・ステイリー**を説得して、スタッフのまとめ役になってほしいと説得した。ステイリーの父親は退役軍人だったので、彼女はすぐにリンチのミッションの意味を理解して管理担当アシスタントとなった。

ステイリーを仲間に加えたリンチのチームは、ペンタゴンの中で使える部屋を見つけ、すべての家具とパーテーションを撤去させ、Mac bookと市販のWi－Fiを購入して、ひっくり返したゴミ箱の上に座って仕事をした。

数カ月後、彼らは建物のセキュリティが破られていることに気づいた。リンチが、自分を訪ねてきた来客を訪問者管理システムに登録したとき、過去にペンタゴンを訪問した全員の名前を抜き取れることに気づいたのだ。彼がそのことを省内セキュリティ管理責任者に知らせるメールを書きかけたとき、チームのメンバーが、訪問者全員の社会保障番号にもアクセスできることを発見した。

リンチは大急ぎで責任者に電話をかけ、訪問者を登録するポータルを直ちに閉鎖するよう伝えた。問題が見つかったのは、1年がかりでセキュリティ検査プロセスに合格したばかりの新しいシステムだった。「全部の仕事が見かけ倒しだったんだ。**官僚たちは1年かけて検証したと言うが、それより多くの検証を私たちは2時間で終わらせた**」とリンチは言う。

小さな海賊チームがレガシーシステムをぶち壊した

DDSが人員の募集を続けている間、新生SWATオタクチームは、国防総省のシステム上に、解決すべき重要な問題をいくつか見つけた。

まず第一に、GPS衛星を制御する時代遅れのソフトウェアを更新するというプロジェクトが、悲惨なまでに遅れ、大きく予算超過していた。この次世代のオペレーション管理システムが実現すれば、高精度の情報を提供でき、現行の2倍以上の数のGPS衛星を運用できるようになるはずだった。

そうなれば軍事面だけでなく、デジタル地図を使っている誰もが恩恵を受けることになる。国防総省の外部委託責任者が、リンチのオタクチームを頼って電話をかけてきた。オタクチームのソフトウェアエンジニアである**ポール・タグリアモンテ**が、当時を振り返りながら話す。

「5年間で7億ドルの費用がかかることになっていた更新計画だったんですけど、ぼくたちが関わるようになったのは7年目で、終わるまでにまだ何年もかかりそうでした。プロジェクトを請け負ったベンダーは毎日1000人ほどのソフトウェア開発者を働かせていたんですが、まったく古くさい方法で仕事を進めていたのです」

システムは20以上の主要なソフトウェア・コンポーネントで構成されていたが、それを衛星制御システムに手動でインストールしてテストするには、それぞれ約3週間かかっていた。タグリアモンテによれば、オタクチームはDDSが業務委託した開発者を30人呼び集め、「デブオプス」(DevOps)(「開発（デベロップメント）」と「操作（オペレーション）」から成る合成語)という迅速な方法でコードを書くよう勧めた。コンポーネントを自動的にインストールする方法も教え、3週間かかっていた作業を約15分に短縮した。

しかし、敵対勢力が反撃してきた。オタクチームが去ると、ベンダーはオタクチームから手ほどきを受けた開発チームを解散させてしまったのだ。リンチが言う。

「仕方なく、われわれはまた出かけていった。こっちのメンバーを送り込んで2週間ほど仕事を続けさせた。**でも、われわれがいなくなると彼らはまた新しい方法を使うチームを解散させた。こいつらバカかと思いましたよ。**しょうがないから常駐することにして、われわれサイドの人間を2人、6カ月間貼り付けたんです」

その方法はうまくいった。リンチが満足げに語る。「われわれはDDSのエンジニア、空軍長官、宇宙軍司令官、ベンダーのCEOたちから四半期評価を受けました。われわれは地上管制ソフトウェアを完成させ、実際に全員の前で宇宙衛星を制御したんです」。小さな海賊チームのやり方が、速く安く結果を出せることを示した瞬間だった。

そしてDDSの評価は確立した。ベンダーは陰が薄くならないように、自分たちの業績を記録する動画撮影チームを雇い、デブオプスで政府向けソフトウェアを構築したというプレスリリースを発表した。「われわれのやり方の正しさを証明するのに6カ月しかかからなかったわけです」とリンチは言う。デブオプスは現在、国防総省の調達の標準的契約書に書き込まれている。

戦場でのリアルタイムプログラム開発

DDSは戦闘地域に足を運ぶこともある。そこで目にしたのは、時代遅れのエクセルを載せたコンピュータを使う米軍が、先進的なテレグラム（暗号化したメッセージを送受信するインスタントメッセンジャー）を使い、市販のドローンで爆発物を運搬する敵を相手に苦しい戦いを強いられている状況だった。

DDSは海外の某所で、優れた技術を持つ兵士たちと協力してドローンの電波を妨害するツールを開発した。DDSによると、国防総省はこの問題を解決するために請負業者に7億ドル支払った。だがチームは、現場の兵士たちと一緒にコーディングを行い検証し反復することによって、4週間という短期間のうちに、10万ドル以下の費用で、持ち運び可能で簡単にアップグレードもできる実用的なプロトタイプを作成した。

その際、一緒に働いた兵士たちは、政府支給のコンピュータにソフトウェアをダウンロードすることを許可されていなかったので、仕方なく、既製の部品を使って自分専用のPCをつくった。このときリンチは、陸軍サイバー司令長官であるポール・ナカソネ大将（当時）から、技術的素養のある兵士たちに数カ月間、軍服を脱がせて〝反乱同盟軍〟のメンバーとしてコードを書かせる許可を得た。

彼らはアフガニスタンでも「魔法」を使った。民主的制度を構築するために地元当局者を訓練していたNATOの顧問たちは、あらゆるコミュニケーションを、ANET（アドバイザー・ネットワーク）と呼ばれるガタのきた国防総省のツールで文書化する苦行を強いられていた。「レポート作成に4時間かかるかもしれないのに、トイレにさえ行けなかった。スクリーンセーバーが立ち上がると、それまでの作業が全部飛んでしまうんだ」とタグリアモンテは言う。

全部で4回、合計15週間にわたるアフガニスタン出張で、DDSはレポート提出者と協力して、使い勝手がよくストレスのないANETをゼロから再構築した。その後、彼らはANETコードを、オープンソフトウェアのリポジトリであるギットハブ（GitHub）で一般に公開し、他の機関やNATOの同盟国も利用できるようにした。

タグリアモンテは「ぼくらが成し遂げた唯一のイノベーションは、とにかく何でも自分でやるということだ」と話を締めくくった。

官僚システムに抵抗する「スター・ウォーズ文化」

DDSのオフィスはペンタゴンというより、スターウォーズのファン大会の会場のようだ。ペンタゴンの中にありながら、そこには独自のWi‐Fiネットワーク、承認を得ていない独自のマックブックとクロームブック、そして階層化組織への反抗心を感じさせる開放的なオフィス空間がある。

壁には、フェイスブックのオフィスにありそうなポスター「すばやく行動し破壊せよ」や、スタートアップ企業にありそうなスローガン「とにかくやるしかない」もあるが、たいていは「帝国はきみを待っている」などのスター・ウォーズ関連だ。会議室は「ヨーダ」、スピーカーフォンは「デス・スター」と呼ばれ、空軍長官から贈られた反乱同盟軍の前途を祝福する大きな旗がある。


スターウォーズのイメージを強調するのには、官僚システムの軋轢に抵抗する文化を醸成しようという意図がある。


リンチは語る。「スター　ウォーズの好きなところは、ごく小人数の有能なチームがでっかいことをやってのけるところだ。やり切る勇気を持つことが大事だ」。

チームの構造はフラットで、各自が取り組むプロジェクトを自分で選び、仕事時間の80%を充てる。残りの20%は、他のメンバーのプロジェクトのために働く。レイナ・ステイリーは言う。

「私たちは、すごい短時間で、すごく大勢の役に立つ仕事をしたいんです。そのプロジェクトで100億ドル節約できるとか、そんなこと気にしません。そんなの、ただの数字だから」

前時代的すぎる入隊手続きをぶっ壊す

チームを夢中にさせたインパクトのあるプロジェクトの1つは、インターネットが登場する前から続いている紙ベースのシステムの再構築だった。それは五軍（陸軍、海軍、空軍、海兵隊、沿岸警備隊）を合わせると毎年約25万人いる新兵の登録を行うシステムで、「入隊者管理統制総合資料システム」という、名前からして機能不全を感じさせる旧式のものだ（通称：ＭＩＲＳ）。

入隊手続きが行われるステーションでは、新兵に社会保障番号が印刷された封筒が渡される。入隊の儀式は一日がかりで行われ、手続きが進むに従って健康診断、忠誠の誓い、緊急連絡先、軍人規程、給与等級、入隊特典手続きなど、さまざまな書面が追加されていく。**新兵が訓練キャンプにたどり着くときには、封筒の中には紙が60枚も入っていることがある。**

紙に書かれている各種データは、退役後に付与される権利や特典を決定づけるきわめて重要なものだが、人事データベースに手入力されるまでは、その紙の上にしか存在しない。だがその紙は、兵士が「きをつけ！」の姿勢で整列しているときに風で吹き飛ばされるかもしれないし、トイレに忘れられるかもしれないし、データ入力担当者がタイプミスをするかもしれない。

システム再構築の準備段階として、ＤＤＳのオブザーバーが手続きに臨んだ1人の新兵を9時間追跡した。その新兵は9時間目に「首のタトゥーの位置が高すぎる。規程に反するので入隊は認められない」と言われた。ＤＤＳの一部門である陸軍デジタルサービスのディレクター、**パトリック・ストッダート**は「手続きはタコつぼ化したペーパーワークの寄せ集めで、指揮官が欠陥だらけのシステムに合わせて、新兵にさまざまな要求をしていた」と言う。

ＭＩＲＳを運営している官僚組織は、シリコンバレーの技術者たちにあれこれ指図されることを好まなかった。定期監査で一定範囲の技術的欠陥が見つかった場合だけ、MIRSを管理している司令官が、仕方なくDDSにやってきた。

ストッダートはチームをシカゴの北にある司令部基地に派遣した。彼らはまず、サービス契約と緊急連絡先の2つのフォームをネットワーク間で転送する方法のコーディングから始めた。コードを書くのに3週間かかり、上層部がそれをデプロイするのに7カ月かかった。「官僚的プロセスがどれほど複雑であるかを思い知った最初の仕事でしたね」とストッダートは言う。ちなみに彼は、大学中退で2度の起業経験を持つ25歳の若者だ。

ストッダートはその後数カ月で、MIRSの再構築プロジェクトを支援してもらうための請負業者を雇い入れた。DDSが乗り出すまで、MIRSを近代化しようとする試みは、何億ドルも費やしたあげく議会から中止命令が下されていた。しかしDDSが見積もったところ、解決に要するコストは数百万ドル程度で、解決したら不要になるデータ入力のための人件費の月額と同程度の額であった。

ストッダートは言う。「ぼくたちが効果的に機能しているのは、ほんのいくつかのことを正しく行っているからにすぎません。最高の人材がほしかったので、人数を絞って機敏に動ける体制を維持しました。ぼくたちはチームとしてエンパワーされ、必要なことは何でもしてかまわないという信頼を獲得しています。すべての問題を一気に解決しようとしているわけでもない。**イノベーションを起こそうとしているわけではなく、問題に気づいたらそれを解決しようとしているだけ**です」。

DDSはその過程でいくつかの近道（ショートカット）を学んだ。1つは、チームに「官僚ハッカー」を参加させることだ。開発者や設計者（デザイナー）やプロダクトマネジャーとともに働き、彼らが官僚主義につぶされないように助ける法律専門家のことだ。DDSには総合弁護士のシャロン・ウッズと、そのサブとしてウィル・ギャンブルがいた。彼らは自分たちのことを法的な知識を使ってチームの目標達成を助ける問題解決者であると位置づけている。

たとえば、MIRSの場合、官僚機構は新兵に電子署名で登録させることを拒否した。ウッズは、国防総省がデジタル署名を承認するという方針に転換するうえで決定的役割を果たした法的メモを起草した。「多くの場合、法律が誤って引用されたり適用されたりして、提案が阻まれているのです。**障壁は、法的なものより文化的なもののほうが多い**と思います」。

ペンタゴンの「内戦」

ペンタゴンからワシントンDCのディナー会場へと車を走らせていたとき、リンチが「私はどうしようもないガキでした」と自分の過去を話し始めた。「若いころ、ずいぶんハッキングをしましたよ。学校のシステムに侵入して捕まるのは時間の問題でした」。

17歳の時に学校に仕掛けた爆弾事件の捜査をFBIが始め、リンチは手錠をかけられて、オハイオ州シンシナティのキングス高校からウォーレン郡の少年拘置所に移送されて5日間拘留された。彼はオハイオ州の公立学校から追放された。

ちなみに、爆弾は爆発しなかった。発見した少女の話では、それは導線でつながれたダイナマイトではなく、噴水の下に置かれた金属の箱に入れられた発煙筒にすぎなかった。リンチと一緒にこれを企んだ友人が公衆電話から爆発予告の脅迫電話をかけたとき、電話を受けた学校の用務員がその声に聞き覚えがあり、犯人が特定されたのだった。

それは1992年10月のことだった。学校にうんざりしていたリンチは、ただ学校を飛び出したかったのだ。彼は**学校の権威に敬意を払っていなかった。**それ以前にも、複数のロッカーをこじ開けてインクジェットで印刷したメモを残し、みんなでクルマで乗りつけて交通渋滞を引き起してやろう、とけしかけたこともあった。

後に、USDS（米国デジタルサービス）にリクルートされてホワイトハウスで作業することになったとき、136ページにもおよぶSF86（安全保障関連の職務に就く候補者の情報を記入する書式）を提出させられた。当然のことながら、高校時代に有罪判決を受けていることが問題になった。

「逮捕されたことがありますか？　とか、爆発物を使用して逮捕されたことがありますか？　とか尋ねられるわけです。私は両方とも『イエス』と答えました。ペンタゴンのスタッフとしては珍しい回答だったでしょうね。ホワイトハウスの人事担当の女性が電話をかけてきました。『リンチさん、爆発物を使用して逮捕されたことにイエスと答えていますね。経緯を話してもらえますか？』私は彼女に大まかな話をしました。『後悔していますか？』と訊かれたから、私は神に誓い『二度とやりません』と言いました。当時の私は17歳。バカなことをする年頃です」

リンチは両親ともに起業家というオハイオ州の中流家庭で、スティーブ・ジョブズの下で働くことを夢見ながら育った。彼はジョブズが1983年に社外集会で言った言葉を覚えている。反骨精神と独立心を持てという思いを込めて、ジョブズは「海軍に入るより海賊になれ」と言った。マッキントッシュ・チームが働いていたビルの上では髑髏（どくろ）の海賊旗が振られていた。

リンチは大学を修了しておらず、ゲーム会社で働き、それも途中で投げ出した。その後、レドモンド（ワシントン州）のマイクロソフトで職を得て、ウェブベースのビジネス・ソフトウェアを開発し、次にダプティブ（Daptiv）という赤字のソフトウェア会社の立て直しと売却に参画した。ゲーム会社やサービス会社も立ち上げて成功させている。

リンチは意図的に海賊のマインドセットをDDSの文化に取り入れた。「システムにおとなしく従っていてはいけない」と彼は主張する。

私は、DDSが根を下ろすにつれて、国防総省の文化に同化してしまうことをどうやって避けるのかと尋ねたら「立ち去ることでしょうね」と返ってきた。「とどまっていることはできません。省内で関係を築き、いい人になろうとし、要求を受け入れてばかりいると、DDSは死んでしまう。変化は快適ではないので、関係を築き、変化に伴う摩擦を避けるほうが簡単です。でも、戦わなくてはいけないのです」

軍隊から一番遠い「平等の文化」を根付かせるために

いまリンチのDDSは、これまでで最大の戦いのために準備を進めている。国防総省全体の大規模なクラウド・コンピューティング契約の開発を主導しているのだ。

これのメリットは、なんといっても技術面で幅広い自動化が可能になることだ。合同企業防衛整備契約（Joint Enterprise Defense Infrastructure contract）（頭文字はJEDI（ジェダイ）で、ここでもスター・ウォーズが登場する）は、推定総額100億ドルと報告されているが、単一のベンダーが受注する予定だ。DDSのような小さな集団が、買収と維持管理の分野だけで2万人の職員を雇用する省全体の進路を定めるというのは、前例のないことだ。

伝統的な軍事関連のベンダーとそのロビイストは、アマゾンのようなハイテク企業が受注する可能性があることを激しく攻撃している。

JEDIが2018年春に発表した事業計画の草案に対しては、ほとんどが批判的なものばかりの1000を超えるコメントが、46のベンダー、2つの業界団体、3つの連邦機関から寄せられた。リンチはJEDIを、「アーク・リアクター」（映画『アイアンマン』に登場する架空の半永久発電機関）と呼び、これによって省が活性化することを期待している。

DDSは他の場所でも反乱軍を形成する戦いを展開している。独自の方法で制服組を訓練することによってプログラム開発の結果を出そうとしているのだ。DDS内では、それらのプログラムは「ジン・アーソ」と総称されている。ジン・アーソというのは、『ローグ・ワン／スター・ウォーズ・ストーリー』で、反乱同盟軍が帝国のデス・スターからスーパーレーザーを盗むのを助けた人物である。最前線で行われた反ドローン・ハックはジン・アーソが主導した。陸軍サイバーコマンドのコーディング・スクールも同様で、12カ月かかっていた教育課程を実働12週間に短縮した。3つ目は、防衛ネットワーク上での異常な活動を検出するためのツールの構築だ。6人のチームで、そのうち4人は制服組だが、ペンタゴンで私服で働いている。DDSは、職員を官僚主義から守り、自分の手で技術的スキルを生産的に使える環境をつくるために努力している。

陸軍サイバーコマンドの人材および特殊オペレーションの責任者である**ニコール・カマリロ**は、ジン・アーソ・パイロットプログラムの立ち上げに尽力した。

彼女の目標は、軍の最高の技術的才能の持ち主を見抜き、採用し、訓練し、育成し、配属し、やめさせないことだ。軍隊内の才能のある技術者がイライラしているのではないかと懸念した彼女は、ジョージア州フォートゴードンのような軍事基地で、何百人もと差しで話し合った。それ自体が組織文化へのチャレンジだった。

カマリロは言う。「初年兵が最高の技術的解決策を考え出し、大勢の命を救うこともある。**私たちは組織に平等の文化を根づかせようとしています。それは軍隊が求めるものとは正反対のことです。**信頼関係を醸成し、罰せられることなく自由に発言できる安心感を与えることです。私たちに技術的な問題を解決させたければ、軍も最終的には考えを変える必要があるでしょう」。

ＤＤＳは現在、軍の新しいサイバー司令部の本拠地であるフォートゴードン基地の近くに、最初のサテライト・オフィスを設置しつつある。リンチはそれをＤＤＳの発想をあちこちに注入するための更生訓練施設（ハーフウェイ・ハウス）と表現している。

そのコードネームは「タトゥイーン」。ルーク・スカイウォーカーの故郷である砂漠の惑星の名前である。プロジェクトはジン・アーソ・プログラムを卒業した陸軍スタッフによって進められる。反乱同盟軍の本部、つまりＤＤＳのオフィスでは、次はみんなでどのハッカー映画を観るかについて意見が交わされていた。『スニーカーズ』か、『サイバーネット』か、それとも『ウォー・ゲーム』か。壁のホワイトボードには現在進行中のプロジェクト名が走り書きされている。

軍関係者の引っ越しを扱うポータルサイト（Move.mil）の改修、タトゥイーン構築、そしてＪＥＤＩ。誕生してから3年経つＤＤＳが、軍事エスタブリッシュメントに真剣に受け止められていることを物語っている。

ジェームズ・マティス国防長官（当時）は、米国の全軍にＤＤＳと協力することを求める指令に署名した。リンチはそれを「無罪放免証」と呼ぶ。２０１８年4月、国防総省のイノベーション委員会の議長を務めるアルファベットの**エリック・シュミット**会長（当時）は、連邦議会の国家軍事委員会に、ＤＤＳの目覚ましい成果に鑑みて人員を３００名に拡大すべきだと提言した。

いまやＤＤＳは、国防総省の調達契約、ダウンしたウェブサイトの救済、および他の政府機関へのオープンソース・ポリシーを書くことなど、さまざまな案件で毎日のように助言を求められている。

海賊集団のアイデンティティ

私はリンチの補佐役である**ティム・ヴァン・ネーム**に、「DDSの存続に対する最大の脅威は何か」と尋ねた。彼は同僚から仕入れたお気に入りの警句で答えてくれた。「官僚主義は2つのことを嫌う。〝現状〟と〝変化〟だ。DDSが大きくなるほど、官僚たちにとって私たちは大きな脅威となります」

彼はリンチがいなくなってもDDSは存続すると考えているのだろうか？　それを尋ねると、少し考えてから彼は答えた。「いい質問ですね。私たちにはリンチを取り巻く精神(エートス)やリンチが築いた人間関係があります。彼に代わる人を誰にするかは重要な決断ですが、私たちは乗り越えられると思います。大丈夫です」。

私はリンチにも同じ質問をした。彼の答えはこうだ。「われわれはDDSの文化とは何か、チームはどう運営されるべきかということについて、共通の理解を定着させることができました。変化を起こすためには少しの大胆さが必要です。職場や交渉の場で、少しばかり厄介なことを、たとえ気まずくなっても、自信をもって発言するということです。いまではDDSの手法は組織によくなじんでいます。まあ『ファイト・クラブ』（同名の映画で描かれた謎のテロ組織）みたいなものです。すべての新人がDDSのやり方を知っています。**待っていないで行動しろ**、ということです」。

彼は椅子に背中をあずけながら、自分に問いかけるように続けた。

「しかし、永遠に続かなくてもいいのかもしれない。6カ月間働ける権限を与えられ、1万人の命を救った翌日に、もう新しい方法が定着したからDDSはいらないと言われたら、それでもDDSの取り組みに価値はあるだろうか？　私はあると思う。生命の危険にさらされている若者を守るために何年もかけていたのでは、私たちは負けてしまう。**だから私たちは官僚主義をハックしなければならないのです。自分の道は自分で切り開かなければ、だれも助けになんか来てくれません**」

海賊を雇え

ＤＤＳの教訓の恩恵を受けられるのは、３００万人以上の人員を擁する予算７０００億ドルの国防総省だけではない。動きの遅い大企業は、技術に精通した小規模なチームに権限を与え、自治権と自由裁量を与えて何に取り組むべきかを決めさせれば効果を上げることができる。スティーブ・ジョブズの言葉を言い換えて、「海軍の効率が上がるのなら海賊を雇え」ということだ。

私はペンタゴンに滞在中、驚くほど活気のあるチームスピリットに出会った。それは香気にイノベーションを語る時間的余裕のないチームの迫力と言ってよい。クリス・リンチは言った。「イノベーションはどこかで買えるものではありません。**イノベーションとは文化的変容です。**10歩あと戻りして、そこから本当に問題に対処するということです。あなたがこのチームの中に見たものは、すべて必要に迫られて生まれたものばかりです」。

以下は、あなたの組織でも使えるＤＤＳのアプローチの要点である。

１　最高の人材を雇い、自主的な判断でやらせる

問題に取り組むチームの気持ちが充実していれば、成功の可能性は高まる。

2　リーダーはチャレンジングな規範やルールでメンバーを包み込むことが必要

「プロセスでも、人でも、資金でも、障害に遭遇することは避けられないので、強力な後ろ盾(チャンピオン)を確保しておくことが重要です」と言うのはレイナ・ステイリーだ。DDSを守ったものは、全組織に協力を要請した国防長官の通達という最強のお墨付きだった。

3　火事が発生したら、それを使う

危機的状況下では平時のルールは適用されないので、新しい規範を構築するチャンスが生まれる。「政府には2つの状態がある」とDDSのあるスタッフが言った。「何をしても何も変わらない岩盤状態と、『ニューヨークタイムズ』の一面によからぬことが報じられたときのプラズマ状態の2つです。後者では、それまでのルールは重要ではなくなる。プラズマ状態を見逃さないことが大切です」

4　強力な神話が小集団の影響力を増幅させる

DDSの成功は、そのストーリー・テリングのおかげでもある。「いくつかの大きな都市伝説が私たちを成功させました」とティム・ヴァン・ネームは言う。「私たちは仲間に加わる全員に、『ペンタゴンをハックせよ』の話と、その大きな戦いのことを話します。彼らには自分で考えてほしい。無駄話はやめて、解決策を見つけろ！　と言いたいわけです」

5 結果を出せ

DDSは約束の期限に成果物をローンチすることについて厳格だ。「私たちは今できることに集中しています」とリンチが言う。「パワーポイントのプレゼンなんかしません。馬鹿げているから」

6 ユーザーのためにではなく、ユーザーとともに構築する

DDSは最前線の兵士たちと一緒にドローン無効化ツールを試作し、何度も検証する。そうすることで、それが目的に合致しており、前線のニーズに応えるものであると確認することができた。

7 小さな勝利を収めたら、すぐ繰り返す

当初、ジン・アーソのプロジェクトに軍人を加わらせるという計画は存在していなかった。そうなったのは、ドローン無効化プロジェクトが成功した後、そのやり方を他でも使わない手はないという考えから、軍人を加わらせる範囲を広げたためである。

製品をサービスに変えよ

「ポホヨラ病院」外科手術を行う銀行

Finland

Estonia

China

UAE

India

Australia

South Africa

PART 4

病院を経営する銀行

11月下旬の昼下がり、ヘルシンキは暗い雨空に覆われていたが、ポホヨラ病院（Pohjola Hospital）の中は明るい。私を案内して院内を歩いているとき、**ニナ・ヴェサニエミ**は、廊下で看護師と理学療法士に元気に声をかけた。手術室のフロアの壁には今日の手術予定が掲示されている。

「今日もいくつかオペがありました。膝、骨盤、肩がそれぞれ数件、足首の骨折と膝関節の内視鏡手術が1件ずつ。今年の手術件数は3500件ぐらいになりそうです。いちばん多かった日は28件でした。部位で言えば膝、肩、手首が多いです。手術室は6つありますが、いま5つで手術中です。患者の搬送後、早ければ翌日、遅くとも5日以内に手術のスケジュールを組むことができます」

院長のヴェサニエミは元主任看護師だ。トゥルクやタンペレなど各都市でも4つの新しい姉妹病院の設立に携わった。オフィスビルをリノベートして造られた5階建てのポホヨラ病院は、LEDの明るさが心地よいブティックホテルのような外科診療施設だ。

iPadを使った診療受付、アートでいっぱいの壁、テクノジム社製マシンが並んだフィットネスセンター、自由に利用できる雑誌ラックとコーヒー・マシン……。

しかし、病院の目的は患者に長く滞在してもらうことではない。ヴェサニエミと12人の外科医の優先事項は、患者が早く仕事に戻れるように治療することだ。ここでは、「患者をどれだけ早く退院させたか？」と「患者の満足度」が、重要な業績評価指標とされる。

診察時間修了後に始まった院内視察は5階の一室から始まった。防音対策が施された白い清潔な部屋にはモジュール式の家具が置かれており、ヴェサニエミの説明によれば、状況に応じて患者への診療相談や処置、あるいは事務作業のためのスペースに早変わりする。

私たちのツアーは、2台のMRI装置、歯科医院、24時間体制の回復室、午後10時まで開いている整形外科センター、患者と理学療法士がリハビリに励んでいるジム、そして「デジタル・キオスク」と呼ばれる一角へと進んだ。

デジタル・キオスクでは、マイクロソフトのキネクト（Kinect）というモーション・センサーを搭載した対話型スマート・ギプスを使ってリハビリのためのストレッチ体操が行われていた。

ここが従来の病院と違うことを示すものが1つある。保険支払い窓口の場所を示す、廊下に突き出した小さなプレートだ。そこに、フィンランド最大の銀行グループである「OP」のオレンジと白のロゴが表示されている。ポホヨラ病院は銀行が造り、銀行が運営する病院なのである。

それは、フィンテック系スタートアップが差別化のために資金力にものを言わせた見当外れの実験ではない。OPは一世紀の歴史を持つ、評価の高いフィンランドの金融機関だ。その歴史は、信用協同組合の中央貸付基金として設立された1902年にまでさかのぼる。同行が2005年に買収したフィンランド第2の保険会社であるポホヨラはさらに古く、1891年にポホヨラ火災保険会社として事業を開始している。

人口550万人のフィンランドで、OPファイナンシャル・グループは現在、約500万人の顧客にサービスを提供している。そのうち190万人は「所有者兼顧客」である。協同組合であるOPは、地元に投資することをミッションとしている。その目的は「銀行の所有者の持続的な繁栄と安全と福祉を促進し、もって国の繁栄に寄与する」ことにある。

「銀行」のビジネスモデルは永遠ではない

長い歴史を誇る大銀行の経営陣の意識も、インターネット、スマートフォン、P2P融資（インターネットを介した個人間金融）、暗号通貨、ブロックチェーン、人工知能、自律走行自動車ネットワークなど、さまざまなテクノロジーによる消費者行動の変化とともに変わっていった。世紀の歴史を持つビジネスモデルも将来を約束するものではないという危機感を覚え、サバイバルのためには根本から組織と事業を改革しなくてはならないと考えるようになった。

これまでの銀行業務だけでは将来が危ういとすれば、どんな新規事業を立ち上げれば、現在の収益源である住宅ローンや企業向け融資に取って代わることができるのだろう？

どうすれば銀行の使命を果たしながら、顧客ニーズの変化に対応し、収益性と持続可能性のあるビジネスラインを立ち上げることができるのだろう？

2016年に理事会は、組織と事業をデジタル化する大胆な外科手術を、「5年以内に予算20億ユーロで行う」と決めた。それを受けて、スマートフォン向けアプリを発表し、組織を挙げて顧客の新たな期待に応えるべく動いたのは当然だが、ＯＰはさらにその先を睨んだ根本的変革に着手した。

自律走行車ネットワークの発展により、今後数十年で個人が車をまったく持たなくなったらどうするのか？　そう考えて、ＯＰは「サービスとしてのモビリティ」（ＭａａＳ）に投資した。資産管理が銀行のアドバイザーではなく人工知能によって行われるようになったらどうするのか？　ＯＰは将来のすべての金融商品に「金融知能」を組み込むために、機械学習に多大な投資をした。

また、顧客の「繁栄と安全と福祉」を促進するというミッションが、トラクター購入のための融資や、商店主の支払処理や、旅行保険の販売を意味しなくなったらどうすればよいのか？　ＯＰはより直接的な方法で顧客の福祉向上に努めるために大胆に舵を切った。

患者の負傷を治療して元の暮らしに戻すために、**病院を効率的に運営し、そこに医療保険事業を結びつけようとした**のである。その実現のために1億2500万ユーロを投資し、5つの病院を建設し、まず外傷や事故の患者の治療から始め、将来的には急性および慢性疾患も治療するという計画を立てた。

顧客の立場からの事業再構築

「銀行業務が破壊（ディスラプト）されようとしている」と話すのは、髪をポニーテールにしたダークスーツの**サムリ・サアルニ**だ。最近までＯＰのヘルスケア事業であるポホヨラ保険会社のトップだった彼と、ヘルシンキのフィンランディア・ホールの講堂でコーヒーを飲みながら話をした。銀行として、ＯＰには

2つの対応方法があると彼は言う。プロセスを自動化するか、コストを削減するかだ。だが、それではグーグル、アップルその他のデジタルファーストの企業に顧客を奪われる危険性がある。

「私たちは別の道を選びました。顧客と一緒にいたいと考えたのです。つまり、こういうことです。

・顧客は銀行が必要なのではなく、サービスが必要
・顧客は住宅ローンが必要なのではなく、住まいが必要
・顧客は車を買うためにお金は借りたくないけれど、移動手段は欲しい
・顧客が必要としているのは、医療保険ではなく健康

世の中がどんなに変わっても、人間は健康を必要としているはずです。だから、健康に役立つデジタルサービスを立ち上げる。**いわば、逆説的に、医療保険を不要にしてもらうことが私たちのゴールです**」

OPの最初の整形外科病院は、2013年にヘルシンキに開設された。その後の5年でタンペレ、トゥルク、オウル、クオピオが続いた。OPの**レイヨ・カルヒネン**CEOは、「将来、ほとんどの顧客が2時間以内に、外科をはじめあらゆる医療を受けられるようになるまで病院を増やす。目標は利益の最大化ではありません。健康と福祉のための事業を拡大するという決定は、繁栄と安全と福祉を促進するという、われわれのミッションとも合致しています」と言った。

それはサアルニにとって、**自社の中核的価値（コア・バリュー）に沿って新しいタイプのデジタルサービスを構築することであり、そのサービスを中心に現在の事業を再**

編するということだった。

「協同組合の根本的な価値は利益を上げることではなく、組合員にサービスを提供することです。協同組合という形態の銀行が必要とされないなら、協同組合にふさわしい別の価値を生み出さなければなりません」。つまり、銀行はただ医療保険を売るのではなく、広範なサービスの一環として人々の健康維持を助けるべきだということだ。

ＯＰの取り組みは緒に着いたばかりだとサアルニは言う。

「ヘルスケアの分野では、まだ革命は起こっていません。この分野でデジタルサービスといえば、まず遺伝子治療やテーラーメード医療があります。遠隔監視や糖尿病のような慢性疾患の自動ケアの提供も考えられます。デジタル化に伴って人々の行動が変わるでしょう。わざわざ銀行に行きたくないのと同じで、誰も病院には行きたくない。となるとオンラインです。患者が医者にかからなくなり、医療の舞台裏は変わります。英国には、紙で診療記録を取っている病院がまだあるそうですね」と私を見つめて話を締めた。

「必要なことしかしない」という戦略

徹底的な患者中心のアプローチは、保険と医療の両方を提供する銀行にとって、ビジネスとしても理にかなっている。フィンランドでは、雇用主またはその保険会社は、従業員が病気で休んだ日数分の休業手当を支払わなくてはならない。

そのため、患者をできるだけ早く仕事に戻したいという経済的インセンティブが働く。ポホヨラ病院が患者を迅速かつ効率的に治療するように最適化されているのはそのためである。

米国の仕組みでは、病院は費用のかかるMRIスキャンや意味のない手術をして、高額の治療費を保険会社に請求する傾向がある。OPが経営する病院のシステムは、米国の医療につきものの病院と保険会社の利害対立を回避することができる。

「OPのビジネスモデルは、不必要なスキャン、ラボテスト、利益のための手術を行わないことで成り立っているのです。協同組合は不必要な治療をすることに興味がありません。**必要なことしかしない**のです」とサアルニは説明する。

ポホヨラ病院は、**医療提供者と保険会社のインセンティブを一致させようとする**取り組みから生まれた。両者を1つの会社にしたのがポホヨラ病院なのだ。サアルニが指摘するように、それは不必要な支出を削減する。高額な手術や投薬ではなく、儲けの少ないリハビリを処方することになっても、臨床的に最も良い治療が行われることを担保している。

その戦略は狙い通りの成果を上げている。ポホヨラ保険会社によれば、同社が提供する「病院サービス」は、他の病院のほとんど半分の時間で患者を職場に復帰させている。

サアルニは言う。「効果を測定するのは楽しいですよ。ポホヨラの保険に入っている顧客の半数は、他の病院で治療を受けているので、効果測定に使える無作為化対照群があるわけです。判明している効果は、他の病院と比べて、患者1人当りの病気欠勤は20日少なく、症状1件当り2000ユーロ節約できているということです。また、ネットプロモーター・スコア（マイナス100からプラス100までの顧客ロイヤルティの評価尺度）を使っていますが、だいたい95以上、手術については96前後の評価を受けています。うまく機能していることがわかるでしょう」。

サアルニは医療倫理と健康効果測定の2つの博士号を持っているが、精神科医としてキャリアをスタートさせた。「医師の私が言うのも変ですが、危険ですから。インドには、『飢えた医師は、飢えたトラより危ない』という警句があるそうです」。

医者から離れていられるならそのほうがいいんです。

精神科医であり哲学者でもあるサアルニは、広い文脈で多くのことを考えている。OPにとって大切なことは、自らの信念にふさわしい存在であり続け、それに従って顧客に関わり続けることだ。「顧客とともに歩み続けることができれば、顧客は銀行としてのわれわれを使ってくれるでしょう。それがビジネスを続ける唯一の方法です」。たとえそれが、銀行の仕事とは思えないサービスの提供であってもである。

ニナ・ヴェサニエミは、私のためのポホヨラ病院見学ツアーを終えるときに言った。「銀行に勤めているような気がしないんです。私たちは自分たちのことを、外科手術をする銀行とは考えていません。外科手術をする銀行が持つ保険会社だと考えています。それがヘルスケアというものです」

自社のビジネスモデルを破壊せよ

組合員所有という形態によって、ＯＰは上場企業を悩ませる株主の圧力から守られているという面はある。だが、ＯＰが選択した変革のための大胆なアプローチは、デジタル経済の厳しい現実に直面するあらゆる企業にとって学ぶべき点が多い。

収益モデルが根底からゆらいだとき、ＯＰの経営陣は存立の大原則に立ち返った。**まず、自分たちの市場での差別化要因や、一世紀にわたって顧客ロイヤルティと信頼を維持し続けた中核的な強みを明らかにした。**ＯＰの場合、それは協同組合としてのミッションであり、顧客サービスの精神であり、会員の持続可能な繁栄と安心と福祉を促進するという目的だった。

ＯＰはその強みの上に、新たな成長事業を構築しようとした。これまでの収益源であった20世紀型の事業、たとえば住宅ローン、自動車ローン、決済処理サービス、小売店の支払い、農業機器用ローン、外貨交換、生命保険、資産管理などでは21世紀を乗り切れないとしたら、提供する価値をまったく新しい製品やサービスへと再構築する必要がある。

そのため、ＯＰの経営陣は４つの重要な分野で個人顧客に対する銀行の価値を見直した。健康と福祉、モビリティ、住宅関連サービス、ファイナンシャル・プランニングの４分野だ。

2015年秋、当時のCEOは戦略をレビューするために自分たちの事業を根本から問い直した。銀行業や金融サービス業は将来、何のために必要とされるのだろうか？

そもそも、必要とされるのだろうか？

自らの役割を根本から問い直す

ヘルシンキのヴァリラ地区にあるOPファイナンシャル・グループの本社。CSO（最高戦略責任者）である47歳の**トム・ダールストロム**は、社員用レストランの長テーブルに昼食のトレイを運びながら、この数年を振り返った。

「ミレニアル世代が中心になる経済で、銀行の仕事はどう変わるのだろうと考えました。そして、銀行が基本的な役割を忘れていることに気づいたのです。たとえば国際決済システムなど、いまやまったく意味がない。金融システムが根本的な変化に直面していることがわかりました。これはもう壊してしまう必要があると」

そこでダールストロムのチームは既存事業を破壊しようとした。

「めざしたのは誰でも真似できる狭義のプロダクト・イノベーションではなく、包括的なアプローチです。私たちは、フィンランド市場の3分の1を占めるユニバーサル・バンクとして生活のあらゆる領域に関係しているわけですから、銀行という枠にとらわれる必要はない。銀行業はたまたま取り組んでいる事業にすぎません。私たちは自らを、銀行の所有者であり顧客でもある人々のために働く存在と定義しました。私たちには優れたＤＮＡ、ブランド、技術力、デザイン力、そして財務力があります。だとすれば、私たちが関われる基本的ニーズやバリューチェーンは何か？　健康と福祉の次に、顧客が解決を望んでいる基本的な問題は何なのかを考え抜いたのです」

破壊的再構築４つの実例

２００５年にポホヨラ保険会社を買収したことで、ヘルスケア事業に進出することはすでに確定していたが、２０１５年の戦略的見直しはさらにその先を行った。

ＯＰの収益の10％は、人々が車を買い自動車保険に加入することでもたらされている。しかし、自動車はますますスマートになり、ビッグデータを生成している。

「テスラなどは自前の保険を提供するほどデータを信頼している。この状況はわれわれをどこに連れて行くのかと考えて私たちは、**アプリを通じて数分で電気自動車をレンタルできるサービスとしての自動車**、ＣａａＳ(カーズ・アズ・ア・サービス)の提供を始めたのです」

ドライバーは他に何を必要としているだろう？　電気自動車用充電スタンドが必要なのは間違いない。そこでＯＰは全国をカバーする充電設備網を構築するためにエネルギー会社と提携した。また、カーシェアリングシステムを構築し、多数の自動車を使う事業を営む法人顧客のために、車両の経済性と運用効率を向上させるサービスにも取り組んだ。

さらに、住宅会社にサービスとしてのモビリティ、つまりＭａａＳ(モビリティ・アズ・ア・サービス)を提供しようと働きかけている。**複数の交通手段を最適統合するアプリによって、自家用車を代替してしまおうという発想**だ。

ダールストロムは、食事の手を止めて話を続けた。

「小売業についても考えました。私たちは決済サービスの大手ですが、商店相手にやっていることは昔ながらのことばかりです。じゃあ、いま小規模な商業者は何を必要としているのだろうかと」

そして、オンラインストアを開設しようとするときに小売業者がぶつかる問題がわかった。OPは新しい決済サービスを開発し、それに在庫管理、CRM（顧客関係管理）、物流管理プログラムを付加した。モバイル決済のペイメント・ハイウェイを買収し、商人が使うチャットボットを作り、イベント主催者のために**ギグ**（ライブハウスでのセッション）**などの小さな集まりでも使えるキャッシュレス決済システム**を開発した。この小回りの利くサービスは「OPカッサ（キャッシュ）」と呼ばれ、数百の顧客が試験的に利用を開始している。

OPはその他にも、中小の法人顧客により良いサービスを提供する方法について検討した。すぐ思いつくのは、登記、会社法・納税・給料支払いなどの面で法令遵守を助けることだ。だが、もっと範囲を広げ、将来の法人顧客となる起業家向けに無料セミナーを開き、ブランドマーケティング、海外での販売、人材募集の方法を教えるサービスがあってもよいと考えた。いまではそれは重要なサービスとなって喜ばれている。

事業見直しの次の柱は住宅だった。ダールストロムは言う。

「私たちは傘下に住宅保険、住宅ローン、不動産販売の会社を抱えて、年金基金部門は不動産投資を行っています。つまり幅広い分野の知識があるわけです。それを活かして、どこに価値を付加できるのかと考えた結果、高齢者ができるだけ長く自立して生活できるスマート・ハウスの取り組みを始めました。家を安全な場所にすることは、健康や福祉の増進というミッションにも適いますから」

もっと根本的な次元では、OPはサービスとしての住宅、HaaS（ホーム・アズ・ア・サービス）に取り組んでいる。これは、家を持つということの大胆な再解釈だ。

たとえば、**OPの顧客が、売りに出ているアパートを見つけたとしても値段が高すぎて買えない場合、銀行が不動産投資ファンドを使ってそれを購入し、何らかの共同所有権を織り込んだうえで一般より少し高い程度の家賃で提供する**、といったことが考えられる。それは、初めて家を所有する人には手の届く価格で物件を提供し、投資ファンドには確実な現金収益を長期にわたってもたらす素晴らしい解決策だろう。

フィンランドにおける「ノキアの教訓」

多くのフィンランドの企業と同様、OPも、携帯電話の帝王であったノキアがiPhoneの出現で急落したことの教訓を完全には消化しきれていない。

「ノキアの教訓は、**世界有数のものを提供しているのだからわが社は安心だと**

考えるのは傲慢であり、危険な幻像だということでしょう。OPはいくつかの点で世界最高かもしれませんが、謙虚さと勤勉さを失ってはいけない。私たちもすべてを失って10年後には姿を消しているかもしれない。そうならないためには、私たちは自分自身をもう一度つくり直さなくてはならない。金融業界には多くの誤った自己満足がはびこっている。でも、謙虚さはこの国の民族的特性で、謙虚でなくてもいいところでさえ謙虚なのだから、必要なところでそれを発揮すべきです」

そのような危機意識と謙虚さから、1万2000人の従業員を抱えるOPは、自らを破壊し続ける計画を立てている。ダールストロムは言う。

「私たちは自分自身を銀行と定義していない。長期的な目標も銀行になることではない。だから健康の面でも、誰もやったことのないような方法で、顧客と社会に価値をもたらし、問題を解決したいのです。それは健康と幸福のための業界を破壊することにほかなりません」

新規事業を立ち上げる時の2つのポイント

百年の歴史を持つ銀行は、どのようにして外科手術ビジネス、迅速配車ビジネス、サービス付き賃貸ビジネス、さらには高齢者介護ビジネスの会社に変身することができたのか。それを理解するためには、多彩な事業が分野を越えて強みを提供しあうOPの内部プロセスに分け入る必要がある。

OPは、自分たちの将来が人工知能の研究、サービスデザイン、そしてリーン・スタートアップの方法論の確立にかかっていることを知っている。また、スタートアップと提携してシード投資を行ったり、成長企業を買収することの必要性も理解している。そして、サイロの壁を破り越えて専門能力を総動員し、デザイン・スプリント（デザイン上の問題を解決するために短期間でプロトタイピングと検証を行う方法）、スクラム（反復的で漸進的なアジャイル・ソフトウェア開発手法）、生きたインサイトを得るための顧客調査などを駆使して、可能性のあるビジネスのプロトタイプを生み出さなくてはならない。要するに、組織を挙げて「実行あるのみ」の精神で動いている。

ＯＰの改革の中心には、素っ気なく「新規事業（ニュー・ビジネス）開発部」と呼ばれる１５０人ほどの集団がいる。いわば銀行内に設けられた独自のスタートアップ製造工場（ファクトリー）だ。この集団を率いる元メディア企業エグゼクティブの**マサ・ペウラ**を、ＯＰの本社に訪ねた。

ヘルシンキの建築設計会社ＪＫＭＭアーキテクツの設計で２０１５年に建てられたコンクリートとガラスの斬新な本社ビルは、それ自体がＯＰの価値観を伝えている。フィンランドの台地から切り出された花崗岩は銀行の耐久性と永続性を物語り、ガラスの壁は開放性と透明性を示し、中の人間には外の世界を忘れてはならないと注意を促しているようだ。

ペウラと話をした戦略フロアには、観葉植物で覆われた壁、共同作業のためのオープンスペース、小さく区切られた静かなスペースがあり、新鮮な思考を促すための建築デザイン上の工夫が随所に施されていた。

ペウラは、既存事業をデジタル化するだけでは十分ではなく、新しいサービスを立ち上げることが重要だと言う。顧客の健康維持から就職まで「暮らしの中の重要な瞬間」に関わるサービスが必要なのだと言う。そのためには、失敗するかもしれない試みを許容するという、これまでの銀付では考えられなかったこともしなくてはならない。

「資産管理からフリーランサーのための銀行業務まで、**30以上のプロジェクトをスタートさせ、半分を打ち切りました。スパッと廃止しました。**うまく行きそうなら追加投資を行いました。廃止した例を挙げれば、バーチャルネットワーク・オペレータ（他社の通信インフラを借りて通信サービスを提供する事業者）として通信事業に参入すべきかどうかを検討しましたが、確たるビジネスの論理を構築できませんでした。デジタル教育も検討しましたが、それはわが社にとっては離れ小島と判断して手放しました」

そのようなやり方を、ペウラは「真に実際的な方法でのイノベーション」と呼ぶ。「私たちの役割は、**外で起こっている変化にオープンになり、進路変更を厭わないこと。**私たちの挑戦は、起業家精神にあふれた新しい文化、つまり伝統的な銀行業界には存在しなかった〝実験的な文化〟を創造することです」

「スタートアップとのコラボ」に潜む罠

そのためにOPは、起業経験のある人材を雇い、数千万ユーロの予算を持つ研究部門「OPラボ」で実験的な取り組みを行っている。OPラボを率いる**クリスチャン・ルオマ**は、ラボを「イノベーションプラットフォーム」と呼んでいる。その仕事は、OPをスタートアップと接触させ、彼らから学んだり提携させたりすることだ。ラボは、スマート・ヘルス、スマート・モビリティ、スマート・コマースとスマート・リビングに関わるプログラムでスタートアップとの共同作業を進めている。

ＯＰラボは、シリコンバレーではアクセラレーターのプラグ・アンド・プレイと一緒に、ロンドンでは総合コンサルタントのアクセンチュアと一緒に、起業を促進するための取り組みを行っている。それは優秀な人材をスカウトするためのネットワークにもなっていて、把握できている２０１７年のハイテク・スタートアップ５００社のうち、ＯＰは数社とコラボレーション契約を結んだ。

そこにはエドゥルーパー（利用条件や走行距離を考慮した運転保険）、レイセブン（ライド・シェアリング）、バディ・ヘルスケア（術後の患者トレーニング）、トゥモロー・ラボ（ブロックチェーンを使った不動産取引）が含まれている。これは、どんなビジネスが実現しそうかを見極める効果的な方法である。

「正直、スタートアップとのコラボレーションは難しいです」とルオマは語る。そう言う彼自身、スタートアップの経験があり、ノキアを経てＯＰで働いている。ＯＰではモバイルゲームとソーシャルコマース・アプリの開発に取り組んだが、最終的に失敗に終わった。

「でも、いっぱい学びました。多くの企業が、深く考えず、それが正しいやり方だとか、それがトレンドだという理由でスタートアップに近づいてきます。イノベーションの野生動物園にやってきて、安全柵の中からスタートアップを物色して帰って行くわけです」

では、なぜOPは面倒なことをするのか？「学ぶことに熱心だからです。これが実行のための最も速い方法なのです。それを経た後でなければ、効果的に会社を買収することも、技術ライセンスを取得することも、自ら構築することもできないのです」

リーン・スタートアップの実践

OPラボは、米国の起業家**エリック・リース**が勧める新会社立ち上げの方法論を注意深く採用した。それは、製品やサービスを発表して市場の反応を探るというフィードバックループを繰り返し回しながら、顧客の実際のニーズを測定するというもので、ベストセラーとなった『リーン・スタートアップ』（*The Lean Startup*。邦訳は日経BP社）と『スタートアップ・ウェイ』（*The Startup Way*）で広く知られるようになった。

リースは、「最低限の条件を備えたプロダクト」をローンチすることで低コストの市場テストを行い、消費者からのフィードバックをモニターするという方法を推奨した。そのモニターに使われるのが重要業績評価基準として知られる「メトリックス」である。

他の人にその製品を勧めたいと思う程度を示す顧客紹介率（カスタマー・リファラル）や、無料コースから有料コースへの移行率（コンバージョン・レート）などがよく知られている。企業はこの「検証された学習」に基づいて製品の変更を重ねながら何度も発表することで、製品を市場が実際に望むものへと近づけていくのである。

マサ・ペウラは言う。「エリック・リースが推奨する方法とOPラボの方法はよく似ています。それがスタートアップ・ウェイです。ここでアイデアが検証され、採用され、拡大されていきます。その際、われわれは市場投入までのスピードを重視しています」

ペウラによれば、チームは2018年だけで40の新しいサービスを開始した。開発段階の新サービスには、ビールのブランド名から取ったコードネームがつけられる。パーソナル・ファイナンス・アプリを再構築したピヴォ（Pivo）には70万人のユーザー登録があり、P2P決済機能を利用している。

リリースされたスモールビジネス向けのモバイル・キャッシャー・アプリは、モビリティ関連サービスでの支払いに使うことができる。これは、「ブロックフェスト」（Blockfest）をフィンランド初の完全キャッシュレス音楽祭にしたり、OPケヴィトリッタヤ（ライト・アントレプレナー）（Kevytyrittäjä）というサービスの請求機能と連動してスタートアップ企業を助けたり、ウェブストアでの支払いを容易にするなどの成果を実現した。

チームはまた、チャットボットベースの注文サービスを構築してピザチェーンのコティピッツァ（Kotipizza）に提供したり、コワーキングスペースの実験をフィンランド中部の都市オウルで始めたり、そしてEコマースのロジスティクスを提供するシファンク（Shipfunk）や、異なる決済プラットフォーム間をつなぐR3のようなスタートアップへの投資などを行った。

「われわれは進化しました。2年前に活動を始めたとき、ラボは会社の庇護を受けるスタートアップでしたが、いまでは有力な事業ポートフォリオを持つまでになりました」とペウラは振り返る。

「小売業」から「サービス業」になった書店

製品をサービスに変えることで利益を得るのは、数十億ユーロ規模の銀行だけではない。裕福な人々が住み、ボードゲームの英国版モノポリーでもいちばん地代の高いロンドンのメイフェア地区には、カーゾン・ストリートに面して、古色蒼然とした居心地のよい書店が新刊と古書を売っている。この1936年8月創業の書店は、本の受難の時代を生きのびるために、わくわくするような、そして直観に反するような方法を見つけた。

書店の名前はヘイウッド・ヒル（Heywood Hill）。この書店は、ここ何年も、ある問題に悩まされ続けていた。2011年にはエリザベス女王御用達として本を納めた老舗だが、アマゾンや他のディスカウント書店に対抗して、この界隈の賃貸店舗でいつまでも書店を続けることはできないという冷徹な事実は変わらなかった。

ジョン・ル・カレが1974年に発表したスパイ小説『ティンカー、テイラー、ソルジャー、スパイ』の舞台として有名になったこともあるし、小説家で社交界の有名人**ナンシー・ミットフォード**が1942年から45年にかけて週30ポンドで働いたことで評判になったこともあるが、来店客による購入額は減り続けているし、迫ってきた家賃の更新も不安の種だ。

2011年に義理の父である第12代デヴォンシャー公爵（ミットフォードの甥）から書店事業を引き継いだ**ニッキー・ダン**は、何かを変えなければならないと思った。

書店員というキュレーター

「書棚の前に立って考えました。書店に未来はあるのだろうか？　人はなぜ書店にやって来るのだろう？　その頃は、アマゾンが非常にうまくやっていた。ウォーターストーンズ（英国の書店チェーン）はうまくいっていなかった。そして、電子書籍が立ち上がり始めていました」。ダンは政治コンサルタントとして働いたことがある、文学とは無縁の人だったが、鋭い観察眼を働かせた。

「やって来る客と話しているうちに、ドアを開けて入ってくるのは素晴らしい人たちだということに気づいたのです。世界各国から訪れる英語を話す裕福なビジネスリーダーたち、さまざまな分野の一流の人々、文化の壁を越える人々……それに気づいたら一日が面白くなりました。それで考えたのです。何か彼らの役に立つことができるんじゃないかと」

現在48歳のダンは、ヘイウッド・ヒル書店を「書物の文化のパイロットフィッシュ（適切な環境を整えるために先行して飼育する魚）」だと考えた。ディスカウント書店や既刊本の販売店と同じ水の中を泳いでいるが、サメと競争するには小さすぎる魚だ。

しかし、そこで彼は衝撃的にひらめいた。店にただ座っていても専門知識が商売の役に

立たないのなら、その専門知識を使って客に本を推薦するために使えばよいのではないか、と。

専門書店の知識を活かして、顧客のためのオーダーメイド・ライブラリをつくったり、パーソナライズされた書籍のサブスクリプション・サービス（定額継続販売）を提供したり、要は小売業をキュレーションサービスに変えればいいのではないかと考えたのである。

「お客様が店に来て次の本を選ぶのではなく、お客様の好みに合わせて私たちが本を選んで送って差し上げましょう、ということです。それこそが最もパーソナライズされた本のサブスクリプションです。アルゴリズムによる選書ではなく、人間のリズムによる選書です」

その発想は、皮肉にも、およそサブスクリプションなどとは無縁のカール・マルクスの『資本論』に目を通していたときにひらめいた。

マルクスは、19世紀の労働者は、機械化によって生産システムに意識的につながる存在になるだろうと述べた。初めて目にする言葉だったが、それを読んでダンは、**人間は意識してつながりをつくるのであって、アルゴリズムや機械まかせにしたいとは思わない**と考えた。

「エドマンド・バーク（哲学者）だけでなく、ウッドハウス（英国のユーモア作家）もどうですか？　気に入るかもしれませんよ、という具合に本はつながっていくものです」。このようにして、ヘイウッド・ヒル書店の「本とすごす一年（ア・イヤー・イン・ブックス）」というサブスクリプション・サービスが誕生した。

アルゴリズムで選ばれない本を売る

たとえば「イギリス大好き（アングロファイル）」というコースでは、年額950ポンドで、顧客それぞれの好みに合わせて選ばれた英国に関わる本が、優雅に包装された箱に詰められて年に4回届けられる。店任せではなく自分で選んだ本が欲しい場合は、年額390ポンドで最初に読書相談ができて、その後はハードカバー書籍が毎月1冊、クレシダ・ベル（美術家）のイラスト入りブックマークと一緒にギフトラッピングされて送られてくる。

店の階下の部屋では、フルタイムの書店員が5人、サブスクリプション・サービスのために働いている。店員はそれぞれ年間100冊から200冊の本を読んでおり、毎月のミーティングで一人ひとりの購読者の読書の好みに合う本を慎重に選ぶ。

取材申し込みから実現まで3カ月待たされたという事実が、このサービスが順調に推移していることを物語っている。ようやくアポが取れたとき、購読者が何人いるのかと問うと、「数千人、千の位の数字は真ん中か少し下、前払い金は1人平均265ポンドで、キャッシュフローは様変わりしました」と話した。公表されている同社の決算を見ると、2017年のサブスクリプション収入は35万763ポンドで、年々順調に増加している。

ここで行われている選書は、アマゾンのお薦め本アルゴリズムとは好対照だ。「この仕事を担当する書店員は、読み巧者で熱心な女性に限ります。彼女たちが働いている階下の部屋は、毎日がブッカー賞（英国の文学賞）の審査員室のようなものです。『デイビッド・ローワンさんには先月何を送ったんだっけ？　今月はウィリアム・ショー（ジャーナリスト）のこの本を送ろうかと思うけど、誰か読んだ人いる？』一日中そんな感じで作業が進められ、本を詰めた箱が75カ国に発送されます」

選書力で「図書館」を売る

ヘイウッド・ヒル書店はオーダーメイドのライブラリを作るサービスも行っている。ダンは、妻の祖父である第11代デヴォンシャー公爵が80歳のときにアイルランドにライブラリを作っているのを見て、そのサービスの着想を得た。

その後、デヴィッド・タンという香港の実業家と出会い、彼が**マラソンを始めた妻のためにに「持久力」や「忍耐」をテーマとする本を集めたライブラリをプレゼントして喜ばれた**という話を聞いたりした。

そんなこともあって、ダンは裕福な顧客がスイスにある山小屋にライブラリをつくるという話に協力して、モダニズムの歴史に関する本を３０００冊集めたライブラリ設置プロジェクトに実験的に取り組んだ。ライブラリの予算は50万ポンド近かったという。ダンは振り返る。

「スイスの図書館は、私たちにとってこのビジネスがうまくいくかどうかの試金石でした。スイスの後、同じクライアントのためにロサンゼルスに２つライブラリをつくりました。どちらもプレゼント用です。それ以来、飛行機、クルーズ船、ホテルなどにライブラリをつくりました。今月は３つか４

つ完成する予定です。一つはハーバードとケンブリッジでボートを漕いでいた人にプレゼントするための漕艇に関するライブラリ、もう一つはファンドマネジャーのための資本主義の歴史に関するものです。主に市場を動かした人々に関する本を揃えました。すべてに共通するのは、依頼者が大の本好きだということです」

サブスクリプションとは別のライブラリ・チームが、クライアントと会い、話に耳を傾け、興味を理解するために時間をかける。

まずチームが最初の提案を行い、金額をにらみながら調整していく。費用は最低1万ポンドからだが、100万ポンドを超えることもある。揃える本のリストが固まったら、チームは本を入手するために動き始める。伝統的な稀覯本の売買と違い、事前に合意した本だけを購入するので双方とも経済的なリスクはほとんどない。

「あなたが売るものが好きな人」へ

ダンの起業家精神は、小売業をサービス業として定義し直すことでビジネスが一新する可能性があることを示している。

「私たちは、自分たちのことを世界最大の小さな書店と考えるのが好きなんです。ミッションステートメントも書きました。『古書であれ新刊であれ、良い本を、革新的な方法で、世界中の読者やコレクターに販売する』というものです。私たちはこの店に創造的なエネルギーを注入しています。そこがこの仕事でいちばん好きなところです」

私がビジネスは順調かと尋ねると、彼は愉快そうに答えた。「とてもうまくいっています。この商売では金儲けはできませんが、店は成長し、雇用を創出しているし、財務基盤もしっかりしている。以前とは大違いです。すべてについて満足しています」

その後ダンは、別の顧客を訪問するために出かけると言った。もちろん本を大切にするクライアントだ。**ヘイウッド・ヒルは、本を大切にしない人のためには仕事をしない。**

私と別れるとき、カーゾン・ストリートからシェパードマーケットに入る角には、ヘッジファンドマネジャーたちがたむろする中に2人の重武装警官が立っていた。私は何事かと気になったが、ダンは気にもとめず、握手した手を離さず、私の本が出版されたらサブスクリプション・ボックスに入れられるかもしれないと言ってくれた。

「ただし選書担当の女性たちが気に入ってくれたらの話だけどね。私もよく本を推薦するんだが、彼女たちのお眼鏡にかなわないと、どうしようもないんだ。そういえば教会や国家やその他の……」とダンの話は尽きなかった。

長期的に存続するために自らを破壊する

最後に、話をOPに戻す。ダールストロムは17年間OPで働いている。経済学の博士号を持ち、ビジネスを熟知している。CEOのアシスタントを務め、スピーチ原稿を書き、プロジェクトについて助言してきた。マーケット情報の責任者、CSO（最高戦略責任者）も務めた。IT、HR、セキュリティ、投資プロセス、M&A、顧客インサイトなど、さまざまな分野で重責を担ってきた。

彼は断言する。「進歩的な考え方をする人でさえあれば、銀行で働いた経歴があろうがなかろうが関係ありません。私たちはマイカーを所有している人を相手に年間1億ユーロ以上を稼いでいますが、いま、車を持っていない人を相手にするビジネスモデルを構築しているところです。自分で自分を破壊しているのです。自分でやらなければ、他社に破壊されるだけですから」

個人が自動車を所有しない社会は、OPが掲げる環境面での持続可能性の目標にとっても望ましい。サムリ・サアルニが言うように、OPの成功を最終的に決定する要因は、そして**長期的な存続を可能にする要因は、特定の事業にあるのではなく、より広い社会的ミッションを追求する企業の価値観の中に存在する**のである。

「私は、会社の価値観と社員の価値観が一致している状態を望みます。目の前に病気の人がいれば助けたいと思うでしょう。その時、お金のことなど考えませんよね。そんな思いをサポートできる組織になりたいのです。自分の価値観の通りに職場で働ければ、仕事はきっと楽しいものになるでしょう。経営も楽になります」

「病気はなくなることがない。だから私たちの病院の従業員は雇用の不安を感じていません。しかし銀行の従業員は心配しています。彼らはリスクを回避したがっている。銀行業務はまだ破壊されていないのです。伝統的な銀行業務と保険業務はいまも非常に好調です。しかし、それが十分に利益を上げているうちに、変革を先取りしたいのです。ＯＰの変革は始まったばかりです」

製品をサービスに変えよ

OPにはいくつかの自然な強みがある。なんと言っても、メンバーによって共同所有されているので、公開企業のように短期的収益を求める圧力を受けることがない。経営トップも変革にコミットし、それに要する20億ユーロの予算を承認している。しかし、そういう条件を欠く組織でも、OPのデジタル・ビジネス再構築から学べることは多い。

ACTION POINT

1 現在の収益モデルのことは忘れて、
会社がいちばん大切にしている目的と価値を再確認する

あなたの会社が追求すべき強みは何か？

2 変化する顧客ニーズをモニターする

顧客が解決したがっている根本的な問題は何か？

3 現在の収益ラインの脅威を識別し、
その収益を置き換えられる新サービスを検討する

顧客がお金を払ってくれるサービスは何か？

4 顧客からの信頼が強まるような、経験、サービス、システムをデザインする

5 人工知能やブロックチェーンなどの最新技術で、どんな収益モデルが可能になるかを検討する

6 機敏（アジャイル）な実験的手法で、新しい製品やサービスのプロトタイプを発表する
多額の投資をする前に、初期段階で顧客の反応を繰り返し測定する。

7 多くは失敗に終わるという前提で備えをした上で、積極的な内部的投資を行う

8 文化的多様性を実現するべく、スタートアップ、研究者、潜在的パートナー企業など、外部のプレーヤーと協力する

ムーンショットを狙え

「X」
グーグルを支える謎の秘密研究機関

PART 5

UK

USA

Peru

世界を根本的に変える組織

海水をカーボンニュートラルな液体燃料に変える大胆なミッションのリーダーに**キャシー・ハヌン**を指名するのは、グーグルXにとってリスクのある決断だった。2012年にグーグルXに入社したとき、ハヌンは弱冠27歳、最年少の社員だったのだから。

グーグルX（その後「X」に社名を変更）は、カリフォルニア州マウンテンビューにある**セルゲイ・ブリン**の秘密めいた研究所であり、非常に困難だが、実現すれば大きなインパクトを生む課題に挑む「ムーンショット・ファクトリー」である。

「ムーンショット」とは、ケネディ大統領が提唱して推進された、人類の月面着陸をめざしたプロジェクトのことだ。

最初、ハヌンはジュニア・マーケターとしてXに採用されたが、それ自体が本人にも驚きだったほどだ。ハワイでサーフィンを楽しんでいた彼女が、ネットでの採用面接に遅刻しそうになりながらパソコンのカメラの前まで駆け戻ったとき、髪は海水で濡れ、ビーチの砂がついていた。

ハヌンは自称「臆病」な若者で、米国ニューハンプシャーの農村出身だ。「大人の仕事といえば教師か医師で、テクノロジー関連の仕事などは別世界の話でした。新しい技術を発明した人なんか誰も知らなかったので、私がこのプロジェクトをリードするというのは無理があると感じました」

しかし、数学と科学の才に恵まれていたハヌンは、スタンフォード大学で土木工学とコンピューティングを学び、再生可能エネルギーを熱心に追究していた時期もあった。2013年6月、彼女は上司の**アストロ・テラー**が開いたディナーパーティーに出席し、テラーはそのときのハヌンの様子をセルゲイ・ブリンに報告した。

テラーとの会話のテーマが『エネルギーと環境の科学』誌の興味深い論文に及んで、ハヌンは興奮した。2012年にゼロックスのパロアルト研究センター（PARC）のチームが発表した「バイポーラ膜電気透析を用いた海水からのCO_2抽出」と題する論文で、海水に溶け込んでいる炭素をCO_2（二酸化炭素）ガスとして抽出するための斬新で効率的な方法を説明したものだ。

抽出したCO_2を水素と結合できれば、メタノールのようなカーボンニュートラルな燃料を作り出すことができ、船や車や工場を動かすことができるし、温室効果ガスを削減することができる。

「興味をそそられました」とハヌンは振り返る。そのころ、Xの即決評価（ラピッド・エバリュエーション）部門のプロジェクト・マネジャーが、新規プロジェクトを探していた。彼女は、当時その部門を率いていた**リッチ・デヴォール**に、「私にやらせてもらえませんか」と申し出た。デヴォールは、普通に考えれば失敗する可能性が高い、しかし野心的な技術に立脚した提案を探していた。

グーグルをもう1つ作る

後のことだが、2018年3月にデヴォールは、ワシントンDCで開かれたフューチャーチャーコンというサイバーセキュリティーに関するカンファレンスで、グリーンのモヒカン・ヘアにキルト着用で聴衆にこう話している。

「シリコンバレーの他社を見ていると、ミレニアル世代の身の回りの世話でもしたいのかと思ってしまう。〝洗濯してくれるアプリができないかな?〟とか。もっと大きな課題に取り組むべきだろう。何十億人にも影響のあるヘルスケアとかエネルギーとか。エネルギーについて言えば、人間は長いこと間違った使い方をしてきたかもしれないじゃないか」

デヴォール本人のエネルギーは、女性求職者に対するセクハラ行為をニューヨークタイムズが報じた2018年10月に突然Xを去るというかたちで終わってしまったが、2013年の彼は、ハヌンの提案に同意し、調査のために限定的な予算を承認した。

「止めるべきという見極めがつくまで好きにやっていいという約束でした」とハヌンは説明する。アルファベットの一部門であるXは、グーグルがもう一つできるような事業につながる研究プロジェクトを求めていた。海水から燃料を取り出すというのは、まさにストライクゾーンど真ん中のミッションだったのだ。

Xが進めるプロジェクトは、巨大な難問を根本から解決する、画期的なテクノロジーでなくてはならない。**少なくとも現在のやり方の10倍の改善**を実現しなければならない。いつか世界を「根本的により良い場所」にするという目標に向けて、発明を現実の事業にむすびつける「ムーンショット」でなければならない。

キル・メトリクスという「引き際」

2013年8月、ハヌンはPARCの研究リーダーである**マシュー・アイザマン**に、件の論文につながった研究内容についてXで講演してほしいと頼んだ。彼女はアイザマンに、このアプローチがビジネスとして成り立つかどうかのコスト見積りを依頼し、その結果に勇気づけられた。アイザマンと彼のPARCの同僚3人、Xからもう1人スタッフが加わって小人数のチームが結成され、科学的原理面の検証を始めた。プロジェクトのコードネームは「フォグホーン」(霧笛)と決まった。

Xの承認を得るには、チームはプロジェクトに着手する前に、一連の**「キル・メトリクス」(それを満たさなければ他の点がどうであってもプロジェクトを中止しなくてはならない決定的基準)**に同意する必要がある。キル・メトリクスは、チームが感情的に入れ込みすぎる前に、プロジェクトの最もリスキーな部分を特定しておくのに役立つ。フォグホーン・チームは、5年以内に石油換算で1ガロン(米国単位)5ドル以下で燃料を製造すると約束し、科学的実現性の証明に取りかかった。

フォグホーン・チームは、2つの基本的な確認から始めた。まず、科学的見地から、それは本当に実現し得ることなのか? そして、費用対効果に現実味はあるか? 当時、スタンドでのガソリン価格は1ガロン4ドルに接近しつつあったが、チームの理論モデルによると、アイザマンのアイデアが機能すれば、最終的には1ガロン当り5ドルから10ドルで燃料を生成できる可能性があった。

しかし、それは大きな〝もし〟を伴う見通しだった。「天文学的に高いコストでなら、海水からメタノールを製造できることは当初から明らかでした。商品化が期待できる線までコストを下げるために、とにかく技術を改善し続けなければなりませんでした。とりあえず1ガロン1000ドルを70ドルから30ドルまで下げることはできましたが、技術的困難も次第に増して、進捗ペースは落ちてきました」とハヌンは振り返った。

それでも、前進の手応えはあった。チームは、海水からCO_2を抽出する実用レベルの試作機を作り、クリーンな電気を使って水素を作る方法を追求し、そのCO_2と水素を結合させれば液体燃料を製造できることを示した。ハヌンはチームリーダーとしての自信を深め、重要な成果を上げ続けた。

2015年6月には、電気を使って脱塩または純化した海水から相当規模の水素を取り出す方法「固体酸化物形電解セル」に目処がついた。それを電気透析によってCO_2をつくるというアイズマンの方法と組み合わせることができるかもしれない。

チームは海水淡水化プラントを見学し、自分たちが開発した抽出技術を組み合わせることでコストを削減できないか確認した。効率を最適化する方法を学ぶためにコペンハーゲンの電気分解研究者にも会いに行った。その間、石油換算1ガロン当りの製造コストは下がり続け、2015年末には12ドルから10ドルにまで下がっていた。5年で5ドル以下という目標の達成が見え始めたかに思えた。

しかし、2016年2月、キャシー・ハヌンは突然プロジェクトの打ち切りを発表した。その決定によって彼女のチームは全員現金でボーナスを受け取るのだが、その理由は後述する。

「複雑さと困難さが急激に増してきて、5ドルという目標が非現実的なことが明らかになったのです。プロジェクトには多くの時間をかけてきたので、辛い決断だったけど、**実らないことのためにみんなの時間を無駄に使わせるべきじゃない**と思ったんです。私はこの考えを、まずアイザマンに伝えて意見を求めました。大筋で合意できたので、他のチームメンバーに話すのはそれほど難しくはありませんでした」

プロジェクトのキル・メトリクスは、石油価格が長期にわたり1バレル約100ドルで推移していた時期に設定されたものだ。だが2016年初頭には30ドル12セントまで下落し、スタンドでのガソリン価格も当初の予測よりずっと安くなっていた。

しかし、この中止を原油価格のボラティリティ（変動性）だけのせいにするのは単純すぎる。ハヌンは「石油価格のせいではない」と認めたうえで、「それよりも、電気分解によってコスト効率的に再生可能な水素をつくるという難問がありました」と言う。そのためには10億ドルの予算とさらに何年もの研究が必要だと推定され、それをやっても成功の保証はなかった。

「一つずつ事実が判明するたびに、夢がゆっくりしぼんで行きました。私たちはXのトップとの四半期評価の際に、フォグホーンを打ち切り、ここまでの知見を科学雑誌に発表したいと提案しました。アストロは驚いたと思いますが、提案の知的誠実さを評価して承認してくれました」

徹底解剖「X」

明るく照明された倉庫風のXのビル。アストロ・テラーは私に、イノベーションについて話すのは気乗りがしないと言った。「イノベーションという言葉が多用されすぎて、意味のある会話が成り立っているのかわからなくなるんだ」。

ポニーテールにヤギひげ。着ているのは黄色いXのロゴが入ったグレーのTシャツ、その上に黒いピンストライプのパーカー、そしてジーンズ。足にはインラインスケートを履いている。テラーはほとんどいつもスケートを履いていることでXでは有名だ。「組織を変えるには何が必要かしか、鍛えなくちゃならない筋肉とかの話なら、喜んでさせてもらうよ」。

精神的疾患としての起業家精神

テラーの名刺には「キャプテン・オブ・ムーンショット」という肩書きが書かれていた。48歳、人工知能の博士号を持ち、セレベラム・キャピタル（Cerebellum Capital）という人工知能を利用したヘッジファンドを運営し、3冊の本を出版し、2人目の妻と一緒にTEDxで「真実、愛、離婚」について話し、ボディ・モニタリング・ウェアラブルの事業をジョーボーン（Jawbone）に売却した。祖父は父方がエドワード・テラー（水素爆弾の父）、母方はジェラール・ドブルー（ノーベル経済学賞を受賞した経済学者・数学者）だ。

テラーと初めて会ったのは２０１３年のグーグルイベントのときで、「大胆な起業家精神は狂気にも似ている」という持論を展開していた。特に次の言葉が記憶に残り、それ以来何度も引用させてもらっている。

「真に素晴らしい起業家は、止みがたい楽観主義と、体に悪いほどのパラノイアを、その人ならではのバランスで併せ持っている。底抜けに楽観的でなければ何も達成できないし、正気を保つことも、人をその気にさせることもできない。他方、何か間違っているんじゃないかと心配して計画をいじり続けるほど偏執症じみていなければ、ガブリとやられて終わりだ」

歪んだ現実認識と病的なパラノイア。精神的疾患としての起業家精神。容赦なく鋭い観察だ。

テラーは、**セバスチャン・スラン**によってグーグルにリクルートされた。スランは、びっくりするほど頭脳明晰なスタンフォード大学のＡＩとロボティクスの教授で、自動運転自動車の開発のためにグーグルに雇われた人物だ。

テラーによれば、スランの仕事は「グーグル規模の新事業をアルファベットにもたらすことです。常に成功しなくてもよくて、生み出した価値の全体が使った費用を上回っていればＯＫということになっている」。

成功裏に終了したプロジェクトは、間違いなく費用を上回る価値を生んでいる。自律走行自動車会社のウェイモは企業価値を数千億ドルに押し上げる可能性のある知的資産を開発した。機械学習ツールを構築しているグーグル・ブレインの研究成果によって、グーグルにもたらされる検索、広告、ユーチューブの収益が拡大した。

その他にもXは、インターネット接続を提供する成層圏レベルの気球ネットワークを構築し、「ルーン」(Loon)の名で分社化した。サイバーセキュリティの「クロニクル」(Chronicle)、ライフサイエンスで分社化した「ベリリー」(Verily)、そしてオーストラリアでは現在、「ウィング」(Wing)が時速120キロのドローン配達プロジェクトの実験中だ。

それだけではなく、宇宙エレベーター、空中飛行のジェットパック(ジェット噴射による個人飛行器具)、常温核融合、磁気浮上ホバーボード、海洋浮遊式ソーラーファーム、貨物飛行船についても粛々と研究が進んでいる。

これらは、どう考えても典型的な企業の研究開発部門のスケールではない。

情熱的なクールさ、責任ある無責任

グーグルの共同創設者であるセルゲイ・ブリンが、同僚と何やら熱心に話しながら、テラーと私が話しているミーティングルームをのぞき、テラーに時間が空いているかと尋ねて去って行った。

私はテラーに、ブリンともう一人の設立者である**ラリー・ペイジ**はどの程度まで自由にやらせてくれるのかと訊いた。テラーは笑いながら答える。

「彼らはよく社内を歩いていますよ。私にもいっぱいアドバイスをしてくれる。ときどきは採用しているよ。ただ、**Ｘはラリーとセルゲイのアイデアを言われた通りに進めるための組織じゃない。**そんなやり方では大したことができないのは彼らもわかっているからね。トップダウンではイノベーションは起こせない。ラリーとセルゲイはＸの顧客だよ」

テラーは自分のチームを「カードカウンター」（必勝戦術を使う人）と呼ぶが、彼の役割はチームをエンパワーすることだ。誰でも、どんなに突拍子もないものでも、プロジェクトの提案ができる文化を育み、公平に評価し、売れる製品やアプリケーションに変えることだ。

つまり彼の仕事は、スタッフを励まして大胆なプロジェクトを提案させ、熱心に推進させることであり、いつ止めるべきかを冷静に判断することでもある。

「情熱的にクールになること。そしてもう一つ、責任を持って無責任になることも心がけている。ルールに囚われず早く前に進みたいけれど、法律は守らなくてはならないし、安全管理の文化を築くことも必要だからね。そうした緊張関係を正直に認め、有利なオッズで戦おうとしている」

だれも失敗や挫折を恐れない安心感

イノベーションを体系的に推し進めるには、チームの心理状態を管理し、人間的弱さゆえのバイアスをなくすことが鍵になる。テラーは、２０１０年の発足以来、Ｘが組織として学んだいくつかのことを話してくれた。まず第一に、自分たちの中から生まれた独創的アイデアを自分たち自身で潰してしまう自己検閲を回避するためには、安心感のあるチーム精神を醸成する必要があると言う。

彼はエミリー・マというスタッフの話を始めた。数カ月前、エミリーはテラーに、自分が提出したアイデアが立て続けに3つ却下されて困惑していると訴えた。テラーは彼女にこう言った。

「〝よくわかった、エミリー。辛かっただろうな。でも、どれぐらい辛かったんだ？　ボスに怒鳴りつけられた？〟彼女はノーと言った。〝きみの同僚はきみのことをポジティブに見てくれているる？〟彼女はイエスと言った。〝昇進が遠のいたと思う？〟ノー」

テラーはエミリーに、**スキーを学ぶ最善の方法は、転ぶとわかっていても速く滑ることだ**とアドバイスした。

「彼女は〝その通りですね〟と言ってくれました。心理的な安心感というのは、そういう意味です。**深く考えて、そのうえで勇敢にプロジェクトを打ち切った社員は、昇進させればいいと思うんですよ**」とテラーは言った。彼がハヌンに与えたのは、昇進ではなく現金のボーナスだったが、意味は同じだ。「そうでなければ、誰も自分のプロジェクトを終わらせなくなってしまうじゃないですか」

モンキー・ファースト・アプローチ

チームは、まず最初にいちばん困難な問題を片付けることの大切さを学んだ。テラーはそれを「モンキー・ファースト・アプローチ」と呼ぶ。サルを台座に立たせてシェイクスピアを朗読させなくてはならないという状況を想像してほしい。時間とお金をどう割り当てるべきだろう？　ほとんどの組織は、プロジェクトを早く進めたい株主や上司を意識して、台座を作ることや、サルをその上に立たせることから始めようとするかもしれない。だが、それでは進捗状況について間違った情報を伝えてしまうことになる。**正しい選択は、サルにシェイクスピアを朗読させるという、最も困難な部分から始めることだ**とテラーは言う。

「私は部下にはまずこう尋ねるんです。〝きみのプロジェクトにはアキレス腱がある？　ない？　あるなら、いま詳しく知りたい？　それとも3年後、２０００万ドル使った後で知りたい？〟いちばん困難な部分に最初に取り組ませるのが私の仕事で、それが本人のためなんです」

モンキー・ファーストという考え方はXの内部で圧倒的な市民権を得て、社内用のスライドでは、プロジェクトの最難関ポイントにサルのアイコンが使われている。

「やらない理由」を厳しくする

第二に、プロジェクトの採否を決めるフィルタリングを体系的に行う必要がある。テラーは言う。

「プロジェクトを打ち切ると決める理由は、さまざまだ。物理法則に反するという理由で却下したこともある。不道徳、あるいはプラスの価値を生まず人を傷つけるかもしれないという理由もあった。あと、テクノロジーの経済学の観点からの却下もある。５％の利益と５％の損失は天と地ほどの差があって、お金を減らしていくようなもので世界を変えることはできない。縮小するものは成長しないからね」

「それから、事業ポートフォリオの観点からの却下もある。提案するなとは言わないけど、**同じ領域ですでに2つか3つ進行中のプロジェクトがあれば、新しい分野に打って出るような面白さはありません。世界の大問題、根本的な解決策、サイエンスフィクション的な製品やサービス。**この3つを満たすようなプロジェクトはすごく難しい。1つでも2つでも前に進めたくなる案件を確保したければ、毎年、何百ものアイデアを検討し続けるしかないのです」

「グーグル・グラス」と大失敗からの学び方

もう一つの重要な教訓は、失敗から学び、その経験を組織の記憶に刻み込むことの価値だ。広く知られているXの最大の失敗は、ヘッドアップで人間の視野に直接情報を映し出すコンピュータディスプレイを組み込んだグーグル・グラスだ。

2012年から13年にかけて展開された『ヴォーグ』誌のファッション特集、サンフランシスコのグーグル開発者会議で行われたグラス着用スカイダイブ実演、そしてビヨンセからチャールズ皇太子までグラスを着用した有名人の報道などの宣伝作戦で、広く一般に知られるところとなった。

だが、実用性がまだ証明されていない消費者向け製品の宣伝は、賢いやり方ではなかった。ブリンが、「グラス・エクスプローラーズ」と呼ばれた発表前のモデルを1500ドルで購入した人々による公開実験を強く推し進めようとしたことも、X内での不満を高めた。グラス・プロジェクトは2015年、ネガティブな報道が続く中で中止が決定した。『ニューヨークタイムズ』は、フォードが1950年代後半に販売し大失敗した自動車を引き合いに「シリコンバレー版エドセル」と報じた。

「私たちは正しいことと間違ったことをした。学習の場を用意して早い段階で乗り出した点は正しかった。よくなかったのは、**まだ製品と呼べない段階のものを製品と言ったこと。**それは大きな間違いだった」

それによって非現実的な期待が高まり、X内部では、はたしてグラスをこのまま消費者向け製品として売り込んでよいのかという疑問で緊張が高まった。いったん打ち切られたグラスだが、現在では、機械の組立工や大型家電製品の修理工などが使うハンズフリー・デバイスとして復活しつつある。

人間の弱点の一つは、熱心に取り組んでいる仕事について、失敗する可能性を想像もしなくなるというバイアスだ。Xではそれを「**ローンチ熱中症**」と呼ぶ。最悪のパターンは、チームの全員に失敗の可能性が見えなくなってしまうことだ。そのための対策をテラーが教えてくれた。

「メンバーを集めて、プロジェクトが失敗に終わった場面を想像しろと指示すると、みんな動揺します。そこで、この紙にプロジェクトが失敗に終わった理由を書いてみて。時間は2分、はいスタート、と告げます。そうすると、みんな先生が喜びそうなことを書き始めます。つまり、意識を別の場所に移すわけです。最初のうちは何度やってもぎこちないけど、やがて個人的な思い入れを排した平静さの保ち方を身につけることができます」

プロジェクトの価値を「何を学んだか？」で決める

もう1つ、メンバーに気づきを促すテラーの指導法がある。彼はチームメンバーに、プロジェクトを成功させるために必要なことを20項目リストアップさせる。

「20項目をどんな順番で並べたかと尋ねたら、みんな何をわかりきったことをと笑います。重要な順に決まっているじゃないですか、と。そこで私は、〝じゃあ今度は学べることが大きい順にリストアップしてみて〟と言うのです。すると、そのリストは最初のリストとは見事に似ても似つかないものになる。これが、何が重要かではなく、何を学んだかを重視する理由です」

ビルの入り口には、Xが初期のころに開発した製品プロトタイプが展示されている。接着テープで繋ぎ合わされたグーグル・グラスのプラスチック・フレーム、破れたルーン・バルーンの一部、ひしゃげたドローン。陳列ケースに入った展示品は特に汚れがひどく、破損している。これらは、イノベーションの物語は輝かしく整然としたものではないことを示す展示だ。

「他の企業は、製品の誕生を祝うのかもしれないけど、私たちは学習のプロセスを記憶に留めようとしています。それで私たちは、このボコボコの、汚れた、台無しになったものを展示しているわけです。〝速やかに失敗から学んで……〟と説くことも、〝ムーンショット〟とか〝イノベーション〟とか、気の利いた話をすることもできるかもしれないけど、そんなものでは何も伝わらないと思うんです。

彼らの意識を変えるのは、むきだしで並べられた死骸の数々であり、それが発するシグナルなのです」

そのためにテラーは、組織のミッションを達成するためには何が最善かということにスタッフの意識を向けさせ、感情的抵抗が少ないかたちで失敗を受け入れさせるために時間を費やす。そうすることで、アイデアには難があったが、ハグやハイタッチでプロジェクトの幕を下ろせると伝えることができる。「普通じゃないこと、直感にさえ反することをやろうという時は、だれだって110%感情的に入れ込んでいるから」。

私にはテラーがエンジニアリングよりも心理学を活用してXを率いているように思えた。

ムーンショット・ファクトリー

Xの〝ムーンショット・ファクトリー〟に向かってメイフィールド・アベニューを横切ろうとしていたら、私の目の前で、ウェイモの自律走行車が静かに停止した。ビルの中に入ると、吹き抜けの高い天井から、ウィングのドローンが吊り下げられている。

上階の部屋の前に立つと、ガラスドア越しに、クーカのロボットアームに物をつかませる研究が行われているのが見える。Xとグーグル・ブレインが共同で進めている、機械学習の研究の一環としてのロボットアーム工場だ。壁に「警告：ロボット作動中」の掲示が見える。「故障解析ラボ」と「デザイン・キッチン」の前を通り過ぎた。デザイン・キッチンというのは、3Dプリンターやレーザー・カッターなどの道具でプロトタイプを素早く作る機械工作室だ。

グーグル本社から3キロ離れた所にあるこの建物は、2015年以後、Xのムーンショットの培養地となっている。ここに建っているのは、不動の構造物であることをあえて否定する建物だ。合板の壁がコンクリートフロアから突き出たスチールの梁(はり)に固定されているが、フランジを何個か緩めれば移動させることができる。ミーティングルームは、プロジェクトの進展に合わせて広げたり形を変えたりできる。この設計によって、仕事は常に進行し変化することが意識される。

プレーヤーの多様性が組織の推進力に変わる理由

「このビルのデザインには意図があります。中央にカフェを1つだけ配置しています。いつも行列だという苦情がありますが、並んで待っている間にも予期せぬ話が進むこともあるんです」と語るのは、ドイツ生まれのベテランマーケター、**オビ・フェルテン**だ。マッド・サイエンティストたちのカオス状態と向き合うテラーを助けるために、2012年に呼び寄せられた。

彼女の肩書きは「ムーンショットと現実世界の接続責任者」というもので、Xから実施可能なビジネスを巣立たせる機会を最適化する方法を考えている。

彼女はスタッフの多様性を高めることに注力している。背景の異なる人間を1つの組織に抱えることで生まれる認知的多様性を、フェルテンは重視する。

「女性が増えただけじゃなく、認知スタイルも多彩になりましたよ。当初、ここにいたのはエンジニアと科学者だけでしたけど、今では、ハードウェア、ソフトウェア、機械学習など、多種多様な背景を持つあらゆる分野の人が関わっています。私のチームにいるあるエンジニアは、ここに来る前はコンサートのピアニスト、森林消防士、国立公園の救命隊員、そしてオートデスクでインターンをやっていたアーティストという変わり者です。そしてレズビアンです」

「科学者は一回実験に成功して論文を発表できればそれでいいけど、エンジニアは常に成功させなくてはなりません。なので**科学者とエンジニアが一緒に何かに取り組むと摩擦が生まれると思いがちですが、それがプロジェクトの推進力になる**のです」

たとえばウィングのプロジェクトでは、海軍特殊部隊（ネイビー・シールズ）の元隊員がファッション・デザイナーと一緒に仕事をしたり、理論物理学者がオスカーを受賞した特殊撮影技師と一緒に仕事をするという文化によって、地に足のついたものになっている。

ドローンの当初の目的は、心臓発作を起こした患者にAED（自動体外式除細動器）を届けることだった。エンジニアはドローンとAEDを問題なく動かすことに注力したが、ユーザー・エクスペリエンスの研究者が加わることで別の問題に気づいた。

その場に居合わせた人がAEDの使い方を把握するのに時間がかかり、わかったころには救急車が到着しているという笑えない状態だったのだ。**エンジニアは技術を考え、研究者は理屈を考えていたが、使う人のことが抜け落ちていた**わけである。チームの規模は意図的に小さく保たれているが、機械工学、デザイン、公共政策など、社内からさまざまな専門家が集められている。

イノベーションを生む効率的なリソース配分

Xがプロジェクトの進め方について学んだことのほとんどは、実際にやって体験した結果だ。重要な教訓の1つは、リソースを段階的に配分することの有効性である。

即決評価会議の段階では、予算も少なく、フルタイムのスタッフが1人も割り当てられないこともある。この段階の主眼は、ムーンショットが可能かどうかを見極め、ごく初期段階のプロトタイプを作成して主要なリスクを探ることにある。

そこで有望と判定されたプロジェクトは、具体化の第一歩としてファウンドリー（鋳造）段階に進み、フェルテンが密接に関わり始める。小人数のチームが結成され、実証用プロトタイプによってリスクとコストが見積もられ、マネジャーによるチェックも頻度を増す。プロジェクトがマイルストーンを踏破するに連れ、予算と人員が増えていく。

次の段階が、独立した「Xプロジェクト」になることで、この段階になると四半期ごとに進捗会議が開かれ、マネジメントによる監督が強化される。スタッフは、どのプロジェクトに参加するかを自分で選ぶことができる。

「社内に、人材のスムーズな異動を実現させる公募の仕組みがあります。すべての人材募集案件が公表され、鞍替えしたいと思ったエンジニアは手を挙げることができます。上司への相談は必須ではありません。そうやって少しずつリスクと関与の度合いを拡大していくわけです。参加したプロジェクトが失敗しても、会社を辞める必要はありません」

フェルテンは、意見の衝突を建設的な結果に結びつける方法にこだわる。彼女は、全員から嫌がられる意見でも、不利益を被る心配をせずに発言できるように働きかけている。「会社によっては、特定のリーダーがイノベーションの責任を負い、誰か一人の意見では何も変わらず、人と違う考え方をしたら白い目で見られることもあるようですが、それではうまくいきません」。

成功したプロジェクトのメンバーだけが昇進するわけでもない。「グーグル・グラスが不首尾に終わったとき、私たちは光学分野でよい仕事をしたエンジニアが間違いなく昇進しているか確認しました。戦略担当者はもちろん昇進の対象外ですが」。

ラリー・ペイジが学生の時に学んだこと

ラリー・ペイジはミシガン大学の工学部で学んでいたとき、「できないという思い込みを正しく無視する生き方」を教える「リーダー・シェイプ」という学生対象のリーダーシップ訓練プログラムに参加した。

この考えは、後に**セルゲイ・ブリン**とグーグルの経営手法を組み立てるのに役だった。ペイジは2013年に、『ワイヤード』誌のスティーブン・レヴィにこのように語っている。

「世界には、人々の生活をより良くするためにテクノロジーを利用できる機会がふんだんにある。グーグルが攻めているのは、その機会の0・1%くらいにすぎない。つまり99%以上の広大な未開拓地がある。その広大な領域でクレイジーなことをしていない企業は、戦略を間違えているのです」

彼はまた、ビジネスの世界を支配する短期思考への不満も表明した。

「いまの社会は、会社を経営する方法をどこかで大きく間違えたような気がしてなりません。メディアが報じるわが社についての記事、あるいはテクノロジー業界全般についての記事は、競争の視点からのものばかりで、スポーツイベントのようなストーリーに仕立てられています。短期的成果を求める中で、ほとんどの企業がゆっくり坂道を下っている。たまにマイナーな変更をする以外は、これまでと同じことを繰り返すだけ。しかし、漸進的な改善では時代遅れになることは証明済みなのです。だから私の仕事の大部分は、社員の意識を、少しの上積みなどではなく、根本的な成長に集中させることです」

10倍速のアプローチ(10X)がグーグルの答えだ。 世界中の街路の景観をデジタル化し、自律走行する車を作り、汎用人工知能(AGI)を可能にするために研究チームを結成する。どのミッションも漸進的なものではなく、失敗の屈辱を味わうリスクがあるが、成功すれば数十億の人々に利益をもたらす可能性がある。

2009年に、ペイジとブリンは、「ディレクター・オブ・ジ・アザー」という役職を設け、グーグルのコア事業の外で新鮮なアイデアを開発するための責任を持たせることを決めた。グーグルXが、自律走行車プロジェクトを率いた**セバスチャン・スラン**によって立ち上げられたのは、その翌年のことだった。

グーグルXは、企業が立ち上げた研究開発ラボの第一号というわけではない。ベル研究所は、AT&T(米国の電話電信会社)とウエスタン・エレクトリックが共同所有していた会社が1925年にスピンアウトしてできた研究所だが、トランジスタ、レーザー、そしてユニックスOSを発明し、8つのノーベル賞と3つのチューリング賞(コンピュータサイエンス分野の世界的権威のある賞)を受賞している。

また、ゼロックスのPARC研究所は、GUI(グラフィカル・ユーザー・インターフェイス)とレーザー・プリンタを開発した。

ロッキード・マーチンが秘密裏に推進したスカンク・ワークスと呼ばれる高度開発プログラム(ADP)は、小さな自律型チームを設けて、1950年代後半にU2スパイ機や米国初のジェット戦闘機といったブレークスルー的な開発を実現させた。

スカンク・ワークスを立ち上げの1943年から75年にかけて率いた、航空およびシステム・エンジニアの**クラレンス・ケリー・ジョンソン**は、プロジェクトに知的活動を促す枠組を提供するための14のルールを定めた。そのうちのいくつかを紹介する。

・スカンク・ワークスのマネジャーは、プログラムのあらゆる面の管理を完全に任されなくてはならず、事業部長もしくはそれ以上のポジションの人間の直属となるべきである
・プロジェクトには、確固たる、しかし小さなオフィスを与えなければならない
・少数に絞って優秀な人材を活用すること。プロジェクトと何らかの関係を有する人の数は、意地悪と思えるような方法を使ってでも制限しなければならない（人数は開発内容から想定される通常の要員規模の10％から25％まで）
・提出すべき報告書の数を最小限に抑えること。ただし、重要な仕事は徹底的に記録されなければならない
・月次の予算進捗管理を行う。支出済みないし支出確定済みのものだけでなく、プログラム終了までに予想される費用も管理するものでなくてはならない
・プロジェクトとその要員に対する部外者からのアクセスは、適切なセキュリティ対策によって厳格に管理されなくてはならない
・エンジニアリングをはじめ、ほとんどの分野で少数の要員しか必要としないため、優れた成果に対する報償を、部下の人数によらずに定める方法をいくつか定めておく必要がある

トップにガッツがない組織からは去れ

2013年にテラーに初めて会ったとき、スカンク・ワークスのようなやり方、とりわけ失敗から学ぶという態度を、従来型の企業でも活かすことができるかと尋ねた。「企業という構造がありながら、失敗を恐れるのは論外だ。たくさんのプロジェクトに賭け金を張らなくちゃ。優秀なヘッジファンドと同じやり方だよ」。ほとんど失敗しても、ムーンショットを狙えるプロジェクトが残っていれば問題ない。会社の枠に守られていながら、安全運転などめざすべきではないということだ。

テラーも、小規模で資金力のない企業が大きなリスクを取るのが難しいことは認めている。しかし、それがシリコンバレーとヨーロッパのスタートアップの違いを生んだ理由でもあると言う。

「シリコンバレーには創造的破壊の文化があり、連中は安全な方法ではなく最善の方法を選ぶことに誇りを持っている。失敗は恥じゃない。実際、**シリコンバレーで恥ずべきことがあるとすれば、単打（シングル）や二塁打（ダブル）を狙って人生を無駄にすること**なんだ」

ヨーロッパにグーグルやフェイスブック、マイクロソフトがないのはなぜか？　テラーは、それは安全志向の文化のせいで、失敗して恥をかかないように、ちまちまとした確実な成功を狙っているからだと指摘する。

それに対して私は、「ヨーロッパの経営者がその意見を聞いたら、奇妙な肩書きのシリコンバレーの変人がムーンショットを狙えと言うのは勝手だが、そんなのは短期的成果を求める株主の存在を無視したシリコンバレーのファンタジーにすぎないと思うのではないか」と挑発した。テラーの答えはこうだ。

「たぶん、そうだろうね。でも、それが問題なんだよ。経営者は自分のやるべきことと株主の期待に折り合いをつける必要がある。ラリーとセルゲイはそれを、ぶれずに上手くやっている。彼らは投資家に対して、２つの種類株式（配当や行使できる議決権などが異なる株式）があると最初から明言している、『あなたがたに決定権は渡さない、われわれが会社をコントロールする。それを長期的に認められないというのなら、他の会社に投資してくれ』と。で、株価は良好ですよ」

テラーは、社外のカンファレンスでも、中堅幹部相手にイノベーションについて話をすることが多い。その際、２つの選択肢を提示する。選択肢Ａは、今年確実に１００万ドルの利益を会社にもたらすプロジェクトで、選択肢Ｂは、１００分の１の確率で10億ドルの利益をもたらすプロジェクトだ。

「これでＡを選ぶ者はいません。みんなＢを選ぶ。そこで私は、『おめでとう、みなさん数学のテストは合格だ。期待効用ベースでＢはＡの10倍の価値があるからね。では、みなさんがＢを選ぶのを上司、リーダー、あるいは取締役会が許してくれると思う人はいますか？』そう尋ねると、手を上げる人は一人もいなくなる。そこで私はこう言います。イノベーションを起こしたければ、こんな講義を聴いていないで、さっさと会社を辞めたほうがいいですよ」

「イノベーションについて立派な理屈を知っていても、トップにリスクを取るガッツがないなら何も起こらないでしょう。それがあったからグーグルは成功したのです。ラリーとセルゲイは生来、とろとろ進むのが嫌いなんです。安全にプレイすることには興味がない。その意識が組織全体に浸透しています」

解決策より問題に恋をしよう

Xでは、適切な質問をすることは答えを出すことより重要で、「解決策より問題に恋をしよう」などと言っている。固定観念を持たないことが望ましいとされる。ウィング・チームの**アンドレ・プラガー**は、「無知、怠惰、焦りは、見えない形で大きな影響力を及ぼす。自分の限界を正直に受け入れることで、人は恐れを払いのけ、好奇心を抱き、真に謙虚になることができる。そして、現状と目標のギャップを素早く見極めて、効率的に埋めることができる」とブログに書いている。

ウィング・チームは、ドローンのテストの規模を拡大するためには、実験機を輸送するために機体をフラットな形状に梱包する必要があった。だが、**空気力学上の効率を低下させることなくそれを実現する方法がどうしてもわからなかった。彼らが見つけた答えは独創的だった。折り紙のスペシャリストを招いたのだ。**

そして、もとからいたパッケージデザイナー、空気力学者、機械エンジニア、材料の専門家、ユーザーエクスペリエンスの研究者、ボール紙製造業者も交えて、フラットに折り畳める機体を開発したのだった。

こういう考え方を徹底しようとすると、人材採用の重要性が増す。優れたエンジニアでも、一定の仕事のパターンを身につけてしまったらXではやっていけないからだ。「考え方が固まっている人間には、われわれがバカに見えると思う。こいつらに正しい知識を教えてやらなくちゃ、と思い始めかねない。2年も経てば、辞めるかX流が身につくかのどっちかになる」とテラーは言った。

一方、オビ・フェルテンは、組織全体を現実の問題につなぎとめるために働いている。

「はじめてアストロに会ってルーンのことを聞いたとき、私は真っ先にこう言いました。それは合法なんですか？　どこかの政府機関に話しましたか？　プライバシーの問題はどうするんですか？　事業計画はあるんですか？　携帯電話会社とはコラボするんですか、それとも競争するんですか？　アストロは私を見てこう言いました。私たちは風船を飛ばし、風船と電話をつなごうとしている。手伝ってもらえますか？」

フェルテンの「ムーンショットを現実世界の接続責任」という奇妙な長い肩書きの背景には、そういう経緯があったのだ。彼女は安全性や法的リスクについて、あるいはパートナーシップの可能性やビジネスモデルについてチームに説明を求めた。

「意味のある事業を構築できなければ、プロジェクトを拡張することはできません。インターネット・アクセスはその一例で、通信会社が儲かるビジネスを構築できるならルーンは拡大していくでしょう。もし私たちが自動運転を実現させれば、私たちも儲けるけど、他のたくさんの人も儲けるでしょう。本当にインパクトのあることをやりたければ、自立できるビジネスでなければなりません」

2015年に**ルース・ポラット**がアルファベットのCFO（最高財務責任者）に任命されたとき、

Xは新たな収益基準を導入しようとしていると報じられた。私はテラーに、収益基準の厳密化で、市場化の可能性の低いプロジェクトが切り詰められることが増えたかと尋ねた。彼は答えた。

「私がラリーとセルゲイ、そしてルースに言ったのは、こういうことです。あなたたちにはブラックボックスと思えるものがここにある。あなたたちはこれにいくらお金を注ぎ込んだかわかっていて、そこから何が生まれてくるかも、少なくとも6つぐらいは知っている。だったら、このブラックボックスの価値を推定して、生み出す価値が使った金より大きく、あなたたちが決めている基準を超えるなら、もっと金を出してください。そうでなければ減らしてくれてかまいません」

イノベーションの縮小再生産を排除せよ

最後に私は、私の本を読む意思決定権者が、ムーンショット・ファクトリーから学ぶことができる最も重要な教訓を1つ挙げてほしいと頼んだ。彼はしばらく考えてから、効果的な未来組織(フューチャー・チーム)をつくりたければ、コア事業からの真の独立を認めなければならない、という条件を挙げた。そうでなければ、少し雲行きが怪しくなると安易な道を選んでしまう。「完全な自主性をチームに保証しなければ、どの企業もミニXに着手し、四半期の数字が悪くなったとたんに店じまいを始める」と。

テラーによると、グーグル以外でそのような大胆さを持っている組織は、スペインの電話通信会社テレフォニカだけだ。この会社はバルセロナに「アルファ」(Alpha)というユニットを持ち、健康とエネルギーの課題に取り組んでいる。テレフォニカの指導者たちは、アルファのやり方が気に入らなくても口出しすることはできない。それが成功のための必要条件だとテラーは言う。

「誰もがスティーブ・ジョブズになって海賊旗を掲げたいと思っている。でも、誰もスティーブ・ジョブズにはなれない。掲げることができるのは、上から渡された、合法的で実用的な海賊旗だから。未来を切り開こうという組織のリーダーは、正常（ノーマル）でなくていい。エンジニアリング主導の組織にしたければエンジニアを雇えばいいが、カルチャー・エンジニアが必要なら、私みたいなヤツを雇うといい。Xはイノベーションを体系化するという点で、ちょっとは進歩したと思うよ。プロジェクトを進めながら、つねに組織をつくり直そうとしているから」

ACTION POINT

ムーンショットを狙え

大きな収益を生む可能性のある製品や事業を育てるのに、ベル研究所やロッキード・マーティン社のスカンク・ワークスのようなリソースや天才集団は必要ない。グーグルのムーンショット・ファクトリーは、企業がイノベーションを起こすのに必要な2つの普遍的な条件を教えてくれている。

第一に、旧来の考え方や仕事の進め方にゆさぶりをかけ、新鮮な発想ができるようにすること。第二に、コア事業とは無関係に、リスクの高い長期プロジェクトを開発するスペースを権限的にも物理的にも確保すること。Xは苦労を重ねながら、その条件を満たすための多くの方法を学んだ。

1　もっともらしい答えを探すより、問いを精緻にする

問いに焦点を合わせ続ければ、予期せぬ答えが出てくる可能性がある。

2　人とお金を配分する優先順位を付けるための手順を定めておく

Xは、プロジェクト開始時に「キル・メトリクス」を定めておくことで、後日プロジェクトの成否を論じる際に、スタッフの感情的な愛着によって合理的判断ができなくなることを防いだ。

3　**本部からの自律性を保証する**

独立した建物と個別の文化が必須である。親会社から管理職が送り込まれてラボの活動に参加する場合、その人物は親会社のプレッシャーを無視するぐらいの変人でなくてはならない。

4　**スタッフに安心感を与える**

不安を感じることなく、失敗のリスクがある大胆な提案ができるようにする。たとえば、失敗しても知的成果において汲むべき点があればボーナスを支給する、といったことだ。

5　**多様性に富むチームを構築する**

背景、考え方、スキルセット、認知スタイルなどが異なる人々から成るチームを構築する。似た考え方をする人々では成功はおぼつかない。Xは挑戦的な方法で考える人材を積極的に探した。

6　**最初にいちばん困難な問題に取り組む**

「モンキー・ファースト」へチームを動機づける。どんなに難しくても、そこから着手する。

7　**失敗から得られた教訓を祝福する**

Xには年に1回、「失敗事業を追悼する日（デイ・オブ・ザ・デッド）」すらあって、スタッフは個人的なものであれ職業上のものであれ、これまでに経験した失敗を分かち合うという。「失敗」を喜ぶことが組織文化になじまないなら、「学習」を喜ぶと言い換えればよいとオビ・フェルテンは言う。

8 失敗プロジェクトの綿密な〝死亡診断書〟を書かせ、社員全員の会議で発表させる

失敗したプロジェクトであっても、評価できる貢献をしたメンバーには適切に報いる。それによって、リスクを取ることを恐れなくてよいというシグナルを組織全体に発することができる。

9 新しいビジネスラインを生み出すために、他社と協力する

Xはテレフォニカとルーンの仕事をし、自動車各社とはウェイモの仕事をしている。「私たちはあらゆる業界において製品の市場化に必要な専門知識を持っているわけではないので、それを持っている会社と提携するのです」とフェルテンは言う。

10 ムーンショット・ファクトリーにマニュアルはない

状況に応じてプロセスを柔軟に変える必要がある。「多彩な食材はあるが、レシピはない。もっとおいしい料理ができるように、私たちは常にプロセスを変えています」とフェルテン。新製品開発チームを抱える企業にとっての最大のチャレンジは、最大のインパクトを生めるように内部プロセスを改善し続けることかもしれない。

未来をインキュベートせよ

「ティンダー」世界最大の出会い系アプリ

Finland

Estonia

China

India

UAE

Australia

South Africa

PART 6

USA

UK

Peru

200億の出会いを生んだアプリ

ホイットニー・ウルフは、母校のキャンパスに足を運び、流行に敏感な学生たちにデートアプリのマッチボックス（Matchbox）を大胆不敵な方法で売り込んだが、それがその後も自分の仕事になるとは思っていなかった。平凡な顧客ロイヤルティ・アプリのカーディファイ（Cardify）が本来の担当だったが、正直、コーヒーショップやネイルサロンの登録数を増やす仕事には飽き始めていて、位置情報を利用した出会い系アプリのほうが可能性があると感じていた。

そういうわけで、マーク・ザッカーバーグの本を読んで、フェイスブック誕生秘話に刺激を受けた。「会社の仲間に、マッチボックスは大学で受けるんじゃないかと話したの」とウルフは振り返る。誰からも異論がなかったので、何人かの女友だちと連れだって、ダラスにある母校サザン・メソジスト大学（SMU）を訪ね、月曜夜のソロリティ（女子社交クラブ）の食事会で熱弁をふるった。

ウルフは当時22歳。学生時代は「頭が良く、人気があって、美人な」集団の一人で、カッパ・カッパ・ガンマ・ソロリティで活動していた。「イヌイットに氷を売ることだってできた」とは本人の弁だ。学生時代の勢いそのままに舞い戻った母校で、夕食時の椅子の上に立ち、大きな声で語りかけて学生たちの関心を引きつけた。

「女の子たちに、『このアプリをダウンロードしたら、イケてる男の子たちと会えるよ』と呼びかけました。ダウンロード数がいちばん多かったソロリティには1万ドルの賞金が出ることも伝えました」と語る口調は意欲満々で、満面の笑みが浮かんでいる。

「フラタニティ（男子社交クラブ）にも行って、食事中の男子学生に、女子学生のことを話しました。『ゴージャスな女の子たちがアプリをダウンロードしたよ。アプリの画面を見ながら、君たちのことを待ってるよ。まずこのアプリをダウンロードしてね』。アプリのブランドをプリントしたTシャツを着て、バーでも同じことをやりました」

翌朝までに、キャンパスの人気者がおよそ400人、ダウンロードしたアプリで異性を探し、チャットし、誘いをかけ、マッチングに至った。数日のうちに、さらに何百もダウンロードされた。

ウルフは野心を隠そうとしない起業家だ。属性を絞り込んだ集団のあいだに口コミで評判を広げる完璧な方法を見つけたこともある。500ドルでモバイル広告を打ち、見事なまでに中年男性ばかりにダウンロードさせた。

そんなウルフだが、後にマッチボックスが出会い系アプリとして史上最高の成功を収め、190カ国で1週間に100万人の出会いを生み出し、何十億ドルもの企業価値をつけるとは想像もしていなかった。

膨大なトライアンドエラーから孵化した200億人のマッチング

マッチボックスは、スタートアップの育成を行うハッチ・ラボ（hatchは雛をかえすという意味）

という会社が行ったハッカソンから生まれ、ティンダーと名を変えて2012年にアップストアでローンチされた。これが目覚ましい成功を収めたのは、中毒性のあるゲーム仕立てのデザイン――

画面に表示された異性のプロフィール写真を見て、魅力を感じたら右にスワイプ、そうでなければ左にスワイプ――と、ほどよい行儀悪さを感じさせる「ティンダー」(Tinder)(=燃えやすい物)というネーミングの妙によるのではないだろうか。

ティンダーを生んだハッチ・ラボは、ほとんど誰からも管理されずに活動する20数人の小さな集団で、モバイルアプリのプロトタイプを試作してはテストし、修正することを繰り返した。その過程で失敗作もたくさんあった。ブロダウン(BroDown)の「連続腕立て伏せで世界に挑戦しよう!」とか、失敗シーンの動画投稿アプリのクラウドフェイル(Crowdfail)の「おもらししたら写真を送って」などのコンセプトは世界が求めていないことを学んだ。

他方、試しにやってみた程度のアプリが意外に健闘したこともある。ブルー・トランペット(Blu Trumpet)は、アプリ発行者が新しい利用者を見つけるのを助けるプラットフォームだが、ゲーム会社に買収された。それを開発したイアン・ハーが片手間でつくった、ツイッターでのつぶやきをトイレットペーパーに印刷して4ロール35ドルで売るシッター(Shitter)もよく知られている。ワインを見つけてくれるブラッシュ(Blush)は投資家から資金を調達することができた。

そんな数あるアプリの中で、あっという間に規模を拡大したのがティンダーだった。1日16億回以上のスワイプ。通算マッチング数200億。文化的に広範な層に広がり、そのあおりで多くの出会い系サイトが致命傷を負った。

ハッチ・ラボはティンダーの成功だけで、２０１３年に解散した時点で企業の資金提供で創設されたものとしては最大の成功を収めたデジタルビジネスのインキュベーター（孵卵器）となった。ティンダーは、向こう気だけ強いハイテク・スタートアップではなかった。

なぜ、競合するサービスを複数所有したのか？

ティンダーはハッチ・ラボの一部であり、そのハッチ・ラボは、何年にもわたってオンライン・デート業界を支配している数十億ドル規模の大企業ＩＡＣ（Inter Active Corp）に過半数所有されていた。ＩＡＣは、**バリー・ディラー**が率いるネットメディア企業で、マッチ・コム（Match.com）、オーケー・キューピッド（OkCupid）、プレンティ・オブ・フィッシュ（Plenty Of Fish）、ミーティック（Meetic）などの出会い系サイトを所有している。ＩＡＣはティンダーにオフィススペースさえ提供し、彼らはそこで仕事をしたり機嫌良くランチを食べたりした。

ウルフは回想して言う。「私たちはＩＡＣのオフィスで育ててもらいました。使っていたコンピュータもＩＡＣが買ってくれたものだし、共食いするかもしれないビジネスを進めるチームのすぐそばで仕事をしていたわけですから。自分はスタートアップ企業で働いていたつもりだけど、大企業のセーフティネットに守られていたわけです。何かやってほしいことがあったら誰かにメールすれば、やってもらえましたから。実の親のようなセーフティネットに守られながら、裏庭で毎日数時間遊んでいたという感じですね」。

そんな話を聞くと、どうしても知りたくなるいくつかの疑問が湧く。

・IACのように積極的な公開企業が、自社が優勢なデートアプリの市場で、機敏な競合他社を支援して自社の収益をリスクにさらすようなことをしたのはなぜか?
・インキュベーションの多くが失敗する中で、バリー・ディラーはなぜ、ハッチ・ラボによって真の価値を築くことができたのか?
・破壊的イノベーションの教科書的事例となるような画期的アプリを生んだ、ティンダーのチーム文化とはどのようなものだったのか?

大企業の小さな孵化器

ティンダーの成功物語は、インドのムンバイで生まれた**ディネシュ・モルジャニ**という起業家の話から始めなくてはならない。

4歳のときに両親と姉と一緒に米国に移住し、カリフォルニア州オレンジ・カウンティで育ったモルジャニは、何をやっても人並み以上の優秀な子どもだった。ノースウェスタン大学で化学エンジニアリングの学位を取得し、アーサー・D・リトルとメインスプリングでコンサルタントの仕事を経験し、ハーバード・ビジネススクールでMBAを取得し、ゴールドマンサックスで投資管理を学んだ。

サムスン電子の北米本社ではデジタルメディアとハードウェア事業を構築し、会長直属で多国籍チームの管理に当たり、母国インドではアートを扱うマーケットプレイスとオンライン旅行予約のスタートアップの設立に携わった。

だが彼には、ローカルなオンラインディレクトリ、つまり検索、ユーザーやセキュリティの管理、複数のアプリケーションやサービスを統合するシステムを立ち上げるという、より野心的なスタートアップのアイデアがあった。そこでIAC傘下のシティサーチに話をもちかけたところ、IACの副社長として戦略とM&Aを指揮しないかと誘われたのだった。

2007年にiPhoneが発表されたとき、そこに大きなチャンスがあると考えたモルジャニは、iPhoneの販売が始まる6月直前、IACでモバイル事業グループを立ち上げた。

IACは、チケット販売のチケットマスター、旅行関連オンライン予約のエクスペディア、旅行口コミサイトのトリップアドバイザー、動画共有サイトのヴィメオ、検索サービスのアスク、そして出会い系サイトなどのブランドを所有または分社化していたが、モルジャニはそれらをモバイルに移行させる作業をサポートすることになったのだ。

IACによると、モルジャニのチームは毎年4000万を超えるアプリのダウンロードを実現し、モバイル事業の収益を倍々ゲームで伸ばした。その権限は最初のコンセプト構築から製品開発、マーケティングや事業開発にまで及んだ。バリー・ディラーはそうした数字を重視する経営者だった。

インキュベーターを会社から独立させた理由

IACを立ち上げたバリー・ディラーは、しばしば「ネットメディアの大立者」などと報じられる。ハリウッドのタレント事務所ウィリアム・モリス・エージェンシーの郵便係から職業人生の第一歩を踏み出したディラーは、時に激しい感情を露わにする頑固者だ。黄金期のパラマウント映画や20世紀フォックスを経営し、フォックス・ブロードキャスティングを共同設立し、複数のテレビ放送局を束ねてUSAブロードキャスティングを設立した。

さらにIACの事業として旅行サービス、出会い系サイト、インターネット・サービスなどを展開し、巨万の富を築いた。タフで、ズケズケものを言い、交渉好きなことで知られる。

2010年春、そんなディラーにモルジャニは、モバイル・アプリを発表するためにIACを辞め、自分でスタートアップ・スタジオをつくりたいと告げた。ディラーはそれはIACにとっても良いチャンスだと考えた。モルジャニはこう振り返る。

「私はバリーに、会社を辞めて新しいハイテクラボを始めたいと言いました。ワイヤレス時代にふさわしいスタートアップを複数立ち上げて、いろいろなことをやりたかったのです。すでに複数のシード投資家が資金提供を約束してくれていて、私はどこと組むかも決めていました。バリーはIACの中ではできないのかと尋ねてくれましたが、私はそれは問題外だということを、言葉づかいに気をつけながら伝えました。会社の運営方法やガバナンス、インセンティブを間違えるリスクがありますから。〝私は起業家だ〟〝会社をつくりたい〟と心の中でつぶやいていました」

モルジャニには、大手公開企業の内部でスタートアップを育成する気はなかった。彼の考えでは、**確立した企業はイノベーションを抑制する傾向があり、意思決定に時間がかかるし、組織文化が衝突する心配もあった**からだ。

だが、IACの幹部や弁護士たちとの5カ月におよぶ交渉の末、IACの規模、マーケティング力、流通チャネルは、自分が立ち上げようとしているハイテクラボに優位性を与えてくれるという説得を受け入れるに至った。

IACとモルジャニは、モルジャニが創業する**インキュベーションのためのラボを、独立の営利企業としてデラウェア州で設立することに同意した。デラウェア州会社法は他州に比べ経営者により大きな裁量権を与えているとされている**のだ。

IACはモルジャニに600万ドルを投資して、株式の70％を保有、5人の役員のうち3人を指名、そして後日モルジャニの会社が別会社をスピンアウトさせる時には投資を検討する優先権を確保した。

モルジャニは、カナダのトロントでモバイル開発を行うエクストリーム・ラボ（Xtreme Labs）のインサイトとリソースに期待し、少数株主として加わるよう要請した。同ラボは株式の13％を保有、1

名の取締役を選任している。

2010年10月21日、モルジャニは念願の自分の会社、ハッチ・ラボをオープンした。場所はフランク・ゲーリーが設計したニューヨークのビルの5階をIACから借りた。

軍隊的組織から出会い系アプリは生まれない

CEOとなったモルジャニは、ハッチ・ラボを「イノベーションのための遊び場（サンドボックス）」と呼び、まず「根っからの起業家」を雇うことに着手した。エンジニア、デザイナー、そしてプロダクトマネジャーには気前のよい報酬が支給される。プロダクトマネジャーの典型例は年16万ドルだ。そしてハッチ・ラボの株と、当人が立ち上げたプロジェクトの株が与えられた。それは社員のリスクを分散し、特定事業への関与を強化し、金銭的インセンティブを与えることだった。

かつて働いたサムスンで、軍隊のような階層文化に辟易としていたモルジャニは、ハッチ・ラボでは共同で問題解決にあたる精神を醸成したいと心に決めていた。

彼は自分の会社を「家族」と表現し、見込みのある入社希望者が組織になじむように、会社の行事やハッカソンに招いた。メンバーには、チームの垣根を越えて製品のテストや改善のために助け合うことを望んだ。

2012年2月、モルジャニは48時間のハッカソンを行い、最初の社員で優秀なエンジニアの

ジョー・ムニョスと、新たに雇った西海岸出身の**ショーン・ラッド**を組ませて、顧客ロイヤルティ・アプリのカーディファイの開発に当たらせた。そのころハッチ・ラボは西海岸に移り、ロサンゼルスのサンセット・ブールバードにあるIACのウェストハリウッド・ビルで活動していた。

ムニョスは、〝住み込みハッカー（ハッカー・イン・レジデンス）〟の異名を取る問題解決請負人。ラッドはスタートアップ経験のある大学中退組で、ロサンゼルス生まれのユダヤ・ペルシャ系アメリカ人だ。移民の両親は家電ビジネスで生計を立てた。起業経験としては、メッセージングアプリのオルグー（Orgoo）は失敗したが、有名人とブランドを結びつけるアドリー（Adly）を成功させている。

ムニョスは、フェイスブック・ユーザーの関心事項をデジタル表示するインタレスト・グラフの開発に取り組んだことがあり、それを使って人々をローカルなサービスとマッチさせようと計画していた。モルジャニはムニョスに、その技術を使って社会的な課題を発見し、より大規模な機会をつかむ方法を考えてほしいと激励した。

その48時間ハッカソンで最優秀賞を受賞したのはマッチボックスだったが、会社としての開発優先順位はカーディファイだったので、ラッドとムニョスはその改良を続けた。

5月、カーディファイのローンチの準備が整い、ラッドはテッククランチがディスラプトNYCで実施したスタートアップ・コンテストで説得力のある売り込みを行った。しかし、アップストアの承認が遅れたためにカーディファイのチームの仕事が止まり、モルジャニはチームの仕事をマッチボックスの開発に切り替えた。

そしてその23日後、スワイプ機能こそ組み込まれていないものの、内部テストに耐えられるバージョンが完成した。このアプリについては、モルジャニの唯一の関心事は名前だった。マッチボックスという名前は男のものという響きがあったし、IACにはすでに「マッチ・コム」という似た名前の出会い系サービスがあって、不要な混乱を招きかねなかった。

フロントエンド・エンジニアとして開発に当たったジョナサン・バディーンによると、彼らは類語辞典で「火」に関連する見出し語を読み上げながら通りを歩いていたときに「ティンダー」に行き着いたという。「〝優しい（テンダー）〟と間違える人が多いだろうとわかっていたけど、〝優しく愛して（ラブ・ミー・テンダー）〟という名曲もあるし、悪くないと思った」という。

「親」は「子ども」に介入すべきではない

2012年8月2日、アップストアでひっそりとローンチされたティンダーは、出会い系サイトを介したデート文化を一気に社会の表舞台に押し上げ、モルジャニは家族をロサンゼルスに呼び寄せた。ダウンロードの爆発的急増によって、ティンダーはバリー・ディラーがほとんど何も知らないうちにIACの成功物語に新たなページを加えた。2012年3月、テキサス州オースティンで開催されたサウス・バイ・サウスウェストという大規模なイベントのステージで、ディラーはハッチ・ラボを「IACにとって果実を実らせ続ける温室」と説明した。

しかし、実際には、IACとハッチ・ラボはつかず離れずの関係を保っていた。ティンダーがロサンゼルスに引っ越した時、そこにはIACのマッチ・コムのチームもいたが、モルジャニによると、最初の6カ月間、2つのチームの間にはコミュニケーションがほとんどなかった。そのうち、彼らはフロアも同じになった。モルジャニはこう振り返る。

「私たちはマッチとは別の組織で、IACに間借りしてはいても、コーヒーマシンとバックオフィスを共有する以外は自立的に運営していました。ティンダーが離陸し始めると、マッチの連中が好奇心を持ち、〝何をやってるの?〟と首を突っ込み始めました。私たちのことを知ろうと、IACのつながりを使って接近してきました。こっちはオープンでしたが、特にマッチの助力が必要という状況はありませんでした」

モルジャニがティンダーについて初めてIACに話したとき、デート・サービスの領域でのローンチは思いとどまってほしいと釘を刺された。

「相手の表情から、〝なんでそんなことをするのか?〟という思いが読み取れました。でも、彼らの名誉のために言っておくと、投資家の立場を笠に着たような介入はしてきませんでした。私たちが成功すると思っていなかったのか、それほど大問題にはなりませんでした」

IACは、自由放任主義がインキュベーションを成功させる鍵であったことを示した。IACは、スマートフォンという新しい技術の登場によって、絵に描いたようなイノベーターのジレンマに直面した。すなわち、ウェブベースの出会い系サービスという**既存の収益源を葬り去りかねないモバイルベースのサービスにどう取り組むか、というジレンマ**だ。

ＩＡＣが選択したのは、インキュベーターたるハッチ・ラボに投資し、別会社とはいえ手の届くところに置いて、いわば自らの手で破壊的なモバイルビジネスを構築するという方法だった。それによって生まれたティンダーは、元々あったマッチ・コムをあっという間に置き去りにする大成功を収めた。この成功は、ティンダーをライバルとみなして粉砕したりせず、モルジャニに自由にやらせたことによってもたらされたのである。

この**非介入による成功**は、戦略というより幸運の産物だった。ディラーは２０１４年12月、ビジネス・インサイダー主催のカンファレンスで次のように話した。「私たちがティンダーを生みの親に任せたのは幸運なことでした。賢かったからではない。子に干渉しない親の姿勢によって、ティンダーは信じられないほどのバイラリティ（口コミによる伝播力）を生み、ロケットスタートを切りました」。その時点でティンダーは、４０００万以上ダウンロードされており、毎日10億回以上スワイプされていた。

インキュベーション成功の5条件

私はモルジャニに、ユニコーン（評価額10億ドル以上の非上場ベンチャー企業）を生んだインキュベーターを運営した経験から、他の組織に伝えたい教訓は何かと尋ねた。彼は、「みんなその質問をする」とうんざりした表情を浮かべはしたが、「優秀な人材を集められる経験豊富なリーダーを見つけることが重要だ」と答えてくれた。

「まず第1に、会社を起こせる人、成功していない事業を廃止できる規律のある人、大手公開企業でも働ける規律のある人が必要です」

第2に、企業はインキュベーターに対するコントロールをある程度放棄することが重要だと指摘する。「運営には口を挟まず、取締役会に対するガバナンスもごく限られたものにすべきです。独立した企業としてのティンダーの価値は、IACが完全に統制を放棄してベンチャーキャピタルに任せていたほうが、もっと高くなっていたでしょう。現実的には、企業のCEOがそんな方法をあっさり採用することはないでしょうけどね」。

第3に、インセンティブ構造を柔軟にして、功績のあった社員には市場価値に連動した報酬を認める必要がある。「ハッチ・ラボの社員は、会社を売却(イグジット)するときには経営トップ以上の報酬を受け取ることになるでしょう。**大企業並みの市場価値を生み出したトップパフォーマーには、喜んで数千万から数億ドルを支払える文化がなくてはなりません**」。

現実には、企業のCEOは社員に9桁もの報酬を払いたがらない傾向がある。

第4に、企業運営においては、失敗したプロジェクトを打ち切れるだけでなく、成功すると踏んだものには倍賭けができる、高度な規律を持つリーダーシップが求められる。

そして締めくくりとして第5に、目には見えにくい条件だが、メンバー同士が特別な刺激を与え合うような環境が必要だとモルジャニは指摘した。

「私は自分の時間の40%をリクルートのために使いました。スタートアップのDNAは、そう簡単につくれるものではありません。**対話を通じて価値を創造できる人材をリクルートできないなら、スタートアップを育てようなどと考えないことです。**どんなに優秀な人材でも、他人と協力して仕事ができなければ、会社を破壊してしまいます」

最後に私は、他の企業に、社内にインキュベーターやアクセラレーターを立ち上げることを勧めるかとモルジャニに尋ねた。返ってきた答えは、その企業の歴史、遺産、文化、そして上記の5条件を受け入れる気があるかどうかによる、というものだった。

何か一般的に言えることはないかとさらに訊くと、「一般論ですが、**イノベーション戦略の出発点としてアクセラレーターを使うというのは最悪の方法です**」という答えが返ってきた。

ハッチ・ラボは2013年初めに幕を閉じた。10以上の事業を構築するという目標を達成し、当初18カ月分であった資本金を2年分に増やし、継続するキャッシュフローを実現した。ティンダーの有料追加機能は2018年だけでもIACに8億ドルの収益をもたらした。

マッチ・グループの時価総額増大のほとんどはティンダーの成功によるものだ。モルジャニはハッチ・ラボの後継組織をIAC内に設立することについては賛成しなかった。後に自分が別の会社を立ち上げることになった場合を想定し、幅広い投資基盤を確保して独自の経営ができるようにしたかったからだ。

モルジャニは2016年、コムキャスト・ベンチャーズのマネージング・ディレクターに就任した。

同社は、スカイ（Sky）やエクスフィニティ（Xfinity）などを抱える、ＣＡＴＶ・情報通信・メディアエンターテイメントのコングロマリット、コムキャスト傘下の独立系ベンチャーキャピタル部門だ。

アーセナルＦＣの「問題」と「解決法」

ロンドン北部のホロウェイにあるエミレーツ・スタジアムは、アーセナルＦＣのホームスタジアムだ。ここでは、選手のサイン入りユニフォームを５００ポンド、自分の名前の入ったユニフォームを１２０ポンドで買える。

アーセナルのオペレーション・ディレクターである**ハイエル・スロマン**は、オフィスに飾られたトニー・アダムスのサイン入りシャツが大の自慢だ。アダムスはアーセナル在籍20年間で、キャプテンとしてリーグ制覇4回、ＦＡカップ優勝3回、フットボール・リーグ・カップ優勝2回、ＵＥＦＡカップ優勝1回、ＦＡコミュニティシールド勝利3回を収めた伝説のセンターバックだ。

スロマンは、チーム愛にあふれ、熱心で、話し好きだ。ＩＴディレクターから昇進して現在の地位に就いたが、心から仕事を楽しんでいる。しかし、デジタル化で世界が一新し、航空会社から廃棄物処理業者まであらゆる企業がスタートアップのように考える必要が生まれたことで、彼の仕事も、これまで創設１３２年の名門フットボールクラブになかったものへと広がった。

「ファンの多さ」という利点をどう活かすか？

スロマンの指揮の下、２０１８年1月からの10週間、２５０社から絞り込まれたハイテク・スタートアップ6社に、普段は報道カメラマン室として使われるスペース、アーセナル幹部による経営アドバイス、そして2億人のファンを相手にできるビジネスチャンスが提供された。

これは、既存起業がイノベーションという名の不老不死の妙薬を手に入れるために、生まれたてのテクノロジー企業と組んで行った取り組みの一例である。

スロマンにとって、それは自然な発想から生まれた取り組みだ。アーセナルの4億２４００万ポンドの売上は、入場料収入、放映権収入、商品販売収入にほぼ3等分される。球団理事会はチケットの値上げを認めず、放映権収入の引き上げも他のクラブに対する競争優位を損ないかねなかった。

したがって、**球団運営経費、つまり選手獲得、年俸、移籍料、トレーニングやスカウトに要する費用の増加は、３番目の商品販売の拡大でまかなわなくてはならない。**

選手にかかるコストが上昇するにつれ、アーセナルより年間収入が1億５７００万ポンド多いマンチェスター・ユナイテッドが、どうしても相対的に優位となる。スロマンは、スタジアムに招いたスタートアップ6社が、グッズ販売、スタジアム見学、試合開催日の飲食売上などを最大化する新たな方法を考案してくれることを信じていた。

「球団経営というビジネスは、基本的に、週に2日ボールを蹴る11人の選手で成り立っています。でも、それができるのは、相当な数の組織が背後にあって、選手に使えるお金を稼いでくれればこそです。じゃあ、どうすれば球団経営に新しいアイデアを取り入れることができるか？　組織の文化はどうすれば変えられるのか？」

だがアーセナルには自然な利点がある。スロマンはマイクロソフト主催のイベントで講演したことがあるが、その当時、マイクロソフトの従業員数は11万8０００人、売上高は６１０億ドル、フェイスブックとツイッターのフォロワーは１４００万人だった。

これに対しアーセナルは、従業員６００人、売上高4億ポンドで、マイクロソフトの足元にも及ばなかったが、**フォロワーは5000万人と、マイクロソフトの3倍を遥かに超えていた。**スロマンは言う。

「あなたが本のために取材する組織の中で、シリコンバレーのビッグネームを別にすれば、たぶんアーセナルは最大のブランドではないでしょうか。われわれは３７０店舗を持つテッド・ベイカー（英国の衣料品チェーン）と同規模の小売ビジネスを営んでいます。たった3つの店舗で、開店するのは年26回、1回につきわずか2時間だけです」

独力からコラボレーションへ

アーセナルは過去、フットボールの世界にさまざまなイノベーションをもたらしてきた。１９２５

年から34年にかけてマネジャーを務めた**ハーバート・チャップマン**は、夜間の試合を可能にするために投光器を設置した。地元の地下鉄駅ギレスピー・ロードをアーセナルに改名させるという、スポーツブランドの構築を他に先駆けて成功させたのもチャップマンだ。だが、それらは昨日までの成果であって、スロマンには新しい成果が必要だった。

スロマンが出した答えは、スタートアップ企業に協力してもらい、**試合観戦に来た観客をもっと喜ばせる体験を提供し、商品販売を強化する**ということだった。そのために、Lマークスというコンサルタントとも提携した。22社まで絞り込まれたスタートアップがスタジアムに集められ、CEOを含む球団幹部にそれぞれのプランを売り込んだ。

最終的に選ばれた6社の中には、AIチャットボット、モバイル決済、AR（拡張現実）の分野の企業が含まれていた。サードパーティのウェブサイトでクリックだけで簡単にグッズが買える「アイ・ライク・ザット」（I Like That）、スタジアムの席まで食べ物を届ける「ウォラペイ」（WoraPay）の名前もある。それらのスタートアップがどの程度のインパクトを球団にもたらすかは不明だ。ただのPRかもしれないし、経営者に間違った安心感を与える「劇場型イノベーション」かもしれない。

数字に現れる効果はまだ上がっていないことをスロマンも認めている。「しかし、球団の考え方は絶対に変わりました。スタートアップ文化に触れて、私たちはこれまでと違うことをスピード感をもって行えると考え始めているし、協力しあうことにも慣れてきました。ロンドンのハイテク業界のトップリーダーたちとも話を始めています」。

その結果、スタッフから新しいアイデアが提案されるようになった。

既存企業とスタートアップを結ぶカギ

アーセナルを助けているLマークスは、2014年以来、スタートアップと既存企業を結び合わせる事業化プログラムに取り組んでいる。それは英国の百貨店ジョン・ルイスのための試験的プログラムから始まり、いまではブリティッシュ・エアウェイズの親会社であるIAG、自動車のBMW、保険市場のロイズ・オブ・ロンドン、冷凍食品小売のアイスランドのような顧客を含むまでになった。

「私たちは、生まれたての企業が開発したテクノロジーを、現実的なビジネスの課題の解決につなげるために活動しています」と説明するのは、CEOの**ダニエル・ソーンダース**だ。

彼はイスラエルが英国に派遣した貿易使節団の元チーフである。Lマークスの28人のスタッフは、クライアントのビジネスに適合するスタートアップを探し出し、両者をつなぐための10〜12週間のプログラムを企画する。通常はクライアントの本社で行われる。

私がロンドンのイズリントンにある彼のオフィスを訪ねたとき、7つの「ミッション」が進行中だった。Lマークスは選んだスタートアップへの投資も行うが、それはこれまでのところ35社である。

この事業化プログラムは、創業間もないハイテク企業だけを扱うわけではない。テルアビブにあるブリッジ・ビルダーズは、資本金200万ドルから800万ドルのすでに安定した収益を上げているスタートアップ企業を、コカ・コーラ、メルセデスベンツ、ターナー・ブロードキャスティングなどと結びつける成果を上げている。

これは7カ月のプログラムで、スタートアップにストーリーテリング、交渉、事業開発など、事業運営に必要なスキルを伝授し、スポンサー企業のエグゼクティブ個人とのマッチングを試みるというものだ。学び終えた10社ほどのスタートアップが、米国やドイツにあるスポンサー企業の本社へと飛び、事業化に向けて3日間で平均50回のミーティングを行う。

その一例を、ブリッジ・ビルダーズのジェネラル・マネジャーである**ギャビー・チェルトク**が紹介してくれた。イスラエルのARの新興企業であるシマジン（Cimagine）は、家具を部屋の中に置いたときにどう見えるかをiPadで表示する方法を開発した。

これを見てブラジルのコカ・コーラの幹部が反応した。彼は2000万台の自動販売機と冷蔵庫を担当していたが、通常、1人の営業担当者は自分の受け持ち地区で最大5回の訪問が必要だった。ARを使えば、マシンの管理が簡単になるのではないかと考えたのだ。

「90日間の試験運用を経て、必要な訪問回数を5回から1回に減らしました」とチェルトクは言う。「それが世界中の営業担当者6万人で起これば、シマジンへの投資が利益をもたらすことは明らかです」。シマジンがスナップチャット（Snapchat）に買収された時、コカ・コーラはすでにこのツールを30カ国で活用していた。

企業が自社のコア事業を改革するために、自らインキュベーターやアクセラレーターを立ち上げ、スタートアップに資金や作業スペースを提

供するという方法が流行している。会社を大きく変えることまではできなくても、少なくともそこから好ましい影響を受けようというのが狙いだ。航空宇宙機器のエアバスからロシアの検索エンジンであるヤンデックス（Yandex）まで、多くの企業が実施している。

その具体的な方法はさまざまだ。ファウンダーズ・フォーラムの起業家向け定期イベントから生まれたロンドンのファウンダーズ・ファクトリーは、年間13の新しいスタートアップを立ち上げ、既存企業にも投資している。その投資先は化粧品のロレアルや航空会社のイージージェットなど35社に上る。テクスターズやプラグ・アンド・プレイといった専門企業は、ワークスペースやメンターシップなどを提供するインキュベーターや、3～6カ月の体系的プログラムを提供するアクセラレーターを既存企業の社内に構築する支援を行っている。

その典型的な目的は、研究開発の外部委託、技術や市場の動向把握、人材への投資や獲得だが、**より実際的には、イノベーションを実現したというシグナルを市場に発すること**である。

ダイムラーやディズニーも同様のことを行っている。フィットネス・マシンのテクノジムや小売りのターゲットも行っている。

ただし、IACがティンダーで実現させたのと同規模で、本体のビジネスモデルに根本的な変更を迫るような結果を出した企業を私は知らない。多くの場合、そうした試みは劇場型イノベーション、つまり現状を変える真の覚悟はないのに未来志向を装う見かけだけの取り組みに終わっている。

参入障壁が溶けた時代のイノベーション

ジェレミー・バセットは、会社の中からのスタートアップと外からのスタートアップの両方に携わった。バセットは2003年にユニリーバに入社したオーストラリア人で、当初は財務とマーケティングに携わったが、2010年に同社のニュー・ビジネス・ユニットに加わった。

ユニリーバといえば、オランダと英国に本拠を置き、400もの一般消費財ブランドを有する世界的な百年企業だ。その未来を確固たるものにするために、ユニットは2015年までに1億ユーロ規模のビジネスを5つ創造することに挑戦した。

だが、ローンチした数十件はどれも期待外れに終わり、ユニットは2014年に撤収を余儀なくされた。ユニットはユニリーバのCTO（最高技術責任者）の指揮下で活動したが、会社との距離がありすぎたために、既存ブランドからの賛同や支援を得られなかった。また、気前の良い予算を組んでいたために、ユニットの上層部が新しいアイデアを実現させるという挑戦を忘れ、単に仕事を右から左に流していればよいと錯覚した可能性がある。

バセットは、この失敗を通して学んだ教訓を有効に活用しようと決めた。2014年には、つましい予算で「コラボレーションによってイノベーションを可能にする」ために設計されたユニリーバ・

ファウンドリーを立ち上げた。失敗に終わったニュー・ビジネス・ユニットと異なり、コア事業部門からはスタートアップに対する期待の概要だけを聞いて独自に活動した。既存ブランドからパイロット・プロジェクトの資金として5万ドルの提供を受けたので資金調達の心配をする必要もなかった。

ファウンドリーは、コラボしたスタートアップへの出資は行わず、双方に利益をもたらす業務関係を築くことに注力した。**ウェブサイトで解決したい問題を公開し、解決策を提供できるスタートアップを探した。**ファウンドリーには、製品の新しい原材料から破壊的なビジネスモデルに至るまで、さまざまなレベルの1万件の提案が寄せられ、200件が試験導入され、その半分が規模を拡大して実行に移された。

その中から重要な成功事例が生まれた。ユニリーバのアイスクリーム・ブランドであるマグナム(Magnum)は、ユニリーバ・ベンチャーズが投資したインフルエンサー・マーケティング・プラットフォームのオラピック(Olapic)と協力して事業を行っていたが、オラピックが2016年にモノタイプ(Monotype)に買収されたことで財務上の成果を獲得することができた。買収金額は1億3000万ドルと報じられた。

ブラジルでは、ユニリーバの洗剤オモ(Omo)が、サブスクリプションの洗濯サービスであるアラバデリア(aLavaderia)と提携してオモ・エクスプレスというサービスを誕生させた。

そのキャッチフレーズは、**「洗濯をするいちばん良い方法をお探しですか？　それは自分で洗濯するのを止めることです」**だった。オモはそれまで2年間、洗濯サービスに進出する機会をうかがっていた。この実験的サービスは初日から成功を収めた。

「パートナーシップによってブランドはリスクを取り除くことができます」とバセットは言う。

バセットは現在、コ・キューブド（Co:Cubed）で采配をふるっている。これは仲間6人で結成したブティック・イノベーション・コンサルタント会社で、FTSE100社のうち23社と提携している。提携企業には英国の酒造会社ディアジオやファッションのバーバリーなどがある。

コ・キューブドは50万件のスタートアップ情報を収めたデータベースを構築し、それを使ってクライアント企業とパートナーシップを築き、プログラムやハッカソンを実施している。

コ・キューブドを立ち上げてからの18カ月で学んだことをバセットに尋ねると、こんな答えが返ってきた。「企業は何を構築するのも下手だから、パートナーシップを組むことを勧めますね。業界をつくり変えてしまおうとしている人々が常にどこかにいることを忘れてはなりません。彼らを真似るのは簡単じゃない。対抗したければ、自前で能力（ケイパビリティ）を獲得しようとするのではなく、スタートアップとのコラボで組織を再構築する必要があります」。

バセットがユニリーバで働き始めたころ、ブランドを構築するためには、大きな工場と莫大なメディア予算が必要だった。だがいまは、起業家は誰でもアマゾンやイーベイの流通機能を利用できるし、グーグルやフェイスブックを通じて広告を打つことができる。

「もはや参入障壁などなくなったことを企業は認識しなければなりません。いまのビジネス・エコシステムの中で、自分の役割を見つけ出さなくてはならないのです」

ACTION POINT

未来をインキュベートせよ

階層的マネジメントが行われている伝統的企業にとって、進んでリスクを取る機敏なテクノロジー系スタートアップと同じように動くのは難しい。したがって、スタートアップと手を組むことが、自社のコア事業に新風を吹き込み、新しいビジネスモデルに適応させる効果的な方法となる。

本章で見てきたように、スタートアップにアプローチする方法としては、資金提供、場所共有（コ・ロケーション）、買収、提携、さらには自らスタートアップを立ち上げるといった方法があるが、いずれにも当てはまる共通の留意点がある。

1 優秀な人材に轡（くつわ）をはめない

ティンダーの創設に際し、IACは自社に海賊集団が入ることを許し、物理空間的にもビジネス的にも実験のスペースを与え、ドル箱の既存ビジネスを脅かしたときでさえ口出ししなかった。考え抜いた戦略というよりも、単に目が届かなかっただけかもしれないが、理由はともかく、それがもたらした成果に注目するべきである。ただし、訴訟沙汰になりかねない言動だけは慎ませる必要がある。

2 組織変革を訴える社内の人間と、協力するスタートアップの両方を大局的にサポートするイスラエル軍の秘密諜報部隊である「８２００」に所属していたこともあるギャビー・チェルトクが言っている。「組織の中で社員をどう守るかを考える必要があります。企業でも軍隊でも、英雄は最高レベルの保護を受けるべきです」。

3　**積極的に関わる。そうでないなら中途半端なことはやめて手を退く**

スタートアップ・プログラムには、親会社の上級管理職のお墨付きと、具体的にめんどうを見てくれる時間のある実務担当者が必要だ。ＩＴチームの中に置き去りにされていたのでは何も起こらない。アーセナルのＣＥＯが、スタートアップが仕事をしている部屋で自分も仕事をするのはそれが理由だ。スタートアップを長期的なパートナーとして扱わず、出入りの業者のように扱うのも、大企業が犯しがちな間違いである。

4　**明確なゴールを定めてスタートする**

ギャビー・チェルトクは、「何を求めるのか、そのためにテクノロジーが役立つのは何と、役立たないのは何か、理解する必要があります」と述べている。「特効薬も秘密の解決策もありません」。定量化できる目標と、そこに到達するのに必要なステップを一歩ずつ定義することが大切である。

5 ペーパーワークを廃止する

意思決定と実行のスピードが重要である。大企業の中で活動するインキュベーターが成功するためには、通常の企業の規制や考え方に縛られないことが必要だ。Lマークスが百貨店のジョン・ルイスのために組織した最初の取り組みでは、意思決定が遅れたために、社内でパイロットプロジェクトを立ち上げるのに恐ろしく時間がかかり、2回目のJラボで解決しなければならなかった。

6 パクることを恐れない

関係のない業界で効果的に使用されているアイデアをコピーするだけで、自社のコア事業を改善できることがある。アーセナルの店舗では、自分の名前を入れたユニフォームを買いたい顧客は、名前を伝えて注文するために一度、受け取りと支払いのためにもう1度、合計2度行列に並ばなければならず、球団の小売チームは、この顧客体験を改善する必要があった。彼らはその解決策をサラダチェーンのトスト(Tossed)から拝借した。トストの顧客は、店のタブレットを使って注文をカスタマイズし、同時に支払いまで済ませることができる。「苦痛だった順番待ちを、喜んでもらえる楽しい時間に変えることができました」とハイエル・スロマンは言う。

夢で
プロトタイプを
つくれ

「UAE」
厳格な石油依存国の
社会実験

Finland
Estonia
China
UAE
India
Australia
South Africa

PART 7

USA

Peru

UK

ロボット結婚式

石油依存の砂漠の国が、いま自国の未来をつくり変えようとしている。

この結婚式は、その1つの表れである。2017年9月。新郎**ウマル・ビン・スルターン・ウラマー**と花嫁**アマル・ビン・シャビブ**の結婚式は、いささか奇妙な未来型セレモニーだった。

新郎は民族衣装の白いディシュダーシャローブを着て、頭にはグトラをかぶっている。花嫁は黒いローブ姿だ。服装は民族の伝統に沿っているが、式が行われているのはドバイ中心部にそびえる超近代的なエミレーツ・タワーズにある白い円形ブースの中だ。

新郎がビーム社製テレプレゼンス・ロボットに向かって結婚の誓いを唱えた。シャリア（イスラム法）に従って式を司るのは遠隔ビデオ会議システムでつながっている法廷弁護士で、その笑顔がロボットの小さなスクリーンに映し出されている。

新郎が誓約書に署名すると、サヴィオーク社製の配達ロボットが公正証書を運んできた。こうしてドバイ初のデジタル化された「結婚おめでとう（マブロク・マ・デバート）」の儀式はつつがなく終了した。

花嫁と花婿の間に証人として座る彼らの上司が、結婚式に特別な重厚さを与えている。それもそのはず、その人物がドバイの統治者でありアラブ首長国連邦（UAE）の首相でもある**シェイク・ムハンマド・ビン・ラーシド・アール・マクトゥーム**だからである。UAEは7つの首長国からなる連邦国家で、ドバイはその1つだ。

シェイク・ムハンマドがここにいるのは、2人の部下の結婚を祝うためだが、つめかけたメディアの存在が、このイベントの意味はそれだけではないことを示している。シェイクは、UAEの政府を「賢く（スマート）」することの重要性を常々強調しているが、この日、エミレーツ・タワーズの「サービス1」で行われたロボット結婚式は、その姿勢を示す重要なイベントだったのである。

サービス1では、14の政府機関が100種類のワンストップ・サービスを市民に提供している。タッチスクリーン、ロボット、IBMの人工知能ワトソン、そして人間の担当者1人によって、**出生届けや住宅ローンの申請、パスポートの更新などを一回限りの手続きで終わらせることができる。**シェイクがそのビジョンを語った。

「これは最初の一歩にすぎず、今後この種のセンターやイノベーションをどんどん増やす。我々の目標は、政府機関によるサービスの分野でUAEを2020年までに世界一にすることだ」

世界初「AI担当大臣」の誕生

新郎のウラマーは、結婚式の前に、2017年の世界政府サミットの仕事を終えたばかりだった。これはより良い政府のあり方を考えるダボス会議のようなもので、2013年以来、毎年ドバイで開催されている、新婦ビン・シャビブはそのサミットのコンテンツ担当のトップだった。

翌18年のサミットは力の入った内容で、米国のゲノム研究家クレイグ・ヴェンターやジャーナリストのマルコム・グラッドウェルらが講演を行い、「火星――進歩のためのプラットフォーム」、「長寿の再設計」、「人工知能」――幸福の新しい尺度」といったセッションが行われている。

17年のサミットでAIの倫理的かつ実用的な側面について深く考えていたウラマーは、国のトップも出席していた内部会議で、日頃感じている疑問をぶつけた。

「AIの発達によって仕事を失う公務員や外国人労働者はどんな運命をたどるのか？」

「結果として生じる社会不安を、国はどう管理するのか？」

「AIの生産性はすでに人間より高いのか？」

質問などせずに黙って従うことを求められる国にあって、それなりにリスクのある発言だった。

「正直なところ、AIをめぐる戦略は性急すぎて、社会的影響について考慮していないと感じていたのです。失礼があってはいけないとは思いましたが、本当に心配だったのです」

シェイク・ムハンマドのアドバイザーは、ウラマーが考えている戦略を聞かせてほしい、と質問に質問で答えた。「私はかねがね自分が考えていたことを話しました。その後すぐに新婚旅行に出発したので、そのことは頭から離れていました」。

新婚旅行の2日目、ドバイではシェイク・ムハンマドが野心的なAI立国戦略を発表し、「国の総力を挙げて、あらゆるレベルで政府サービスの効率化を促進する」と述べた。

翌日、ウラマーが日本にいるときに電話が鳴り、次の便で帰国するよう命じられた。「新婚旅行を途中で止めたら独身に戻ってしまうと説明しましたが、国のリーダーには逆らえません。妻には知らせずにフライトを予約しました」。

その電話に続いて日本時間の午後6時、シェイク・ムハンマドが内閣改造を行うとツイートした。「同僚の一人が大臣になって、自分はその後任になるのだろうと思いました。妻と二人で名前を挙げながら予想をしました」。そして午後7時、シェイクはAI担当大臣を新たに置くとツイートした。「それを読んで、全閣僚の中でいちばん大変な仕事をすることになると思いました。仕事内容を誰もわからないだろうし、その危険性もわかってくれないでしょうから。そうしたら、**その次のツイートに、初代AI大臣として私の顔写真が添付されていたのです**」

こうしてウラマーは2017年、27歳の若さで思いがけず世界初のAI担当国務大臣に就任した。

砂漠の国の不安と希望

UAEとその構成国であるドバイは、新興富裕国にありがちな間違いを犯しているように見える。世界最高の超高層ビル、最大の人工群島、最大のショッピングモール、世界一忙しい国際空港などを矢継ぎ早に建設することで、絶対君主王国の不安を覆い隠そうとしているかのようだ。その不安とは、**石油がもたらす富がなくなれば、長い歴史を持つ隣国に囲まれた建国48年の砂漠の国に未来はあるのだろうか、という不安**だ。

生態学的に思慮を欠く屋内スキー場、誰の目にも明らかな人権侵害、移民労働者の虐待疑惑、レイプ被害を訴えた被害女性の投獄、石打ちや鞭打ちといったシャリア刑などを想起させるＵＡＥのままでは、現代中東の向かうべき道を示すグローバル・ブランドとなることはできない。

慈悲深い支配者の肖像画が至るところに掲げられているこの国では、空港や橋、高速道路、塔といったインフラには、律儀なほどアル・マクトゥーム家（ドバイの首長家）にちなむ名前が付けられている。そんな体質の国にあって、シェイク・ムハンマドは、ポスト石油時代への対応が待ったなしであることを理解しているようだ。

ＵＡＥの途方もない国家未来戦略

２０１０年の閣僚会議で、シェイク・ムハンマドは「ＵＡＥビジョン２０２１」と銘打った戦略を立ち上げ、建国50周年までに、「多様性のある知識経済への移行」を果たすと宣言し、進捗を測定するためのＫＰＩ（重要業績評価指標）を定めた。新しい「イノベーションの文化」を醸成し、教育、医療、経済、治安、住宅、インフラおよび政府サービスにおいて、ＵＡＥを「２０２１年までに世界で最も優れた国の１つ」に変えることを至上命題と定めたのだ。

４年後、彼は、政府に新しい思考を根づかせるために、自分の名を冠した「ムハンマド・ビン・ラーシド政府イノベーション・センター」を立ち上げた。そして、政府主導の複数のイノベーション・ラボの開設、各省庁での「イノベーション担当ＣＥＯ」ポストの新設、「イノベーション年」制定による推進強化、そしてケンブリッジ大学と連携したイノベーション学位制定などを次々に実施した。２０１６年には、幸福担当大臣と弱冠22歳の青少年担当大臣も任命した。

私は興味をそそられた。「真空チューブを利用した輸送システムによる通勤」とか「空飛ぶ自動運転タクシー」とか言われると、怪しげな未来物語を吹聴する不健全な戦略のようにも思えるが、その一方で、新しいテクノロジーが非石油経済で価値を生むことを理解して、ゲノミクス（ゲノムと遺伝子について研究する生命科学の一分野）や３Ｄプリンティングなどに多大な資金を投入しているのも事実だったからだ。

ＵＡＥの首都アブダビに建設された「炭素排出ゼロ」の砂漠の実験都市マスダールシティは、その傲慢な約束を果たせず、ゴーストタウンと冷笑されているようだが、その一方で、宇宙開発は初期段階の成功を収め、２１１７年までに火星での定住をめざしている。

彼らは学ぶことに飢えていた。内閣改造の直後にロンドンを訪れた首相官邸の代表団は、『ワイヤード』の創刊編集長である私に面会を求め、コラボレーションできそうなスタートアップや投資家を紹介してほしいと依頼した。その時、彼らはすでにＭＩＴ、シリコンバレーにあるシンギュラリティ・ユニバーシティ、スタンフォード大学、インペリアル・カレッジ・ロンドン、そしてベルリンからバルセロナまでのスタートアップ・クラスターを訪問ずみで、旺盛な意欲に感心した。

私はパリにある「42」という名前の学校に言及し、教師のいない相互学習の形態で優秀なコーダーを育成して成果を上げていることを話した。３日後、代表団はスケジュールを変更して、その学校を訪ねていた。彼らの学ぼうとする意欲は本物だと感じた。

私の成功は「私が不要になること」

今度は私が彼らに頼んで、イノベーション国家の取材に応じてもらった。その最初の取材相手が、先ほどのAI担当大臣ウマル・ビン・スルターン・ウラマーだったのだ。

AI担当大臣の仕事は、邪悪なターミネーターから人類を救うことではなかった。「私の仕事はSFではありません。AI全般を見ているわけでもありません。政府機関のプロセスとサービスを短期・中期的に改善するAI利用と、そのために世界中からスタートアップと頭脳を集めることに注力しています」とウラマーは言った。

AI大臣の最初の仕事は、「AIの世界で最も準備ができた国になる」というシェイク・ムハンマドが掲げるゴールに向けて、政府サービスの効率を高めることだ。AIのインパクトを定量化することに熱心なUAE政府は、AIとブロックチェーン技術によって政府のコストを30億ドル節約できると試算している。

そのうちの1億ドルは紙の利用量削減による効果だ。また、スマートマシンは人間よりはるかに効率的に政策の評価ができる。新しい教育戦略の策定に当たって、政府は、それが学校に与える影響を把握するためにコンピュータ・シミュレーションを行うことにしている。もちろん、市民の個人データをさまざまな政府機関で活用することもAI大臣の仕事だ。

政治家になる前に投資銀行に勤めていたウラマーは説明する。「これからは、国民一人ひとりのニーズに合わせたサービスを提供できるようになるでしょう。決められた時間に決められた場所に行かなければ証明書がもらえないような官僚主義的システムは姿を消します。そしてＡＩが人々の暮らしを最適化してくれます」。

サービスのほうから人に近づいてくるのです。

彼はその例を挙げた。「まず教育が変わります。ＡＩはあなたの得手不得手を知っているので、ゲーム感覚で勉強ができるようになるでしょう。運輸交通の分野も変わります。この国には、地球上で最も利用客数の多い国際空港と、7番目に大きい港があります。２０２５年には、自律輸送ができる道路網が整備されるでしょう。それらの相乗効果によって、人の移動も物流もスムーズになるでしょう。これまで渋滞の中でどうやって暮らしていたんだろうと不思議に思う時がくるでしょう」。

ＡＩはやがて人間の身体をモニターし、健康維持に力を発揮するだろう。「スマート・トイレによって、あるいは呼吸をモニターすることによって、身体についてたくさんのことがわかります。ティッシュボックスにセンサーを付けることだってできますから」。

確かにこれは、市民相手の煩雑な仕事を減らしたい政府にとっては魅力的だ。個人に合わせたヘルスケアや教育の推進、あるいは交通運輸マネジメントの改善に異議を唱えるのは難しい。

だが、そのために必要な詳細なデータを、ＢＢＣに「独裁的」と評された体制が、市民から吸い上げることに問題はないのだろうか？　政府が個人の行動を詳細に追跡することにリスクはないのだろうか？　その点をウラマー大臣に尋ねた。

「歴史を通じて、我々は時の政府を信頼してきました。我々は政府が自分たちの情報にアクセスし、自分たちをコントロールしていることを知っていますが、政府をつくっているのは自分たちだということも知っています。国民はいつでも政府に政策を変えさせることができます。「アラブの春」のような市民運動によって……。ですから、政府が個人データを持つことのリスクは、民間企業が持つ場合のリスクよりはるかに小さいのです。我々はウーバーやグーグル、テスラには影響力を発揮できなくても、政府になら影響力を行使することができるのです」

礼儀をわきまえて、私はそれ以上突っ込むのは控えた。なんと言っても、政府から取材旅行に招待してもらった身だ。**心の中では、この国の政府は国民を服従させるために監視を続けている政府であると思っていた。**

人権NGOのヒューマン・ライツ・ウォッチによれば、この国の政府は、「当局を批判する個人を恣意的に拘束し、強制的に失踪させている」し、「国家の団結を弱めた」とか「国の象徴を侮辱した」などというあいまいな規定で市民を長期間拘留することもある。しかし、このときの私は、政府のAIへの取り組みを知るという取材目的に徹することにした。大臣の話は続く。

「政府が個人情報を扱えば、もっと透明性が増すはずです。国勢調査で集めるデータについても、何を含めるかの決定過程には市民も加えるつもりです」。彼はその一方で、巨大な「制御された実験」に協力してくれる外国のAI専門家を呼び寄せ、AI推進のバトンを他の省庁にパスするために働いている。その結果、たとえばインフラ開発大臣は、カルバ環状道路の建設にAIを使用することで、開発期間を54％、燃料消費量を37％、人力依存率を80％、機械設備と作業員を40％削減できると試算している。これらの実績も精密測定されることになる。

AIがそんなに何でもやってくれるのなら、AI大臣が要らなくなってしまわないかと言ってみた。

「まさに、その通りです」と大臣は笑顔で答えた。

「そうなれば私の仕事は成功です。これまで大臣は、国の未来を変える意思決定者として、何でも知っていて、何でも見通していなければなりませんでした。でも、これからはAIが大臣の意思決定を助けてくれるのです。AIは世界で起こっていることを理解し、人々の要求をくみ取り、政策を提言し、それを踏まえて大臣が決定するのです。大臣も最適化されるというわけです」

幸福を先延ばしにしてはいけない

ブルバード・ジュメイラ・エミレーツ・タワーズというショッピング・アーケードの1階に、ムハンマド・ビン・ラーシド政府イノベーション・センターの入り口がある。その入り口のそばに大きなデジタル画面があり、トランスフォーメーションに関する数式が映し出されていた。

V×D×C×S＞R＝Change

小さな文字で、この「変化の方程式」の意味が説明されている。Vは「未来のビジョン」(vision)、

Dは「現状に対する不満」(dissatisfaction)、Cは「変革のための能力」(capacity)、Sは「最初のステップのための知識」(steps)、そしてRは「変革に必要なコストまたは変化に対する抵抗」(resistance) を意味する。

隣はドバイの金融大手エミレーツNBDの「未来の銀行」で、ペッパー・ロボットが訪問者を出迎えている。近くには、美容院、靴磨きスタンド、歯科医院もある。政府がコワーキングスペースとして提供している「ユース・ハブ」では、若者がラップトップに向かっている。

通路階では、ペイントされたランニング・トラックが、「ドバイ・フューチャー・アクセラレーターズ」への道順を示している。そこでは国が後援する9週間のイノベーション促進プログラムが実施され、世界各国のテクノロジー・スタートアップとUAEの政府機関を結びつける取り組みが行われている。共同製品開発にまで進めるのが理想だ。

スポンサーにはドバイ警察、保健当局、エミレーツ航空などが名を連ねている。エミレーツ航空には別にスペースがあり、訪問者を迎えるパネルが、「高度1万2000キロの上空を飛ぶ橋が誕生する」などと、ありそうもないことが書かれている。その近くのアクセラレーターでは、「法務省が3カ月かかっていた訴訟が1日で終わるようになる」とか「法案の付則の起草に要する時間が大幅に短縮される」といった、もう少し地に足のついた目標を掲示している。

ウラマーに案内されて政府のアクセラレーターをのぞくと、首相官邸のシステムアナリストである**ワリド・タラビン**が、そのアクセラレーターの役割は、集中的なプログラムを実施して起業家と政府を結びつけ、スタートアップ的な方法でサービスを強化することだと説明してくれた。

「問題が特定されると、課題を設定してアクセラレーターで100日集中的に取り組みます。たとえば、**失業問題が浮上したとき、適切な人材を適切な場所にマッピングすることで、1000人分の仕事を見つけることができました**」

実行のスピードが鍵だと彼は言う。「私はシェイク・ムハンマドから、唯一の希少資源は時間だということを学びました。彼は、**何でも先延ばしにできるが、幸福は先延ばしにしてはいけない、そして政府の役割は国民の幸福である、**と言いました」。

「床屋」と「自殺」の関係

「エッジ・オブ・ガバメント」と題する期間限定の展示では、世界中から集められたプロジェクトが紹介されていた。「理容師は〝人間センサー〟と言ってよい存在です。理容師は政府のサービスを改善するために、どんな役割を果たすことができるでしょう？」と壁のパネルが問いかけている。

そこで紹介されているのは、理容師を訓練して顧客の自殺リスクを発見しようとした英国のプロジェクトだ。KPI重視の文化によって、ここにも当然、メリットを定量化するための数字が公表されている。**「男性の53%は、うつ病などのメンタルヘルスを含む個人的問題を、理容師と話す可能性が高い」。**

別のパネルには、「老人介護施設に、思い出の詰まった家のポーチを再現することはできるでしょうか？」とある。これは、匂いと音をプログラムして、生まれ育った近隣の記憶を呼び覚まし、患者の記憶力を高めようとした米国の老人ホームの紹介だ。

タラビンは私を建物の外に連れ出し、大きな白い構造物の中に案内してくれた。「世界初の3Dプリンティングで造られた建物だ」と彼は説明する。ミーティングスペースとして使われ、不審者に目を光らせている警備員がいた。

政府は2030年までに、新築される建物の4分の1を3Dプリンティングで造るという通達を出しており、この建物はそのプロトタイプと言える。曲線を強調した建物で、〝未来の役所〟となることをめざしている。2016年5月にシェイク・ムハンマド臨席のもとで落成式が行われた。

「未来博物館」という社会実験場

そこから歩いてすぐのところに「未来博物館」が建設中だ。それは楕円形の奇抜な建物で、一部が3Dプリンティングで造られている。これは世界一高い超高層ビル「ブルジュ・ハリファ」とアトランティス・ホテルに接続されて、ドバイのアイコンになる予定だ。その費用は新たに定められた「イノベーション・フィー」という税金でまかなわれる。

「未来」という言葉は、政府関係者の間では「イノベーション」と同じくらい人気がある。私が見たところ、45人のスタッフから成るドバイ未来財団は、シェイク・ムハンマドの壮大なビジョンを実現させるための直轄の推進機関だ。独立の機関だが、政府機関を幅広く代表している。

私はそのＣＥＯである**ハルファン・ジュマ・ベルホール**に会う手はずを整えた。国家の野心的な夢を実行する方法を自由に発想している人物で、飛行機に乗るたびになぜ空港で不快な思いをしなければならないのでしょうか、と挑戦的に話し始めた。「なぜドバイ全体が航空会社のターミナルになれないのですか？　なぜ空港でなければチェックインできないのですか？」。

彼が思い描く未来のドバイでは、**街のどこからでも自動運転のクルマに乗り込んでチェックインができ、後部座席で素早くパスポート検査が行われ、そのまま飛行機に乗ることができる。**突拍子もないビジョンを実現させるのが未来財団の仕事だとベルホールは付け加えた。

未来財団は、ＵＡＥの「知識経済」を促進し、資金を提供し、複数の利害関係者を巻き込むために課題を設定する。たとえば、宇宙技術と宇宙探査の分野では、「世界のトップの一角を占める」という目標が宣言され、財団のシンクタンク「ムハンマド・ビン・ラーシド研究促進センター」を通じて「ムハンマド・ビン・ラーシド宇宙定住計画」が進める36の研究プロジェクトに資金を提供している。プロジェクトの募集に対しては、55カ国の２００大学から２６０以上の提案が寄せられた。

選ばれたものを一部紹介すると、「持続可能な宇宙居住地―溶岩チューブの安定性解析」（パデュー大学）、「火星におけるキノコ―生命維持のためのサブシステム」（ラトガース大学）、「惑星間移動のための火星固有化学物質の燃焼」（リバプール大学）などがある。

ベルホールは言う。「この国はじっとしていない国です。私たちは国民のために、世界のために、もっと良いものを生み出したいのです。」

ベルホールによる**イノベーションの定義は、まだ存在しておらず、人類に良い影響を与え、同時に地元に利益をもたらすもの、**である。「私たちはプロジェクトに〝RoD効果〟を求めています」と彼は言う。RoDというのは「ドバイ収益率（リターン・オン・ドバイ）」の頭文字で、地元にもたらされる効果を示す確率変数である。

「何人の雇用が創出されたか知りたいし、UAEの国民の何人がそのビジネス・イノベーションに参画したかも知りたい。私たちは長期的な利益と効果の組み合わせを測定する複雑な計算式で、達成度を常にチェックしています。そして、行けると思ったら躊躇せずリスクを取っています」

ドバイは、課題を設定し、測定可能な効果を定義して、生きた社会実験場になりたいと考えている。社会を変えるテクノロジーのプロトタイプを生み出し、テストし、展開を図る実験場だ。

アクセラレーターが設定した課題を解決するために、すでに5000以上のスタートアップ企業と協議し、122の覚書を交わしている。真空チューブを利用した輸送システムを開発するヴァージン・ハイパーループ・ワン（Virgin Hyperloop One）やブロックチェーンのコンセンシス（ConsenSys）などの企業に対しては、ドバイに移転するよう説得している。

夢物語と現実的進歩は紙一重

私はベルホールに「海外のスタートアップと協力してハイパーループ、ジェットパック　フライング・タクシーなどを実現させようという熱意は、物語性のあるPRではあるかもしれないが、国民にとっては具体的利益に乏しいのではないか」と投げかけてみた。

彼は辛抱強く対応してくれた。

「私たちは50歳にもならない若い国です。最初は真珠の取引から始まり、人工真珠が市場に出回るようになったとき、神の恵みと国の指導者の力で、石油による立国を果たしました。これからは石油には依存しません。経済基盤を多様化し、金融と観光センターとしてのドバイを創り出しました。イノベーションの中心地になれない理由はないでしょう。速く動いたおかげで、真に革新的なことを成し遂げる権利をつかみました。**この地域にもっともっと必要なのは、革新的なスタートアップに投資しようとする民間セクターの自信なのです**」

UAEは持てる経済力を注ぎ込み、国を挙げてスタートアップ・マインドを育成しようとしている、とベルホールは力説する。「私たちは謙虚でなくてはなりません。この取り組みがうまく行かなくても、努力しなければならないのです。政府機関を巻き込んでイノベーションを加速させるという考えを当初、人々は一笑に付しました。しかし幸いなことに、国の指導者たちが号令を発してこれを推進しています。私たちが描く未来図はただの誇大宣伝ではなく、実現できる成果なのです」

ベルホールの部下でCEO補佐を務める**アブドゥルアズィーズ・アルジャジリ**は、**上司の主張を検証する測定基準を持っている。政府の戦略に対する市民の承認の記録、経済の多様化を示す統計、女性の権限の拡大の証拠**（たとえば、UAEの閣僚の3分の1が女性であること）などだ。

アルジャジリは、政府機関の動きが速くなったことも付け加える。「世界政府サミットで、ある女性がドバイの私立学校を管轄する知識・人間開発局のトップに、自分は1年の半分はドバイに残り半分はアブダビに住んでいるが、息子は1つの学校にしか行けないと不便を訴えた。開発局のトップは、教育政策を見渡して、子どもが2つの学校に通えるようにしたらどうかと考えました。いま、その子は2つの学校で学んでいます。開発局のトップはこうも考えました。UAEのすべての生徒が、数学はこの学校で勉強し、水泳はこの学校のプールで習い、芸術には別の学校で親しめたらどうだろう？　何もかも学校で行う教育方法を壊しめたらどうなるだろう？　それが私たちの〝10X思考〟です。**枠に縛られず10年先を見据えながら、今日の結果を求めるのです**」

それを後押しするのが、エミレーツ・タワーズそれ自体が、国を動かすパワーを持つ人々が出会い化学反応を起こす場になっているということだ。7人の大臣がここで働いている。首相もここを拠点にして仕事をしている。ほとんどの政府機関が、いずれかのアクセラレーターになにがしかの出先機能を配置している。ここには「エリア2071」と呼ばれる新しいスペースもあって、公的機関と民間機関が一体となって創造的な問題解決を行っている。

アマゾン型国家運営

UAE政府は、とどのつまり、アマゾン・ドットコムになりたがっているのかもしれない。ユーザーの利用状況を測定して改善を図り続ける、カスタマー・ファーストのオペレーションを行う国というイメージだ。

私が垣間見た大臣補佐官たちの会議では、各省庁が市民にワンクリック・サービスを提供するにはどうすればいいかとか、カスタマー・ジャーニー（顧客が商品を認知してから購入に至るまでのプロセス）を再設計する必要があるとか、迅速な意思決定のためにはデータをリアルタイムで分析しなければならないとか、まるで民間企業のような議論が行われていた。

イノベーションにどこまで近づいているかを示す「アブダビ・イノベーション指数」なる独自の指標もある。国際的なグローバル・イノベーション指数のランキングにおいて、41位から35位（2018年）に上昇したことに彼らは誇りを感じている。この指標に責任を持つ内閣の部門さえある。

その責任者は、首相直属の「政府業績・卓越性（ガバメント・パフォーマンス・アンド・エクセレンス）」担当副部長である**マリアム・アル・ハマディ**だ。彼女の仕事は、すべての省庁や部門に、それぞれの進捗度を正しく知らせることだ。「国内および国際的な基準に基づいて、52の国内ＫＰＩがあり、役所の窓口の待ち時間から幸福度までさまざまな測定を行っています」。

目標を達成した連邦機関には、ムハンマド・ビン・ラーシド政府優秀賞が贈られる。達成できなかった場合は、誰が目を光らせているかを再認識させられる通知が届くことになる。

「シェイク・ムハンマドのｉＰａｄのダッシュボードをお見せしましょうか」と、ハマディは画面をスクロールした。

医療から「社会的団結」まで、優先度の高い6つの分野それぞれについて、豊富なデータが表示される。各優先分野ごとに、KPI、現状、2021年の目標、顧客満足度、覆面捜査員による調査報告、国際比較、改善すべき点などを確認することができる。「シェイクはこれについて、大臣にメールで詳細な報告を求めることも、報告に来るよう命じることもあります」

政府機関同士が競争するように工夫されているのだ。もうロボットを使っているか？ いかにテクノロジーを使ってコストを下げているか？ さまざまな容赦ない精査が行われ、各省庁が古い思考に逃げ込むことは許されない。

アル・ハマディは言う。「半年ごとに、目標達成に責任を持つすべての執行チーム総勢500人が、国家アジェンダに沿って達成したことを、殿下と私たち担当チームに説明します。彼らにはマイルストーンが設定されています。最もインパクトが大きい指標を優先できるようにシナリオもつくって渡してあります。当然ですが、何もかも独力でやらせようとしているわけではありません」

私は政府の「イノベーション・ディプロマ・チーム」が主催するランチに招待された。ケンブリッジ大学と英国のネスタ（Nesta）（旧「科学・技術・芸術国家基金」）が協力する3年間のパートタイム・プログラムで、現在、各省庁から選ばれた53人が修了証書を手にするために勉強している。

その日のランチミーティングをリードしていたのは英国のインペリアルカレッジ・ビジネススクールの2人の教授で、各省庁に1人ずつ、総勢45人の「イノベーション担当CEO」の大半が出席していた。その日の話題は、規制当局に起業家精神を持たせるにはどうすればよいか、終わったばかりの「UAEイノベーション推進月間」の評価、最近行われたUAEのハッカソンについて、「アフカリ」(Afkari)を最大限に活用する方法などだった。「アフカリ」とは現場の職員からの提案を支援する政府基金で、これまでに公園での下水再利用といった提案が対象事業に選ばれている。

自由が制限された国でイノベーションは可能か？

以上、無数に紹介した取り組みが、この国の政府の文化を変えつつあることは疑いようがない。話を聞かせてくれた閣僚や政府高官が意欲にあふれ、熱心に仕事に取り組んでいることに私は強い印象を受けた。しかし、国際的スタートアップと優秀な人材を引き付けるという国家的野心の成否については、判断を保留しなくてはならない。

私の経験では、何事にもとらわれず自由に考える起業家は、個人の自由が尊重される文化の中でこそ花開く。気兼ねなく持論を展開できることや、性的指向を隠す必要がないことなどもそこには含まれる。言論や表現の自由を規制する国家が技術立国をめざしても、一般的には限られたインパクトしか生み出せない。ロシア版シリコンバレーと言われたモスクワのスコルコヴォ・イノベーションセンター（Skolkovo）の失敗もある。UAEは、この壁を打ち破ることができるのだろうか？

「2年前に質問されていたら、もちろん『打ち破れない』と答えたでしょう」と言うのはサンフランシスコにあるデザイン会社IDEOのCCOである**ポール・ベネット**だ。この1年だけで22回ドバイに通っている。「でもいまは、絶対に乗り越えられると保証します。懐疑論者から完全な信者に宗旨替えしました」。

彼がそう考える理由は、華々しくぶち上げられた〝空飛ぶ自動車〟構想の背後に、創造的な文化、世界をリードするという屈託のないコミットメントなど、**イノベーションに必要なエコシステム**が根づいていると思うからだ。

「創造的な文化が育つための条件がすべて備わっています。つまり、**因習を破壊しようとする意欲、遊びを許容する懐の深さ、若者が機会の匂いをかぎつけていること**などです。**それを裏づけるお金**もある。この国のリーダーたちはこの瞬間、この機会を逃してはならないことを自覚しています」

シェイクのチームは、1つの問いを携えてベネットに接近してきた。この国を見る世界の目をどうすれば変えることができるか、という問いだ。中東の若者に浸透しつつある過激思想をどうすれば打ち消すことができるか、ということも尋ねられた。それに対してベネットは、『しゅろの華と赤スギ』（バームウッド）という子ども向けの本を書くことで答えた。嵐の中に立つ2本の木が砂漠に森をつくるという話だ。

その本に触発されて生まれたのが、IDEOとUAE政府の共同事業であるパームウッド(Palmwood)だ。それはプロジェクトの設計者(デザイナー)であり、推進役(イネーブラー)であり、社会実験でもある。パームウッドはエリア2071に拠点を置き、政府内外のグループと協力して、教育からクリエイティブ経済までのさまざまな分野で「寛大さ、好奇心、創造性」を育てるべく活動している。

9歳から14歳までの子どもを対象に、社会を改善するためのワークショップを行った。あるワークショップで、ムタイエルという13歳の少女はリサイクル材料で建てる家を設計し、バスマという14歳の少女は土星に入植者を送り込むロケットを想像した。ベネットは思い出しながらこう話す。

「ロケット船には部屋が101あって、男性用に50、女性用に50、あと1つはコメディアン用だとバスマは言うんです。難しい話し合いが必要になるけど、笑いを忘れないことが重要だからだそうです。これが過激思想と戦う方法です。そのためには3万人のバスマが必要です」

政府は5年間パームウッドに資金を供給することと、人的サポートとして、将来を嘱望される最年少官僚を送り込むことを約束した。「これから5年、政府がスピード感を持って専門知識を行動に活かしてくれれば素晴らしいことが起こりそうです」とベネットは言う。

「この国はきっと、他の中東諸国のプロトタイプになると思いますよ」

テクノロジーVS政治的課題のゆくえ

それでも私は、遊び心のある子どもたちの理想主義も、プロ意識のある行政も、この国の政治の現実に目をつぶって手放しに賞賛することはできない。世界の創造性とテクノロジー人材の基地になるというＵＡＥの野心は、反対意見を抑圧する政治体質のままでは実現の見込みは小さい。

人権団体は、ＵＡＥに批判的な行動やSNS上での発言をした活動家や外国人労働者、観光客などが、拷問されたり恣意的に拘禁されているとしてＵＡＥを告発している。アムネスティは、ＵＡＥの刑務所では「殴打、電気ショック、睡眠剥奪」などの虐待が一般的に行われているとしている。

最近明らかになったケースでは、２０１８年5月、ヒューマン・ライツ・ウォッチの中東・北アフリカ地区の諮問委員でありＵＡＥ市民でもある**アーメド・マンスール**が、ＵＡＥについて虚偽情報を捏造し拡散したという廉（かど）で、禁固10年と１００万ディルハム（約27万５０００ドル）の罰金を言い渡されている。

ＵＡＥのサイバーセキュリティ法は、国が承認していない方法でフェイスブックやワッツアップを使った国内居住者や国外退去者を標的にしている。２０１６年には、国に登録されていない慈善団体のフェイスブック・リンクをシェアした外国人が拘束されたり、夫の不倫を疑って携帯電話を調べた女性に罰金と国外追放の刑が言い渡されている。

２０１８年11月には、博士課程の研究のためにドバイを訪れていた英国人学生**マシュー・ヘッジ**に対し、スパイ行為を働いたとして終身刑が言い渡され、西側メディアはＵＡＥのヘッジに対する処遇と司法手続きを批判した。その後ヘッジは、外交筋での抗議と学術的ボイコットの圧力によって解放された。

政権に批判的な人は、未来志向のイノベーションと非寛容的政治は相容れないと感じている。取材旅行から帰った私は、UAE政府に逮捕され、亡命せざるを得なかった英国在住の某ライターと話をした。「政権が未来のテクノロジーを重視するのは、若者たちに難しいことを考えさせないためだ」とその人は言う。政治的権利を持たない外国人労働者が家族を持つようになれば、その子どもたちが自分たちの処遇について声を上げ始めるが、支配者たちはそのことを心配しているのだ、と。

「人口動向を見れば、UAEが現在の政治を続けるのは不可能なことがわかります。1960年代には30万人の国民がいたが、現在は1000万人です。そのうち90%が市民権を持っていません。その割合は2050年には96%になっているでしょう。UAEで生まれた次の世代の人は、親の世代より大きな期待をUAEに持つでしょうが、市民権は与えられません。単に物事を効率的に行うだけの〝イノベーション〟で、この持続不可能性を何とかできると思いますか？」

未来戦略の必要条件3つと絶対条件1つ

内務省未来部の部長である**アトラフ・シェハブ**は、これまでに起こったイノベーションの盛り上がりをすべて体験している。「イノベーションについて取材していると、やり手もいるでしょうが、勘違いしている人や見かけ倒しの人にも出会うでしょう？」と彼は笑う。

「なぜこんなことを言うかといえば、私のもとには連日メールが送られてきて、『お役に立てます』

と言ってさまざまな人が近づいてくるけれど、話にならなかったり、海賊版をねらっているだけだったりするからです」

シェハブは2005年から政府の未来戦略に取り組んでいる。その中で、方向を間違った多くのアプローチを見たという。私は彼に、その中で学んだことを尋ねた。第1に彼があげたのは、**世界を訪ね歩いてベストプラクティスを収集しても、ユーザーが喜ぶサービスに組み込まれない限り意味がない**ということだ。チームはエストニア（PART8参照）やカナダ、シンガポールで「スマート・ガバメント」の姿を学んだが、その教訓が政府内でようやく関心を集めたのは、「ドバイ・ナウ」という便利な消費者向けアプリにそれが活かされたときだった。

このアプリは、「Siri」に似た「ラシード」（Rashid）というAIを使って、自動車登録の更新から水道料金の支払いまでやってくれる。駐車料金の支払いや地下鉄料金の支払いもやってくれるし、毎日の祈禱の時刻も知らせてくれる。地震警報を出すために地面の揺れもモニターしている。

第2に、未来志向のプロジェクトに複数の部門を参加させるためには、部門間で健全な競争を促すのが効果的だということだ。ドバイ・ナウの構築に際しては、**裁判所から保健当局に至るまであらゆる部門にデータベースを整備するよう要求し、どこかが作業を終えたら全体に公表するようにした。**

そして第3は、目標を設定して進捗を測定すること。「UAEビジョン2021」は、たとえば、市内での移動の12％は自動運転システムによるものでなければならず、すべての旅行の20％は公共交通機関によるものでなければならないと定めている。

そのような目標を与えられた関係機関は、それぞれの実施計画を発表しなければならない。「私たちは10年先から50年先のことを考えています」とシェハブは言う。「でも、遠い先のことはぼんやりしか見えませんから、目の前のことを一歩一歩足場を固めながら進むのです」。

UAEは着実に、この地域に模範を示せることを証明しつつある。少なくとも政府を近代化するという面での模範は示せる。

その前進をもたらしているのが、KPIの設定、企業とのパートナーシップ、AIサマーキャンプ、国際ブロックチェーン・サミット、世界経済フォーラムとのコラボレーション、3Dプリンティングの推進、大学課程の高度化、イノベーション視察世界ツアーなどである。

「ですが、なんと言っても、**最初の要件は夢を持つ、ということでしょう**」とシェハブは言う。「大胆な夢を見ること。存在しなかったコンセプトを売り込むためにはインスピレーションが必要です。次に、それを現実世界と結び合わせ、エコシステムの広がりを考える。そして、ビジョンを具体的な計画とビジネスモデルに落とし込む。たんなる空想やトレンド予想からは何も生まれません。ドバイは石油依存経済から脱却して、多様化に成功しました。これからの取り組みで、我が国が今後長期的に何で勝負できるかが決まるでしょう」

ACTION POINT

夢でプロトタイプをつくれ

巨万の富を持つ石油王国の世襲君主なら、以下のポイントは無視することができる。そうでないなら、変革をめざすUAEの経験には学ぶべき教訓がある。

1　大きなビジョンを提示し、それを達成する説得力のある物語を提示する

ドバイ未来財団のノア・ラフォードCOOは、「人々の心に明確な未来のビジョンを浸透させること」が財団の役割だと話す。詩人で小説家のヴィクトル・ユーゴーは、「小さな夢を見てはならない。それには人間の魂をかき立てる力がない」と言っている。

2　目で見え、手で触れるプロトタイプをつくる

UAEのリーダーシップは、目標に向けての前進が目に見えるシンボル――3Dプリンティングで造られたオフィスビル、不思議な建築の未来博物館など――をつくることに力を注いだ。

3　利害を調整し、長期的変化へ確実にコミットするために、求心力あるリーダーシップを確立する

その点、UAEは厳密な階層的リーダーシップで動いているので、すべての政府機関が何を優先すべきかを知っているし、上司が何を期待しているかについて曖昧さの余地はない。

4　細かく刻まれた目標とKPIを定める

進捗状況をモニターすることができ、課題に早期に対処することができ、利害関係者は競争意識を持つことができるようになるために、ターゲット設定と測定の文化をつくる。

5　他社と異なる自社のユニークな点を見つける

ドバイはシリコンバレーにはなれないが、規制当局がスタートアップの便宜を図ることで、自動運転自動車や空飛ぶタクシーといった法律が整備されていない段階にある技術の実現を助ける。この規制面の柔軟性によって、UAEは大化けする可能性のある新興企業と提携することができた。

6　内部からの提案を促すシステムを整える

「私たちにはアイデアの提案を促す仕組みが複数ある」とアトラフ・シェハブは言う。「自分のアイデアが実現するのを見ることほど大きな満足はありません」。

7　周囲で何が起きているのかを注視し続ける

首相官邸には、絶えず情報を収集し、世界各地を訪ね、資料を読み込むチームが存在する。

プラットフォームを構築せよ

「エストニア」
自ら国境を消そうとする国

Finland
Estonia
China
UAE
India
Australia
South Africa

PART 8

「国家」は国境を越えていく

エストニア共和国の首都タリン郊外。かつて製紙工場だった建物に**カスパー・コリュアス**のオフィスはある。両隣は家具工房と美容院だ。整った身なりのスリムな31歳の公務員が、バルト海に面するこの国を「アプリストア」に変える作戦について説明してくれた。

エストニアの面積はスイスや日本の九州7県とほぼ同じ、人口は130万、かつてはソビエト連邦の領土だった。フィンランド湾を挟んでヘルシンキとサンクトペテルブルクに面している。面積4万5000平方キロ、2222の島々を持つこの国は、何世紀もの間、デンマーク、スウェーデン、ドイツ、とりわけロシアの領土的野心の対象であり続けた。

だが、世界がデジタル化した現在、国家意識を国境の内側に限定する必要はない、とコリュアスは考える。国境外の何百万もの外国人にIDカードを発行し、彼らが立ち上げた会社をエストニアに登記できるようにし、エストニアを世界初のボーダーレス国家にしたいと望んでいるのだ。

「人類の歴史は数百万年あるかもしれませんが、国民国家の歴史はたかだか数百年です。国家というのはごく最近の概念なのです。国が国境を越える存在になることは避けられません」

ここはタリン空港から徒歩20分の場所にある、エストニアのEレジデンシー政策、つまり、デジタル空間でエストニア住民を増やす政策を推進するオフィス。これからの国は、提供するサービスの範囲と質によって、世界の市民の忠誠心（ロイヤルティ）の獲得をめぐって他国と競うようになる、というのが彼の考えだ。

ビジネスはこの国、ヘルスケアはこの国、デジタル教育や銀行はこの国、と国を選ぶようになる。サービスを効率的に提供できる国が、実際にはそこに住んでいない顧客を世界中から集めたら、その国の経済が大きく変わる可能性がある。

「国の富がそこに実際に住んでいる人によって決まるのではなく、その国のサービスを利用したいと思う人の数で決まるなら、他国を征服する必要などなくなると思いませんか？」

誰でも20分で「エストニア住民」になれる

ボーダーレス国家になるためにエストニアが選んだのが、世界中のほぼ誰もが、オンライン申請でエストニアのＥレジデントになれるというサービスだ。必要なのは１００ユーロの申請料、パスポートのスキャン画像、そして顔写真だけだ。これを読んでいるあなたも、20分ほど時間があればできてしまう。

飛行機に乗ってエストニアに行く必要はない。ネットで申請した数週間後、あなたの地元にあるエストニア大使館またはエストニアが認定した窓口に行って指紋を取ってもらえば、ＩＤカードとカード読込器（リーダー）、２つのＰＩＮコードが支給され、エストニアのシステムにアクセスできるようになる。

Eレジデントになってもエストニアのパスポートは支給されないし、エストニアへの入国や居住が認められるとは限らない。当然、あなた自身の国で引き続き税金を払う必要もある。

しかし、18歳以上で犯罪歴がなければ、**エストニアで会社を設立し、ヨーロッパの拠点から世界を相手に事業を営むことができる。銀行サービスを利用することも、エストニアの外に住んだままビジネスを行うことも、公共サービスにもアクセスできる。**

これはオイルシェールと木材、産業機械に大きく依存するエストニア経済にとって大きな出来事だ。国際監査法人デロイトによれば、2025年にEレジデンシー・プログラムがエストニアにもたらす経済効果は総額18億ユーロと予想され、そのうち3億4000万ユーロは直接金融収入である。

2018年10月までに4万5000人がEレジデント登録を行った。主にフィンランド、ロシア、ウクライナ、ドイツおよび米国からである。コリュアスのオフィスには「ここより先Eエストニア」と警告する青と白の電光サインが掲げられ、デスクのそばに、その週の申請者数が走り書きされている。第44週の数字はウクライナ169人、インド83人、トルコ625人、英国158人。

「所得税完全廃止」の野望

プロジェクトの統括責任者であるコリュアスには、もっと大きな野心がある。**Eレジデントの数が1000万人になれば、ネットフリックスのようにサブスクリプ**

ション・フィー（定額課金）**を請求することで、現在国民に課している所得税を完全に廃止できる**という。１０００万人がデジタル国家エストニアに年間１００ユーロを支払ってくれれば、10億ユーロが国庫に入ることになる。

「いつまでも税金を払い続けなくてはならないと考える必要はありません。エストニアはここ数百年しか存在していない国なのですから」

政府機関の職員が課税廃止を訴えるのを聞いたのは初めてだ。コリュアスの話しぶりは典型的な公務員のそれではない。彼は、自国をグローバルな顧客基盤を持つアップストアになぞらえて語る。

「国境がなくなること以上に、国に大きなメリットがある話を知りません。顧客の数が一気に何百倍にもなるのですから。エストニアが何百万人ものＥレジデントを抱えたら、**世界のアプリ開発者がアップストアで行っているのと同じように、世界の民間企業や、他国の政府さえ、エストニアでサービスを売ろうとして競争し始めるだろう**」と彼は言う。

サンパウロやソフィアの法人顧客が弁護士を依頼するかもしれないし、世界中の証券取引所がめんどうな手続きの要らない投資機会や株主投票を提供しようとするかもしれない。そしてエストニアは、アップルやグーグルのように、すべての取引から何％かの利用料を請求する。実においしい話だ。

アイデア誕生のきっかけ

デジタルIDカードを非エストニア国民に発行することについては、議会でしばらく議論が続いたが、エストニア開発基金が2014年に実施した「経済の進歩と生活水準の向上をめざす」ためのコンテストを機に、Eレジデンシーのコンセプトが表舞台に登場した。

当時エストニアのCIO(最高情報責任者)だった**ターヴィ・コトカ**、現在のCIO**シーム・シクト**、そして内務省の**ルース・アヌス**が、「1000万人の『Eエストニア』を2025年までに」と題する共同提案を行った。それは外国から多くの起業家、投資家、科学者、そして教育者をエストニア経済に呼び込み、国際競争力を高めるという構想だった。

この提案は賞金2万4000ユーロを獲得し、電気通信会社のテリアソネラ(TeliaSonera)に勤めていたコリュアスが、この案を発展させる研究を行うために政府に招聘された。

プロジェクトは徐々に成果を重ねていった。当初予算30万ユーロで小人数のチームが動き、法的枠組みの構築、パートナーの発掘、そしてEエストニアの物語の拡散を開始した。チームは銀行に接触し、規制当局と相談した。

2014年12月1日、英国のジャーナリスト、**エドワード・ルーカス**が最初のEレジデントとなった。当時の大統領トーマス・ヘンドリク・イルヴェスの友人である。ルーカスは英国にいながら、エストニアでの会社登記、デジタル署名、オンライン・バンキング、納税申告ができることになった。

薬の処方箋をデジタルデータで受け取ることもできた。

海外進出から事務費圧縮まで多彩なメリット

航空会社の会員カードと一緒にEレジデンシー・カードを持ち歩けば、話のタネにはなるだろう。ドイツのメルケル首相やフランスのマクロン大統領、英国のアンドルー王子も保有している。だが、本当にメリットがあるのだろうか？　コリュアスにEレジデンシーの要点を説明してもらった。

「メリットは、あなたがどこの住人であるかによって異なります。EU域外の人なら、EUのルールでビジネスを行い、請求書を送れるメリットがあります。インドやウクライナなどの新興経済国の人なら、ペイパルや銀行サービスを使ってサービスや製品を世界に売ることができ、ドルや円で支払いを引き出せるというメリットがあります。EU域内に住んでいる人や、事務費を圧縮したいフリーランサーなら、どこにいても、契約をはじめ各種手続きをデジタル処理できるメリットがあります」

では、もし私が、かつてヨーロッパに属していた島国に住むライターで、無能な政治家のせいで苦労しているとしたら、Eレジデントになることに何かメリットがあるだろうか？　コリュアスはニヤリと笑って言った。

「オンライン申請には20分。物理的なIDカードはロンドンのエストニア大使館で受け取れます。居住権を確立するのに約1カ月。そこまで終われば、会社設立と銀行口座開設は1日でできます」

バーチャル・オフィスのサービス会社が、会社設立に必要なエストニア国内の住所を提供してくれ、銀行口座はフィンランドのホルビ（Holvi）など新興銀行に開設するのが一般的だという。

では、Eレジデントである私の義務は何か？　コリュアスは「その点はまだ詰め切れていません」と正直に認めた。それを聞いて私は、彼の部署自体がスタートアップであり、大きな野心はまだ願望の域を出ていないことを改めて思い起こした。「Eレジデントには権利もなければ義務もありません。いまのところ、単なるデジタル・アイデンティティです」。

被侵略国家の再興を占う3つの選択肢

エストニアは、1030年にヤロスラフ賢公がこの地を占領して以来、隣国ロシアと断続的な紛争を繰り返してきた。1558年にイワン雷帝が攻めて来たとき緊張関係は再び激化し、1721年にロシアがスウェーデンから領土を奪ったときもエストニアは厳しい境遇に置かれた。

しかし、なんといってもエストニアの国政のあり方を決めたのは、1944年から始まったソ連による抑圧的な占領だった。1991年にようやくソ連から独立したとき、国は二度とロシアの侵略を許さないと決意したが、経済は国家再建に必要な資源を欠き疲弊していた。

「私たちには3つの選択肢がありました」と話し始めたのは**リナール・ヴィーク**だ。1990年代に政府の技術アドバイザーとなり、現在はエストニアのEガバナンス・アカデミーのプログラム・ディレクターを務めている。

「①公的サービスをいくつか廃止する、②それまで通り劣悪な公的サービスを提供し続ける、③公的サービスの提供方法を抜本的に再設計する、の3つです。私たちはテクノロジーを使って行政を再考する3番目の道を選びました」

政府のあらゆる機能を可能な限りデジタル化する、というのが独立当初からの国家的コンセンサスとなった。ロシアが再び侵攻してくる場合に備えて、国境外の安全な場所にデータをバックアップし、政府の諸機関のシステムを安価かつ安全に動かすために、登場してきたばかりのインターネット・プロトコルを使用することにした。

「独立当初、IT開発に必要なメインフレームを買う余裕がなかったのが、むしろ幸運でした」とヴィークは振り返る。国のIT予算は約400万ドルで、政府調達では一般的選択肢だったIBMのメインフレームには手が出せなかった。

「しかし400万ドルあれば、4万台のPCを買ってソビエト製の古いインフラで動かすことができました。それらを繋いだのが無料で使える通信プロトコル、つまりインターネットだったのです」

行政サービスの無駄を「8億時間」削減

2017年11月の暗い午後、タリン港に近いロターマンニにあるヴィークの事務所を私が訪ねたとき、日本、ウクライナ、ドミニカ共和国の代表団が訪れていた。ケイマン諸島との電話会議の予定も入っていた。ヴィークは53歳、大学教授であり起業家でもある。

頭はほぼ禿げ上がり、背が高く、人を気持ちよく迎え入れる人物だ。訪問客が絶えないのは、彼がエストニアのデジタル改革の創始者と見なされているからに他ならない。

ヴィークは1996年以来、エストニアのすべての学校にコンピュータとインターネット接続を導入した「ティーグリヒュペ（虎の跳躍）」(Tiigrihüpe)というプロジェクトの中心人物で、10万人以上の国民にインターネットの利用方法を教えることをルック・アット・ワールド財団に進言した。

また、彼の尽力で、エストニアは閣僚が集まる必要のないペーパーレスのウェブ閣議を採用した世界初の政府になった。

それは、心躍る国家の再起動だった。**リソースに制約があったことが、逆にスケールの大きいことを考えることにつながった。**エストニアが独立国として最初に発行した10年有効のパスポートの期限が切れる2001年、政府は全国民に安全なデジタルIDカードを一律支給する準備をした。現在アクティブなカードが130万枚、Xロードと呼ばれる分散型データ連携を介して各種サービスを提供する官民5200以上の組織に接続されている。

政府の発表では、Xロードによって、財産の移転や駐車料金の支払い、出生登録までのあらゆるサービスが簡素化され、**市民と政府を合わせて年間8億時間の節約を実現した。これは「一度きり（ワンス・オンリー）」の原則で運用され、何らかのサービスのために情報を一度入力したら、それ以降二度とどこにも入力する必要はない。**

ヴィークは言う。「国は全国民のためにデジタルIDカードを作りました。私は銀行に対し、高価な機器を買ってデジタル認証機能を構築するのではなく、政府が準備したインフラを利用するよう勧め、それが未来を開くのだと説得しました。銀行は、政府が用意するなら信頼しようと言ってくれました。行政も使い始め、デジタル文書が法的に認められるようになりました。10年かけて、私たちはこの国の文化を変えたのです」。

エストニアは2000年に納税申告をデジタル化し、2005年にオンライン投票を実施し、2008年にすべての患者に電子カルテを作成した。

2007年に政府機関、メディア、金融機関のウェブサイトに対する連続サイバー攻撃があり、エストニア政府はロシアを非難したが、すべての行政サービスを安全なデジタル・ネットワークを通じて提供するという決意は、強まりこそすれ後退することはなかった。いまや、手続きに足を運ぶ必要がある行政サービスは、結婚、離婚、不動産取引のみだ。

原則として、市民は自分自身に関するすべての情報を所有しており、国境管理当局や医師、その他の国家機能が自分の情報にアクセスするたびに、その事実が記録に残される。

国が構築した無料Wi‐Fiネットワークが、人口の多い地域のほとんどをカバーしている。政府データを保管する世界初の「データ大使館」も設置された。これは厳重なセキュリティのかかったバックアップ・サーバーで、ルクセンブルクに置かれているが、法的にエストニアの管轄下にある。エストニアは、文字通りクラウドの中に存在する国家と言えるだろう。

これから、国家はプラットフォームになる

Eレジデンシーは、このデジタル・ファーストの文化の上に成り立っている。『ワイアード』副編集長だった**ベン・ハマースリー**は、2015年にエストニアを取材し、初期のEレジデンシー登録をしたが、その体験をふまえて、エストニアを「世界で最も先進的なデジタル社会」と評した。各国の代表が何かを学ぼうとしてヴィークのオフィスを訪ねるのは、そのためである。

「これまで15年間、世界各国の政府と共に働いてきましたが、次の大きな破壊に見舞われるのは国民国家そのものだと確信しています」とヴィークは言う。

そして、自国では効率的サービスを提供できないアフリカの数カ国に言及して、税関や航空管制といった機能をより整備された大陸の他国に委任すればよいと示唆する。「**つまり、国家をプラットフォームと捉える必要があるのです**」。開発者がどこにいても、アプリストアをプラットフォームとしてソフトを配布できるのと同じだ。

「我々が決めるべきことは、ビジネスになぞらえて言えば、そのプラットフォームをアンドロイドにするかiOSにするかということだけです」

結局、固定された国境線で区切られた国というものは、生活のあらゆる側面がデジタル接続されている現在では意味を失いつつある。それなのに、世界は依然として、国家の領土主権の原則を確立した1648年のウェストファリア条約の精神によって運営されている。

しかし、テクノロジーがそのルールを変えた。今日の社会は、制御できない超国家的な資本の流れ、分散型情報ネットワーク、P2Pのデジタル通貨で動いている。その中で、時代遅れの国家システムは、どうやって存在の意味を保てるのだろうか?

国を持たないイスラム武装勢力との間で戦争が起こる時代、納税先を自分で決める超国家的ハイテク1兆ドル企業によって経済が支配される時代に、伝統的な政府はどう適応できるのだろうか?

国際組織の無力化、トルコやベネズエラのような専制国家の出現、難民の大量発生、そして人種や地域文化で形成される部族主義の復活などで、国の政治的権威は弱体化しつつある。エストニアは、おそらくこうした事態に抗おうとしている。

「20世紀の大半、政治も経済も情報も国家のスケールで動き、互いに関係を保っていた」と、『アフター・ネーション』の著者**ラーナ・ダスグプタ**は主張する。

「国の政府が、経済やイデオロギーのエネルギーを統御する現実的な力を持ち、ときには非現実的な(ユートピアン)理想をかかげ、それを人間のために行使した。だが、そんな時代は終わった。何十年にもわたるグローバル化の結果、経済と情報は政府の権限を超えて成長した。今日、地球の富と資源の分配を決めているのは政治が構築したメカニズムではない」

国境なき世界の「忠誠心」の向かう先

リナール・ヴィークが言うように、**国籍は個人が選ぶアイデンティティの一項目**

にすぎなくなる。たとえば、自分をユダヤ人だと自己認識することや、スワヒリ語を話すことに対し、パスポートに記載された国籍は何の影響も与えない。

「忠誠（ロイヤルティ）の対象が変わるということです。私自身、宗教のことに限れば、私はどの国に属してもやっていけます。どこかの国の国民であるということは、どこかの教会に属すような感じを与えるのかもしれませんが、税関、国境管理、税金、幼稚園への入園登録、学校教育のためのデジタル・コンテンツなど、国家が担う機能は他の国に任せることができます。電車やバスに乗るとき、どのアプリを使って経路を調べても、実際の移動には関係ないのと同じです」

そうなると、地理的にどこに住んでいても、自分のニーズを感度よく理解し、直感的にわかるサービスをデジタルで提供してくれる政府とやりとりしたいと思うようになるだろう。それは黎明期のインターネット文化を形づくった「サイバースペースの独立宣言」を、地政学的視点から書き直すことに他ならない。1996年に「電子フロンティア財団」（EFF）の創設者である**ジョン・ペリー・バーロウ**が起草した宣言である。

その宣言はこんな書き出しで始まる。

「産業世界の政府、肉の体と鉄の構造物でできた疲れきった巨人に告ぐ。私は精神の新しい住み処、サイバースペースの住人だ」

16のパラグラフから成るこの宣言で、バーロウは主に米国の規制当局に向けて、自分たちのオンライン上のアイデンティティは伝統的な政府の統制を超越していると激しい言葉で主張する。

「サイバースペースは相互作用、関係、そして思考そのものから成る。我々の世界は、あらゆるところに存在するが、どこにも存在しない。それは肉体が住む場所ではない。我々はお前たちを歓迎しない。我々が集う場所で、お前たちの権威は通用しない」

Eエストニアの未来

カスパー・コリュアスは、息子ルーファスと政府のこれからの関係に思いをはせる。ルーファスは誕生したときに個人ID番号を付与された。それによって小児健康診断が自動的に手配され、両親に有給休暇が自動的に付与された。学校ではデジタルを活用して勉強することができる。

だが、これまでなかった機会をルーファスが手にするのは成人してからだ。彼は、アフリカ経済が急成長している点に着目してボツワナで会社を経営し、医療サービスを利用するために韓国に個人税またはサブスクリプション・フィーを払い、日本のサブスクリプションで健康保険を組むかもしれない。ルーファスが**サービスごとに国を選ぶのは、フェイスブックで参加するグループを選ぶのと同じくらい簡単なことになる。**

こういう世界を実現させるために、Eレジデンシー・チームはまず国境のない国を世界に広める必要がある。チームは2018年9月に15人に増員され、3年間で800万ユーロの予算措置が取られ、現在、メディアを通じて積極的に宣伝を展開し、さまざまなパートナーシップを構築し、システムの改善を続けている。

ソウルでは民間企業がEレジデント申請者の指紋を取り、IDカードの発行を始める予定だ。うまくいけば、2019年中に30の新しいローカル・オフィスが開設される。ウクライナでは増えてきたEレジデントのコミュニティと協力するために、首都キエフに担当者が派遣された。

インドでも担当者が現地のパートナーをサポートしている。ネット上で「コミュニティ プラットフォーム」の試験版が動き始めており、Eレジデントとエストニアの経営者が出会い、意見を交換し、求人と応募を行い、サービスの評価や推薦を行っている。

それでも、利用者数の増加について楽観的すぎる予測をしがちなスタートアップと同様、Eレジデンシー・チームも適切な予想という点で苦い教訓を学んだ。現在の普及状況は、2025年までに1000万人という目標にはほど遠い。

おそらく、Eレジデントになったら得られる価値について説得力のあるストーリーを提示できていないのだろう。早い段階で登録したノマドワーカーやジャーナリスト、トレーダーの中に、自分もそうなりたいと思わせるような成功例が少ないのかもしれない。

チームは2017年末に修正目標を発表し、2021年末までに15万2000人のEレジデントと2万社の獲得をめざすとした。それでも、**新規登録したEレジデントの数はエストニアで生まれた新生児の数を上回っている。**2017年の1月から10月までを見ると、

Eレジデントの新規登録は1万1096人で、出生数の1万269人を上回っているのである。

さらに、デロイトによると、**Eレジデントが立ち上げたビジネスは、エストニア経済に平均7万ユーロの利益をもたらしている。**

世界的仮想通貨「エストコイン」構想

コリュアスには、エストニアに大きな経済的利益をもたらす、もう1つの野心的なアイデアがある。世界には「ビットコイン」「イーサリアム」「ライトコイン」など多数の仮想通貨があり、何十億ドルもの取引が行われている。ならばエストニアも**独自の仮想通貨を発行し、エストニアという国そのものに投資できるようにすればよいではないか、**というのが彼の発想だ。

コリュアスは2017年8月、ウェブメディアの「メディウム」(Medium)に有名な投稿を行い、「仮想通貨を透明性のあるデジタル環境で安全に取引するうえで、Eレジデントおよびエストニアの国民や居住者に付与されたデジタルIDは理想的なメカニズムとなる」と論じた。

その仮想通貨、正確に言えば、その取引可能な「暗号トークン」と呼ばれる部分は偽造できず、政府の監視があることで違法な目的に使用されないことが保証される。「それが、私たちが『エストコイン』(estcoins)の導入を提案する理由である。これによって初めて、誰もが『デジタル国家』に投資できるようになる」とコリュアスは書いている。

コリュアスは、政府がエストコインを新規仮想通貨公開（ＩＣＯ）、いわばクラウド・ファンディングの手法でＥレジデントに販売すれば、仮想通貨やブロックチェーン・ベースで事業を営む多数のスタートアップを立ち上げるための投資資金を調達できる、と提案した。

コリュアスは、自分も同意見だと表明したうえで、イーサリアムの創設者**ヴィタリック・ブテリン**の考えを紹介している。ブテリンの考えは、**Ｅレジデンシーのエコシステム内でＩＣＯを行えば、投資家には国の経済発展を支援しようという動機が生まれる**というものだ。そのような動機は中央銀行のシステムでは考えられない。

さらに、エストコインを分散型の安全なデータベースであるブロックチェーンと組み合わせて発行すれば、スマートコントラクト（契約の条件確認や交渉、締結や履行などを自動的に追跡するプロトコル）や他のアプリケーションの中で、簡単かつ便利に使えるようになるだろう、とも述べる。

エストニアは、エストコインを人工知能などの新技術のための資金調達に役立てることができるし、公共性の高い事業に投資するコミュニティ型ベンチャーキャピタル・ファンドとして使うこともできる。最終的にエストコインは「世界で使用可能な通貨」として機能するだろう、とコリュアスは主張したのである。

既存勢力の猛反発と３つの対抗策

ユーロ圏内の政府代表が論じたこのきわめて大胆な提案は、一気に拡散した。当然ながら、欧州中央銀行は即座にこの主張を切り捨てた。マリオ・ドラギ総裁は、「いかなる加盟国も独自の通貨を発行することはできない。ユーロ圏の通貨はユーロだ」と述べた。

エストニアの中央銀行もコリュアスの提案とは距離を置き、アルド・ハンソン総裁は、エストコインは政府の提案ではないし、中央銀行は相談も受けていないと強調した。数週間後、ベネズエラのニコラス・マズロ大統領が、ハイパーインフレ対策と米国からの制裁回避を目的として、「ペトロ」(petro)という同国独自の仮想通貨を発表したことも、コリュアスへの追い風とはならなかった。

2017年11月末、私はコリュアスに会った。相次いだ反発の数週間後のタイミングだったが、彼は自分のアイデアに磨きをかけるべく考え続けていた。「ユーロを置き換えることにはあまり意味がない」と認めたうえで、国家の財源を増やすための税に代わる大胆な手段としてのICOについて熱心に考えを巡らせていた。

彼が考えている1つの方法は、「仮想通貨を発行し、ICOを通じて世界に販売する」というものだ。その際、Eレジデンシーは投資家の身元を担保する一要素となるだろう。

Eレジデントの中には、「デジタルサービスでエストニア経済が成長すれば、エストコインの価格も上ると考えて」投資目的で買う人もいるだろうし、たとえば納税など「エコシステム内で使うため」に買う人もいるだろう。

エストコインは、政府が奨励する行動、すなわち会社の設立、コンテンツの作成、コンサルティング・サービスなどにも使える。とは言えコリュアスは、そこまでには「かなり時間がかかる」と認めている。私が会った翌月（２０１７年12月）のブログ投稿で、コリュアスはエストコインの３通りの使い方を提示した。

まず、国がＩＣＯを通じて発行する「コミュニティ・エストコイン」としての利用。Ｅレジデンシーを推進する活動を促すもので、ＥレジデントにサインアップしたときやほかのＥレジデントに有益なアドバイスをしたときなどに獲得でき、公開市場で取引することができる。

次に、交換できない「アイデンティティ・エストコイン」としての利用。各自のデジタルＩＤに紐付けられ、文書へのデジタル署名やスマートコントラクトの履行を確実にするために使う。違反があれば没収される可能性がある。

最後が、ユーロに固定された「ユーロ・エストコイン」としての利用で、「分散管理される暗号コインが持つ利点のいくつかと国が保証する貨幣の安定性と信頼性をあわせ持つ」ものである。

エストニア政府は10年以上にわたってブロックチェーン技術をテストしてきた。２０１２年以降は、ブロックチェーンを使って健康医療、司法、国家安全保障に関するデータを保管している。しかし、政府の組織が公式の通貨を超える有用性を持つ仮想通貨を提案するとなれば、そこに留まらない大きな飛躍となる。

どうやらこの提案は、エストニアの中枢部には過激すぎると受け止められているようだ。２０１８年６月、エストニアのＣＩＯであるシム・シクトは、「私たちは新しい通貨を構築するつもりはない」と新聞紙上で明言した。

世界中の「期待値」を集めるこれだけの効果

しかし、コリュアスの提案をめぐる議論は、「エストニアはブロックチェーンと仮想通貨の利用に積極的な国で、悪い市場ではない」という認識を世界に広めるのに役立った。タリンにある資金調達と取引のプラットフォームであるファンダービーム（Funderbeam）によると、**エストコインは２０１７年のＩＣＯで世界から28億ドルを調達した。２０１６年は２億２８００万ドルだったのに、だ。**

コリュアスは、Ｅレジデンシー・プログラムを「責任ある」ＩＣＯを支援するものとして位置づけている。無知な投資家から金を集めて姿を消す有象無象とは異なる。12月のブログ記事で、彼はこう書いている。

「私たちの目標は、信頼できるＩＣＯを行いたければエストニアが最良の選択肢だと世界に認めさせることだ。ブロックチェーン、暗号トークン、安全なデジタルＩＤを組み合わせることで、中央で株式登録を行うミドルマンが要らなくなるかもしれない」

ブロックチェーンの世界にカンヌ国際広告賞があれば、エストコインは国家ブランド構築部門で金賞を獲得するだろう。次のような「受賞理由」で。

「提示されているアイデアが挑発的なだけでなく、独自のルールブックを持つスタートアップ国家として説得力のある物語を提示しており、資本を集めやすいブロックチェーンのスタートアップ・ブームを見方につけるアピールも巧みである」

2016年、当時のトーマス・ヘンドリク・イルヴェス大統領は、「エストニアはブロックチェーンの国だ」と宣言した。「Eレジデンシーを通じて、エストニアは世界中のブロックチェーンのパイオニアを支援する。わが国が提供するデジタル・インフラを活用して未来を築いていただきたい。エストニアに一歩も足を踏み入れなくても、サポートは提供される」。

世界中から猛者が集まってきた！

その呼びかけに応えてパイオニアが参集している。バングラデシュ出身のジョイジット・ボウミックは、電子マネー決済のノバー（Nobar）を首都タリンに登録した。モスクワ出身のデジタル・ノマドであるアルセニイ・ザレチェネフは、電子マネー取引のマザーシップを設立するためにEレジデントになった。

ブラジルの物理学者、レナト・P・ドス・サントスは、企業にICOに関する助言を行うため、ソフィア・eコンサルティングをエストニアの学問・文化の中心地タルトゥに登録し、南米大陸で事業を営む。エストニアの元首相タービ・ロイバスが、運動量に応じてトークンのご褒美がもらえる地元のブロックチェーンスタートアップのリンポ（Lympo）の会長になったことも話題を呼んだ。

しかし、Eレジデンシーは起業家が直面するもっと直接的な問題の解決に役立っている。アマゾンで商品を売っているインドの会社は、ヨーロッパ市場との取引とペイパル決済を行うために、エストニアで会社を設立した。

デジタルサービスを販売しているフリーランスの労働者は、納税申告と管理上の負担を軽減するためにEレジデンシーを利用している。英国の起業家や学者は、ブレグジット後もヨーロッパ市場で取引や資金調達ができるように事業をエストニアに登録している。

これらの**企業は利益が出たときのみ収入の20％だけ納税すればよく、それがエストニアの税収力をOECD加盟国の中で上位に押し上げている。**

そんなエストニアでは、ある興味深い事態が進行中だ。2011年にユーロ圏に加盟したとき17カ国中もっとも貧しかった国が、起業家精神で成功をつかみ、**2018年、人口比で最も多くユニコーンを輩出した国になった**のである。

この年、ライドシェアリングのタクシファイ（Taxify）がダイムラーの投資ラウンドで1億7500万ドルを調達し、企業価値評価額10億ドルに達した。送金サービスのトランスファーワイズ、ギャンブルソフトウェアのプレイテックなども高い評価額をつけた。

2018年はさらに数百万ドル規模の調達が続き、顧客管理ソフトウェアのパイプドライブが6000万ドル、配達用ロボットのスターシップ・テクノロジーズが2500万ドル、オンライン本人確認サービスのヴェリフ（Veriff）は770万ドルを調達した。ヴェリフには俳優のアシュトン・カッチャーやトランスファーワイズの共同創設者**タヴェット・ヒンリクス**も投資している。そしてもちろん、エストニアが生んだスカイプを忘れてはならない。

エストニアの企業家精神を育んだソビエトの支配

ヒンリクスはスカイプの最初の社員だった。スカイプは2003年にタリンで設立された、エストニア最大の技術系サクセス・ストーリーの主人公である。「エストニアではスカイプ抜きにハイテク系起業家精神を語ることはできません」とヒンリクスは言う。

「創業したのはデンマーク人の**ヤヌス・フリス**とスウェーデン人の**ニクラス・ゼンストローム**ですが、本拠地はタリンです。創業わずか2年で、30億ドルでイーベイに買収されたのは運がよかったとも言えますが、本物のハイテク系起業家精神があったのは確かです」

最初は人を雇うのが難しかったとヒンリクスは振り返る。本人がその気になっても、両親たちが、なぜわが子が銀行に入らたがらないのか理解できなかった。そんな考え方がスカイプの成功で変わり、急成長ハイテク企業を経験した人材のプールを生み、スタートアップへの投資が活発になった。

「3年間スカイプで働いて、自分のアイデアを1年間追求できるだけの蓄えができました。創造的エコシステムを発展させるうえで、それはきわめて重要なことでした」

デジタル国家エストニアは、制約だらけのソビエト時代の経験の産物だ。**「逆説的ですが、ソビエトに支配されていたころの生活は、ある意味、創造的で起業家精神を発揮できました」**と37歳のヒンリクスは昔を思い出しながら語る。

「会社をつくることも、お金を稼ぐことも許されていませんでしたが、何か必要な物があれば、店には何もないので自分でつくったり、手元にある物を修理したりしました。この国は科学と数学の教育はしっかりしていましたが、１９９１年に独立したとき、技術的インフラはほとんどありませんでした。古い技術がなかったぶん、最初から新しいデジタル文化を取り入れることができたわけです」

ヒンリクスはロンドンに住んでいる。私は彼に、Ｅエストニアがボーダーレスであることは、起業家に機会を提供するうえでどの程度役立っているのかと尋ねた。２０１１年1月にトランスファーワイズを友人と共同で創業した彼は、それは自分の体験を聞いてもらえばわかると答えた。

ヒンリクスは、スカイプから得られるユーロでの収入をロンドンで使うためにポンドに替える必要があった。一方、友人の**クリスト・カーマン**は、英国でデロイトで稼いだポンドをエストニアでの住宅ローン返済のためにユーロに替える必要があった。

それならということで、彼らは相対で通貨を交換して銀行手数料を迂回することにした。それを大規模に展開すべく創業したのがトランスファーワイズである。

「マクロの動向を見れば、今後、物理的な場所の持つ意味が小さくなっていくことは明らかです。ところが、現在の金融システムは、そういう状況下での仕事の進め方には全然適していません」とヒンリクス。トランスファーワイズは、クライアントの国際決済のニーズに応えるために、ボーダレス・アカウントを提供している。

40種類以上の通貨を預けられる多通貨銀行口座で、いつでも好きなときにどの通貨間でも交換ができ、マスターカードのデビットカードが付いている。クライアントの預け入れ額は総額20億ポンドに達している。「まだまだ初期段階ですが、生活をボーダーレスにするための基本的ツールとなって、生活をシンプルにしています」とヒンリクスは言う。

「サービスとしての政府」構想

ケルスティ・カリユライド大統領の言葉を借りれば、エストニアは「実際に国がある唯一のデジタル社会」だ。この国は世界のアプリストアをめざして歩み続けている。

カスパー・コリュアスは、「私たちは他国が利用できるサービスとしての政府（ガバメント・アズ・ア・サービス）（GaaS）を構築しつつある」と語る。

「めざしているのは、政府を意識する必要をなくすこと、税を申告する必要をなくすことです。必要な情報はすべて揃っているので、事務仕事で起業家を煩わせる必要がありません。すべてを自国でまかなえないと理解した国は、自分より上手にやってくれる他国にアウトソーシングするようになる。**国民は、どこに住んでいてもより良いサービスを受けることができ、機能ごとに好きな国を選べるようになる**でしょう」

暗号トークンが購入されるたびに、経済成長のエンジンとしてのボーダーレス国家の基盤が強化されていくことになる。

「仮想通貨は否応なく世界を変えていくでしょう。だからいま行動して、世界に先んじなくてはならないのです」とコリュアスは言う。

しかし、そんな日が来るまでは、人間がたまたま生まれた国に生涯しばりつけられる状態は続く。それをコリュアスは受け入れることができない。彼はこう問いかける。

人間のアイデンティティや機会が、地理的偶然によって決定づけられていいのだろうか?

これは社会的にも政治的にも興味をかき立てられる問いだ。

抑圧的状況下にある民主化運動の活動家が、より友好的な自由主義体制と同盟を結ぶことができたらどうなるだろう?

超インフレにあえぐベネズエラの起業家が安定した経済に参加できたらどうなるだろう?

同性愛カップルが結婚を認めてくれる国を選ぶことができたら何が起こるだろう?

私はコリュアスに、50年先はどうなっていると思うかと尋ねた。

「誰もがいろいろなコミュニティに属すようになっているでしょう」と彼は言う。

「いまでもすでに、グーグルやアマゾン、祭りを取りまとめる近隣のコミュニティに属しているわけですが、それに似ているでしょう。フェイスブックのグループのようなものです。同じ価値観の人がいる好きな所を選んで所属することができるようになっていると思います」

とはいえ、この国境の破壊に向けた歩みは、彼には腹立たしいほどスローだ。

「50年先か200年先かはわかりませんが、いまのような国境はなくなっているはずです。20年前、すでにエストニアにはそれを実現できるテクノロジーがありましたが、いまようやく使い始めているのです。どうも人間は、テクノロジーの短期的影響は過大評価するくせに、長期的な影響は過小評価する傾向があるようです」

プラットフォームを構築せよ

Eエストニアは、ビジネスのルールを無視して巧みに立ち回り、グローバル市場への売り込みを図る街の小さなスタートアップのように見える。Eレジデンシーの成否を判定するのはまだ早いが、各種の数字から言えることは、それが国の財政を強化し、ビジネスエコシステムの流動性を高め、優秀な人材を呼び込み、どんな高額のマーケティングキャンペーンよりも効果的に人口130万の小国を世界に売り込んだということだ。

以下は、ボーダーレス国家をめざすエストニアの最初の4年間から抽出した教訓である。

1 まず文化を築く

ビジネスモデルは後からついてくる。Eレジデンシーの恩恵は、エストニアが一世代かけてデジタル・ファーストの文化を築き、それを受容したことで初めて可能になった。政府機関とのやりとりをすべてデジタルで行うことをデフォルトとしたことによって、エストニアは他の大国が手にできなかった機会を開拓したのである。

2 説得力のあるストーリーを伝える

納税申告の自動化や会計処理の効率化だけでは、Eレジデンシーの魅力を広く伝えるのは難しい。

ノマドワーカーや自由な精神の持ち主を受け入れるボーダーレス国家のストーリーが確立したことで、拡散するパワーを得ることができた。

3 顧客体験を単純化する

エストニアのデジタル行政の基盤となっているXロード・データ交換は、市民と公務員の時間を節約しながらセキュリティと効率性を提供することを前提としている。同じ情報を2回入力させてはならないという「1回限り」のポリシーは、非効率的な官僚組織に対するイライラを解消し、信頼とロイヤルティを高める。納税申告を完全に自動化できたり、スマートフォンで処方箋を利用できるようになれば、人々は満足感が得られるだろう。

4 小さな改良を続けることで魔法を起こす

「駐車料金をスマートフォンで払えるようにデータベースを改良するとか、1分で会社を設立できるようにするとか、地味だけれど大事なことの積み重ねの中にイノベーションが宿っています。政治家は大きなことばかり考えて、ものごとを少しずつ良くしていくことを考えていません」とリナール・ヴィークは言う。

5　失敗から学ぶ

ヴィークは他国政府からの訪問者に話をするとき、あえてベストプラクティスを教えない。ある環境でうまくいっても、別の環境では失敗するかもしれないからだ。何かを学べるとしたら自身の失敗からのみ、というのが彼の持論だ。「政治家たちを、ただイノベーションを論じているだけの居心地のよい場所から引きずり出したいのです。日々のミーティングでは、先週の最大の失敗は何か、そこから何を学んだか、ということを確認したいのです」

6　事前の承認を求めるのではなく、やって失敗したら許しを求める

カスパー・コリュアスは、エストコインの提案が物議を醸すことがわかっていた。もし発表前に中央銀行や閣僚に知らせていたら、完全に差し止められていただろう。アイデアを公表して、その後の議論を踏まえて立場を変えるという手順を踏んだのは賢明だった。

ブラインドスポットを発見せよ

「オートデスク」
誰もやらないことをやり遂げる
ソフトウェア会社

Finland
Estonia
China
India
UAE
Australia
South Africa

PART 9

USA

UK

Peru

帝国軍VS宇宙船ファルコン号

サンフランシスコ湾の波は静かで、街は平和にたたずんでいる。だが、湾を見下ろす摩天楼からアルカトラズ島、トレジャーアイランドへと猛スピードで飛ぶ物体があった。邪悪な帝国軍の攻撃を巧みな8の字飛行でかわす宇宙船ファルコン号だ。乗員を絶体絶命のピンチから守っているのは、小惑星やブラックホールをかいくぐりながら飛ぶ超高速の敏捷性だ。

そのファルコン号の背後にデジタルスクリーンが置かれ、飛び去っていく無数の星が映し出される。人類が黙示録的な宇宙戦争を戦っていることが伝わる映像だ。宇宙船は全長30センチ、３Ｄプリンティングで作られたバルサモデルで、２メートル下の床に置かれた6軸のロボットに固定され、その動きを映画撮影用のＲＥＤカメラが追いかけている。黒と黄色の立入禁止テープがスタッフとロボットを引き離し、黒い遮光カーテンが夕暮れ前のカリフォルニアの陽光を遮っている。

ハリウッドの撮影セットのような光景だが、ここはサンフランシスコ湾のウォーターフロントに建てられた「ピア９」（Pier9）だ。この建物の中に、創業37年のソフトウェア会社、オートデスク（Autodesk）の２５００平方メートルのラボと製作工房がある。その日、ラボの研究員は、映画制作者が産業ロボットをどう使うかを探るために遊んでいた。

オートデスクは、多数のオスカー受賞者が使う視覚効果（ビジュアル・エフェクト）とアニメーションソフトのマヤ（Maya）

を制作しているので、ロボットを使った撮影でそれがどう使われるかに関心がある。

また、映画撮影に求められるスムーズな動きを簡単にプログラミングできるようになれば、産業の世界でもロボットの活躍の幅が飛躍的に広がるだろう。オートデスクのソフトウェアによって、ロボットが主人である人間によりよく奉仕できるようになれば、社会は大きく変わる。

人とロボットのリアルな融合

オートデスクのロボティクス・ラボを率いるのはリサーチ・サイエンティストの**エリン・ブラドナー**だ。今日の撮影に使った宇宙船は、ジョージ・ルーカスが「スターウォーズ」の視覚効果技術を追究するために設立したインダストリアル・ライト&マジックと共同で製作した。

「毎日こんなことをやっているわけじゃないですよ」と、彼女は笑いながら言った。この撮影は、CAD（コンピュータ支援設計）と3D視覚効果の分野で世界をリードするマヤを使った、ロボット制御の実験の一環だと言う。

ロボットの動きをプログラムする標準的な方法は、アームを手動で操作しながら、ティーチペンダントというコントローラーを使って動きの各段階を記憶させるというものだ。それとは違いブラドナーは、マヤに機能を追加して、動作の始点と終点を決めればその間の動きを制御するコードが自動生成されるようにした。2つの条件だけ与えれば、人間が介在しなくても、ロボットは6軸を駆使して円滑かつ迅速に動くことができる。

「ロボットは通常、融通のきかない環境で、あらかじめ決められたタスクを実行するようプログラムされていますが、私たちは比喩的な意味でも物理的な意味でも、フロアに固定された状態からロボットを解き放ち、非構造的環境で非構造的タスクを実行させたいんです」。興奮気味に語るブラドナーの目の前で、宇宙船を操る撮影用ロボットが調和の取れた動きを見せていた。

開始と終了のドローイングを与えれば時間経過に沿った動きを生成してくれるマヤというアニメーションツールを使って、ロボットに直感的な動きをさせることができる。言い換えれば、**アニメーションソフトを目的外用途で使おうとしている**のである。

ブラドナーによると、最終的な目標は、人間とロボットのチームワークを、撮影のためだけでなく製造のためにも使えるものにすることだ。「トヨタにはロボットに仕事を教える専門家がいるそうです。ロボットをプログラムできるのは少数の人だけです。でも、特別な専門知識も秘伝もない普通の人でもロボットを動かせるようになったら、どうなると思います？　そうなった時、ロボットと人間の真のコラボレーションが実現するんじゃないでしょうか」。

「未知の未知」を追究する

それは物理的な世界を構築するためのソフトウェアを製造するオートデスクにとって重要な挑戦だ。建築家やエンジニアは、「オートＣＡＤ」や「レヴィット」を使って設計し、モデリングし、構築する。産業機器メーカーは「フュージョン３６０」や「オートデスク・インベンター」を使って試作品の製作と大量生産を行う。

インフラのプロバイダーは、「シビル3D」や「インフラ・ワークス」を利用している。さらにオートデスクには、デジタルプロトタイピングや射出成形シミュレーションのための製品があり、趣味の工作者やアマチュアメーカーのための製品があり、先ほど紹介した映画のレンダリングと視覚効果のための製品もある。

同社のパンフレットには、「車を運転し、高層ビルを眺め、スマートフォンを使い、映画を見たことがある方は、弊社のソフトを使う何百万ものお客様が創造したものを体験されているのです」と書かれている。

オートデスクは、コンピューティング環境がメインフレームからデスクトップPCへと転換しつつあった1982年に生まれた300億ドル企業だ。いま、クラウドサービス、AI、および分散型ネットワークへの転換の嵐の中で、古いルールが意味を失いつつあることを察知し、新たな役割を模索している。箱に入れたソフトウェアを売るレガシービジネスから脱却し、製造プロセスを迅速に実行できるイネーブラーを提供する会社になる必要がある。

そのためには、ナノファクトリーをデザインし、DNAを書き、ロボットを動かすクライアントに必要とされる存在にならなければならない。次に来るものがなんであれ、そのニーズに応えなければならないのだ。

その課題に対するオートデスクの答えは、「未知の未知」を探究し続けることだ。2006年から

12年間にわたりCTO（最高技術責任者）を務め、最近同社を離れたジェフ・コワルスキーの言葉を借りれば、「ブラインドスポット（死角）を見つける」ということである。

そのために同社は、重点的かつ一貫した投資を行っている。近年の総収入が15～20億ドルで推移しているのに対し、研究開発費（R&D）は通常7億～7億5000万ドルと高い割合を占める。

コワルスキーにとって、R&Dは「リスクと決定論（デターミニズム）」を意味する。会社の大部分は株主を喜ばせるという決定論的な目標を追求しているが、CTOである自分のチームの仕事は機械学習、材料科学やライフサイエンス、デジタル製造、アーティストとの交流など、**自社の知識が追いついていない場所での長期的かつハイリスクな実験にリソースを投入すること**だと考えている。

コワルスキーと私はビールを飲みながら話した。「あなたと私は、それほど違う仕事をしているわけじゃないと思いますよ。二人とも**外に出て、探し、人と話し、物事をつなぎ合わせる。**私のチームは科学を駆使してプロトタイプを作り、顧客に使ってもらい、フィードバックを受け止めてさらに探究するのが仕事です。オートデスクは、既知のリソースを使用した既知の製品を出荷することに長けています。それだけですむなら、いつまででも存続できるでしょう。問題は、今後この会社は何を生み出せばよいのかということです」。

まさに、私がピア9を取材する目的もそこにあった。ここにはロボティクス・ラボだけではなく、マイクロファクトリー、先進的製作ラボ、3Dプリント・スタジオの「インストラクタブルズ」(ユーザーのDIYプロジェクトを集めたウェブサイト)の実地トレーニングコース、レジデント・アーティストの仕事場があり、デジタル製造の世界を押し広げる多様なタレント集団がいる。

私はデザイナーの**ミッキー・マクメイナス**の案内で見学ツアーを楽しんだ。マクメイナスは目覚ましい成果を上げている知的好奇心旺盛なデザイナーで、10件の特許を持ち、『トリリオンズ――情報エコロジーの出現』(Trillions: Thriving in The Emerging Information Ecology)という本の共著者だ。「オートデスク・フェロー」として経営陣に刺激を与える非常勤の役職に就いている。

マクメイナスは早口で、思慮深く、追いつくのに一苦労するような根本的概念を連発する。巨大な金属切断ウォータージェットやレーザーカッター、エレクトロニクス・ラボのそばを通り過ぎながら、AIを活用したマイクロファクトリーという実験的取り組みについて説明してくれた。

「あっと言う間に姿を変えて、明日になったら何を作っているのかわからないようなファクトリーです。夜の間に、ファクトリー自体が需要に応じた新製品を作る方法をクラウドを通じて学習し、午前中に自分で自分を変身させたら凄いと思いませんか?」

マクメイナスはロボット・アーム群を私に示した。学習能力があり、積み上げられた個体(ブリック)を取り扱い、**アセンブリ言語をクラウドからダウンロードしてLEGOで超高層ビルを作ることができるアーム**だ。ピア9にはオートデスクに招待されて活動している12人のレジデント・アーティストがいるが、そのうちの数人に話を聞いた。

「古典彫刻を学習したコンピュータから生まれる彫刻」に取り組んでいる人、自由造形のストリング構造のコーディングをしている人もいる。「彼らがわが社のツールをどう使っているかを観察するのが、R&DのうちのR(リスク)の部分です。未来を予測することはできないけれど、彼らとともに模索することならできますから」とマクメイナスは言う。

マクメイナスは、AIが大学に取って代わる方法を考えている。「大学は、同じことを40年間続けさせるための教育しかやっていません。一方、2050年の世界の人口は100億人、その4分の3が都市に住むと言われています。その都市は、これから新興国で生まれるか、そうでなければあちこち手直しが必要な既存の都市ということになります。

私たちの顧客は、都市をはじめとする現実世界の建設に携わっているわけですが、そのために必要なスキルを有する人手が圧倒的に足りなくて苦労しています。体よく誂(あつら)えられた学位には、必要な知識がほとんど含まれていないのです」

彼にはその状況を打開する答えがある。継続的フィードバックに立脚した学習プロセスとして教育を再構築することである。**AIが個々の労働者のスキルをモニターし、その人が持っているスキルに合わせて個別化された訓練を施すことで、ロボットと協力して効果的に働けるようにする**というものだ。

彼はそれをジェネレイティブ・ラーニング(生成的学習)と呼んでおり、明日の仕事に必要な技能訓練ができるだけでなく、オートデスク製品は高度すぎると二の足を踏んでいる顧客の不安も解消できると考えている。ビジネスにはその観点も重要だ。

「究極的には、何があれば懐疑心が好奇心に変わるか、さらに好奇心が行動に変わるか、それをいつも考えています」とマクメイナスは言う。「新しいテクノロジーの登場は待ったなしです。顧客にはわが社の製品を使い続け、支払い続けてもらわなくてはならないのです」

背水の陣としての破壊的創造

マクメイナスの抽象的な表現から、オートデスクが未来を先取りすることに強い執着心を持つソフトウェア企業であるとわかる。私がそれを最初に感じたのは、2012年にシンギュラリティ・ユニバーシティという未来に備えるためのシリコンバレーのシンクタンクで一週間過ごしたときのことだ。そこでは、オートデスクの上級幹部が「指数関数的成長」が期待できる新興企業のメンター役を務めたり、ゲストスピーカーとして合成生物学などのデザイン手法について講演していた。

さらに、バンクーバーとエジンバラで毎年開催されるTEDカンファレンスでも、常にオートデスクのチームと遭遇した。彼らは自己集合性建材など最新の「メーカー・テクノロジー」を紹介したり、デザイン思考のワークショップを開いたりしていた。そのたびに私は、彼らが参加しているのはPRのためではなく純粋な好奇心からだと感じた。

しかし、現実離れしたAI教育のために資金を無駄づかいしていることにはならないのだろうか。

上場企業として、株主にそれをどう説明するのだろうか。オートデスクはラスベガスのベネチアンホテルに1万人を集め、ワークショップとプレゼンテーションから成る3日間の有料コースを開催している。私はそこでCEOの**アンドリュー・アナグノスト**に取材した。

彼は講演で「何かをつくりたければ、まず何かを壊さなければならない」という自身の哲学を語り、その中でスペイン人の征服者エルナン・コルテスに触れた。コルテスは1519年、メキシコ征服に向かう際に、部下に命じて乗ってきた船を沈めさせ、背水の陣を敷いたとされる。

彼はまた、再利用可能なロケットの製造に社運を賭けたイーロン・マスクのスペースXの決断にも言及した。「元に戻れないコミットメントを宣言することによって、やるしかないと部下に覚悟を決めさせるのです」と彼は壇上から熱く語った。オートデスクにとって後戻りできない取り組みとは、彼によれば、ソフトウェア企業からAIを駆使したサブスクリプション企業への移行を果たしながら、顧客が新しい次元でものづくりを推進するのを助けることである。

ステージから降りた後、彼は私にこう言った。

「まだ顧客が求めていないこと、しかしやがて顧客が求めるとわかっていることを断行するには、相当な規律が必要です。しばらくの間、損益の数字は完全に逆転することも覚悟しなくてはならない。しかし、これをしなければ滅ぶのです。並大抵の努力ではできないことなので、実行できない会社が多いのも理解できます」

「三兎」を同時に追う成長戦略

アナグノストは2017年6月にCEOに就任した、オートデスク勤務歴21年のベテランだが、「スリー・ホライゾン・モデル」というイノベーション戦略を信奉している。1999年に出版された『成長の錬金術』（*The Alchemy of Growth*）でマッキンゼーが紹介した戦略だ。

ごく簡単に説明すると、ホライゾン1（H1）は**現在のコア事業の維持**、ホライゾン2（H2）は**潜在的重要性のある新事業の育成**、ホライゾン3（H3）は**リスク含みの投機的新事業の構想**のことで、**成長を続けたければ、3つ同時に取り組まなくてはならないという考え方**だ。

「わが社の最大の利点は、複数の実験的取り組みを行い、そのいくつかを主流に引き上げることができるメカニズムを持っていることです」とアナグノストは説明する。ピア9も、元はといえば失敗した取り組みの1つから生まれたものだ。

自社スタッフがオートデスクのツールを使って物を作ることと、顧客企業による3Dプリンティングやその他の技術の一般公開を目的としてユニットが立ち上げられたが、成果が得られず解体された。そのスペースを使って、よりプロフェッショナルなワークフローの実験を続け、映画制作者がロボットで遊べる場として開放されたのがピア9である。

映画セットは、ここで進行中の数ある実験の1つにすぎない。ほかにも、バーチャルリアリティを使ったロボットのプログラミングや、小規模な製造工程のためのカスタマイズ可能な生産ラインなどの実験を行っている。実験は何も生まないかもしれないし、収益性の高い新しいソフトウェアの開発につながるかもしれない。

エンジニアリング企業に不可欠なのは「哲学」

1993年にオートデスクに入社したCTOのジェフ・コワルスキーは、緊張を楽しむように、眼光鋭く意識を複数の方向に向けている。

「建設会社はDNAを理解する必要がある」と言ったかと思えば「スケートボードパークは駐車場の代用品である」とか「コンピューターはデザイナーを決して支援しない」などと話す。そんな物言いをセールスチームが面白くないと感じても意に介さない。

「社内に抵抗があるということは、私たちが自分の仕事をしている証拠だからね。緊張関係は常にあるけど、いい意味の自己満足で乗り越える必要がある。『**未来を予測する最善の方法は、それを創造することだ**』という〝PCの父〟アラン・ケイの言葉が大好きなんだ」

コワルスキーの役割についてCEOのアナグノストが言及した。「次に来るのはこれだというジェフの予想にすべて同意するか、ですか？　それはノーです」。しかし、疑問をぶつけてくるコワルスキーのやり方が組織に緊張感を与え、現状維持思考をゆさぶってくれることを評価している。オートデスクがスリー・ホライズン・モデルを実行できるのもそのおかげだと言う。

「かなりストレッチした場合は、予算の10％をH3に投入します。5％未満では心配です。外の世界を見て奇抜な考えで遊ぶためには、たまには法外な賭けをする必要があるんです。ジェフは哲学者で、**何かに没頭するためにはしばしば哲学が必要です。エンジニアしかいない会社は、優秀なエンジニアリング企業にはなれても、時代に求められる企業にはなれません**」

自然界の法則をデジタルに応用する

H3で取り組んだ探究が有望だとわかれば、ただちにH2に移行して市場化をめざすケースもある。そんなわくわくするような一例が、進化生物学からアイデアを拝借したジェネレーティブ・デザイン（コンピュータに一定の設計仕様を入力すれば、その制約に応じた設計案が自動生成される）という新技術だ。

自然界は生命を取り込んで、環境により良く適合させるために調整を繰り返す。**ならば人間もプロジェクトをクラウド上のコンピュータに取り込み、あらゆる順列組み合わせを試させればよいという発想**だ。機械学習アルゴリズムにデザイナーの仕事をさせることで、ソフトウェアが対象（オブジェクト）を生きた複雑なシステムに変え、プログラムされた最終成果と制約条件の下で無限の調整を繰り返してくれるのである。

ジェネレーティブ・デザインによって、クライアントは不可能だったことができるようになった。

エアバスはこの手法で、航空機の客室と調理室を分離する生体工学パーテーションを作った。3Dプリントされたパーテーションは、生物がもつ有機細胞構造を模倣し、頑丈だが従来品より45％軽い。エアバスは、すべてのA320航空機で自動生成的な手法を使えば、燃料と材料の節約によってCO_2の排出を年間46万5000トン削減できると推定している。

GM（ゼネラルモーターズ）も部品の軽量化のためにジェネレーティブ・デザインを活用している。

GMは、オートデスクのソフトウェアによって、従来より40％軽く、20％頑丈なシートベルトブラケットを設計できた。8つの部品を組み合わせて作られていたものを3Dプリンティングで一体成形することができ、溶接費用も節約できる。

スポーツウェアのアンダーアーマーは、樹木の根から発想した軽量のUAアーキテック・トレーニングシューズを開発した。その結果、つま先は柔軟だが踵は硬い格子構造のミッドソールを3Dプリントすることができるようになった。

ジェネレーティブ・デザインの応用の可能性は膨大だ。すでに医療用インプラント、超高層ビル、アームチェアのデザインに使われ、いずれの場合もデザイナーが設定した重量、サイズ、コスト、強度、スタイル、素材、その他もろもろの制約条件を満たす設計をソフトウェアが行ってくれる。

オートデスク自身もそれを、トロントにある自社オフィスの設計に使った。スタッフの働き方の好みを調べ、建物のサイズや設計基準などのハード面の制約を組み合わせたのだ。中から外への視野を最大化し、注意を散漫にする要素を最小化し、人間関係を優先するという条件に基づいて1万のレイアウト案をソフトが生成した。次に、これらの案を適切にソートし、トレードオフを管理しながら、スタッフの評価点を集計するアルゴリズムを走らせて最終案へと絞り込んだ。

オートデスクは、3D製品の作成やプリントのためのオンラインツールであるフュージョン360やネットファブ（Netfabb）などの製品にジェネレーティブデザインを取り入れて、この新しい分野をリードしてきた。

スペシャリスト集団の買収

しかし、コワルスキーがジェネリックデザインの「無限の表現可能性」と呼ぶものを追求するH3プロジェクトは、「ドリームキャッチャー」の名前で2014年に始まったばかりだ。

計算科学とデザイン研究の合同チームに、機械学習、機械工学、数理最適化、材料科学、構造力学、顧客体験、ソフトウェア開発などの専門家が参集した。それにさらに弾みをつけたのが、ウイズイン・テクノロジーズやNEiソフトウェアなど、3Dプリンティングやシミュレーション・ソフトウェアに特化したスタートアップの買収であった。

そのベースには、「デザイン・グラフ」と呼ばれる別のプロジェクトの存在もある。それはシステムに数百万の3Dモデルを読み込ませ、それによってたとえば椅子、ギア、航空機の翼などの本質を理解しようという実験だ。

物体を構成する要素（エレメント）や部品（コンポーネント）を分類し、どう関連し合っているかを識別し、役割を学習するアルゴリズムが働くことで、初期条件として設定された制約の下でシステムが数千パターンの構造を提案するというものだ。これによりハーマンミラー社の椅子を52％軽量化したり、チタン製人工脊椎を26％軽量化するといった効果が得られた。

コワルスキーの考えが正しければ、創業37年のソフトウェア・スタートアップは、今後も時代のニーズに応える企業であり続けることができるだろう。

プログラマー集団の組織文化

オートデスクは、企業規模を数十億ドルに拡大しようとか、市場を支配しようとか考えたことはない。出発点は、各自がこだわりを追求するソフトウェア・プログラマーのゆるやかな集団だった。

マイク・リドルが1977年に空き時間を使ってCADプログラムを書き始めたとき、彼のS100コンピュータに積まれていた16ビット・プロセッサはごく基本的なことしかできず、利用可能なメモリも48Kと非常に限られていたので、大きなメモリボードが利用可能になる空き時間を待ちながら、プログラムの断片を組み立てなければならなかった。

だがリドルは、半導体の能力は2年ごとに2倍になるというムーアの法則を強く信じていたので、遠からず強力なマイクロコンピュータが登場することを疑っていなかった。オートCADの前身である「インターアクト」（Interact）というソフトを開発し、1979年にリリースしたとき、30社の顧客を獲得するのに時間はかからなかった。

顧客第1号は、海底油田の掘削装置設計のために飛びついたカリフォルニア州の石油会社、アトランティック・リッチフィールドだった。

リドルはカリフォルニアの中学校時代に初歩的コンポーネントでコンピュータを自作したホビイストであり、頑固一徹の人だった。たとえば**彼は弁護士が嫌いで、1981年にオートCADの権利を8000ドルで買いたいというオファーがあったとき、自分で交渉することにこだわった。**

1万5000ドルというカウンターオファーは通らなかったが、プログラム販売1本当り1ドルと、将来の収益10％という条件で非独占的ライセンス契約を結ぶことに成功した。買ったのは**ジョン・ウォーカー**で、彼が経営する「マリンチップ・システムズ」（Marinchip Systems）は、かつてリドルが自作コンピュータに使った回路基板のメーカーだった。

契約が成立した1981年後半、ウォーカーはカリフォルニア州ミルバレーの自宅にプログラマーの友人たちを招き、権利を取得したソフトウェアを改良して共同で販売しないかと持ちかけた。翌82年、18人の共同創設者が出し合った5万9000ドルで「マリン・ソフトウェア・パートナーズ」が設立された。それが後に社名を変更して「オートデスク」となったのである。

危機の原因は成功しすぎたこと

オートデスクは同年11月に開催されたCOMDEXコンピューティング・トレードショーでオートCADを発表し、翌年1000本以上を販売した。1983年度に1万5000ドルだった総収入は翌84年には100万ドルを超えた。だが、この成功により、こだわりのプログラマー集団は突如、会社としての成長をめざさなくてはならなくなった。

1983年6月21日、CEOのウォーカーは、オートデスクは60日以内に廃業を余儀なくされるかもしれない、と共同出資者に警告した。皮肉なことに、その原因はオートCADの予想外の成功にあった。

「当社は深刻な事態に直面しています。会社は過剰な負荷のせいで潰れかけています。注文電話に対応しきれず、一貫した広告キャンペーンを打つこともできません。カスタマーサポート部署もありません。ビジネスプランなど、非公式なものさえ存在しません。部門ごとの予算もないので、整合性のある支出や人材採用など望むべくもありません。経営陣には人を雇う際にストックオプションを与える権限も与えられていません……このままでは悲惨な事態になるでしょう」と彼は書いている。

彼は共同出資した仲間たちに、突然の需要増に対応するために、コーディングのためであれ事業計画の立案のためであれ、持てる時間とスキルを提供してほしいと要請した。

その呼びかけは功を奏し、会社は体制を整えることができ、オートCADを1984年には1万本、その翌年には2万5000本販売した。ウォーカーが緊急要請を行った時点で約20万ドルだった企業価値は、4年後には5億ドル、1991年には14億ドルに拡大した。

トップの危機意識を吐露した44ページのメモ

だがウォーカーは、自己満足に陥って将来の備えができていない会社に再び警告を発する必要を感じた。それこそ、いまでもオートデスクが持ち続けている危機感の表れに他ならない。

1991年4月1日、彼は上級管理職に向けて44ページものメモを書き、**「拡大した企業の大半は、自らが生み出した技術進歩や需要変化に適応できずに消滅する」**と警鐘を鳴らした。

それは単刀直入なメモであり、オートCADは高価で、開発が遅れていて、急成長中のマイクロソフトのウィンドウズOSを過小評価していて、ディーラーを無視していると自己批判した。ウォーカーはこう書いている。

「企業は、業界が要求する速度で変わり続けることをやめると、たちまち社会から取り残される。顧客はもっと都合よくニーズを満たす競合他社の製品に乗り換える。シェアも売上も収益も減少し、〝これまで通りやっているのになぜだ?〟とうろたえることになる。わが社には次世代のPC業界をリードするための必要条件が備わっているが、官僚主義と根拠のない警戒心のせいで麻痺し、オートCADを成功に導いた迅速で即応性のある製品開発や積極的なマーケティングとプロモーションが鈍っている」

彼は会社組織の再編、新しい価格戦略、より良いウィンドウズ対応、直接のカスタマーサポート、そして新しいCAD製品への優先的な取り組みなどの施策を訴えた。メモの内容はすぐに全社に浸透した。このようにしてウォーカーは、オートデスクのブラインドスポットに対処すべく真剣に取り組んだのである。

そのころオートCADは年間2億ドル以上を売り上げていた。メモを発表した9カ月後、オートデスクはついにマイク・リドルからオートCADの権利を買い取った。かつてリドルが提示した1万5000ドルを高すぎると断ったウォーカーだが、1187万5000ドルを支払うことに同意した。

トップ直属の自律した特殊部隊

オートデスク製品の顧客がおよそ10人、イーゼルに掛けられたフリップチャートを囲んで立ち、ポスト・イットに思い思いの言葉を書き込んで貼り付けていく。「絶対に立ち止まらない」「ブロックチェーンを使った契約」「スペアパーツのスポティファイ」、「シミュレーションのためのゲーミング技術」、「スタートアップの考え方」といった言葉が読み取れる。

これはロンドンの倉庫跡を利用した会場で開催された、オートデスク・ユニバーシティの一コマだ。戦略的イノベーション担当ディレクターの**モーリス・コンティ**は、「クレイジーな世界でイノベーションを起こす方法」と題する講演を行った。

ジェフ・コワルスキーが「アプライド・リサーチ・ラボ」を立ち上げるために2010年に雇ったのがコンティで、その3年後にピア9がオープンしている。

コンティは講演でこう話した。

「1年前、私たちはパリから来た2人のアーティストと仕事をしました。彼らは、大きな産業用ロボットで足にタトゥーを入れたいと言いました。やってみようということになりました。どうすればそんなことが安全にできるかを模索する中で、アルゴリズムのリアルタイム化の研究が始まったのです。**ラボでクールなことを行うのがイノベーションではありません。現実社会で実現できないものはイノベーションではないのです**」

講演の後で、私はコンティに、オートデスクでのあなたの役割は何だったのかと尋ねた。それは彼がオートデスクを離れ、バルセロナにあるテレフォニカのムーンショット・ファクトリーであるアルファ（Alpha）にCIO（チーフ・イノベーション・オフィサー）として赴任する直前だった。

「ジェフから言われたのはただ一言、〝この会社のブラインドスポットを見つけてほしい〟でした。なので、完全に勝手にやらせてもらいました。誰からも、ああしろこうしろと言われたことはない。折にふれて経営陣に〝こういう理由で、こういうことをしている〟という報告はしましたが。信頼してもらっていたので、確認を求められることは稀で、指示されることは皆無でした。イノベーションを起こしたければ、これは重要な条件です。**イノベーション戦略なんか立てても絶対に計画通りに行きませんから**」

コンティのラボには当初、4人のスタッフと2人の業務委託者がいたが、予算はゼロだった。資金を調達するために、社内の他部門の製品マネジャーに頼み込まなくてはならなかった。「いい訓練になりました。金を出してほしいと頼む相手に、やっていることを売り込めないようなら、どの道うまくいきません」

お金は製品開発予算から回ってくることもあったが、たいていはマーケティング予算から振り向けられた。マーケティング部門は、未来の製品の潜在的な価値に加えて、コンティのラボが生み出すストーリーに価値を認めた。

「CTOのオフィスにいる100人のチームが、オートデスク全体のメディアカバレッジの約50%を占めています。**素晴らしいストーリーにはお金がついてくる**ということです」

ラボは成長するにつれて、オートデスクの〝特殊部隊〟の様相を呈し始めた。それはトップ直轄、小さくて高性能な多様性のあるチームで、あらゆるミッションに対応する。ラボ自身が必要と判断すれば、誰の許可がなくても自由に行動することが許されている。

その役割を一言で言えば、開発中の新しいテクノロジーが、望ましいものか（＝将来の顧客にとって）、実現可能か（＝オートデスクの製品内で構築できるか）、そして実行可能か（＝ビジネス・ラインを構成できるか）を判断することだ。

「チームの多様性は非常に重要です。女性が50%を占めていますが、テック系組織ではなかなか実現できない割合でしょう。趣味も多様です。専門的にも、何か1つしかできないという者はいません。

機械エンジニアは機械学習を扱えるし、電気エンジニアはロボットのことがわかっています」

そして、中央からの指示を受けないので、企業にありがちな社内政治に煩わされることもない。

「今すぐ役に立つもの」が重宝される時代の終わり

「私がやっていたことは、〝馬鹿なことはするなよ〟とチームに言って回ることです。スタッフが無意味なことを追求するのはリスク要因になりますから。われわれのチームは会社の時間と金を無駄にしていないということを経営者に伝えて、安心させる必要があるのです」と、コンティは言う。

コンティのチームは社内向けのサイエンス・フェアを開催することもある。研究員がブースを出し、足を止めた同僚と話をする機会となる。経営幹部を対象に解説付き特別見学会を行うこともある。

「2週間前にもやりました。上層部の全員がピア9で作業中のものを見て歩きました。バーチャル・リアリティのゴーグルを着けてもらったり、アイデアを聞いてもらったり。**パワーポイントは使いません。ロボットの話をしたければ、そこにロボットがあるんだから。**この見学会で実験中のプロジェクトをリアルに受け止めてもらえます。全員がプロジェクトのことを理解して、ちょっと元気になって帰って行きます」

コンティに、あなたのチームがオートデスクにもたらした成果は何かと尋ねた。彼は少し考えてから答えた。「最終的に製品になる製品を見極め、将来のトレンドを提示できました。でも、いちばん大きいのは組織文化に与えた影響でしょうね。リスクを取ってプロトタイプを作ることは全然OKだと言い続けました。最初は、〝あいつらは変人だ、クールなものを作っていると言うが役に立たない〟と囁かれたものです」。

「いまでは、間接的にですが、他部門でも多くのチームが同じように行動しています。私たちがつくったのはコミュニティです。新技術に興味がある人は、ピア9に来れば、スタッフが世界をリードする専門家と話をつないでくれます。このアクセスが貴重なのです。グーグルのXと違って、私たちは門戸を閉ざしていません。去年は2万人の来場者がありました」

ピア9は、未来を探求するためにオートデスクが設けた世界的ネットワークの拠点だ。トロントの新事務所にもラボがある。ボストンのスタジオは設計、建設、エンジニアリングに焦点を絞って活動している。英国のバーミンガムには先進的な製造施設がある。

強力なストーリーを提示できなければ消滅する

だが、将来を見据えて腰の据わった投資をするオートデスクでも、説得力のあるストーリーを追求しきれないことがある。

同社はしばらくの間、ナノスケールで生物を作るソフトウェアの開発という野心的な目標を掲げ、「バイオ・ナノ・プログラマブル・マター」という研究グループを持っていた。

2014年、ピア9の上級研究員の**アンドリュー・エセル**は、3Dプリンティングによって合成Phi－X174バクテリオファージと呼ばれるウイルスを1000ドル未満のコストで作ることに成功したと発表した。バクテリオファージは大腸菌を攻撃するように設計されていたが、エセルのもっと大きな目的は癌と戦うために合成ウイルスを設計することだった。

この研究グループはすでに、医療研究会社オーガノボとの間で、人間の三次元細胞組織、さらにその先のバイオプリントによる臓器を設計するためのパートナーシップを結んだことを発表していた。コワルスキーも、合成生物学は3Dプリンティングより大きなチャンスをオートデスクにもたらすかもしれない、と興奮気味にメディアに語ったほどだ。

しかし、オートデスクはどうやらこの壮大な野心から手を引いたようだ。エセルは任務が終了した2018年2月に退社し、チームはより商業的なライフサイエンス部門に統合されて、「次世代型生物学的設計のためのクラウド・プラットフォーム構築」に取り組むことになった。

分子データの視覚化ツールと、遺伝子配列をコードするソフトウェアという2つのプロジェクトが与えられたが、さほど根本的(ラディカル)なものではなく、2018年7月にグループは解散した。

いまエセルはヒューメイン・ゲノミクスという会社を経営し、ウィルスを使った癌治療を開発すべく、イヌを使った研究に着手している。かつて籍を置いたオートデスクについては、初期段階の研究に気前よく資金を出す会社だと言い、「大胆な実験をやろうとしている会社です」と評価する。

「弱点は、そうした探究に一貫性を与える戦略的アプローチに乏しい点です。言い換えれば、**研究のやりっぱなしで、フォロースルーが行われない**ことがあるということです」

サブスクリプションは「市場」を変える

その後、アナグノストCEOとコワルスキーCTOは、ソフトウェアのライセンシング モデルが崩壊したときに備えて、持続可能な新しいビジネスモデルを構築する緊急課題に取り組んだ。

オートデスクの設立当初、顧客は箱に入ったソフトウェア・ディスクを買った。いまはオンラインでソフトウェアにアクセスしたいと思っている。そのため、同社はサブスクリプション・モデルに積極的に移行しつつある。

それは、何に対して課金するのかを試す実験でもある。行った設計の複雑さに応じて課金するという考えも、使用した時間に応じて課金するという考えもあり得る。「いま、わが社が売っているのはソフトウェアそのものではない。**サブスクリプションは結果を売るのです。** クラウドがすべてのソフトウェア企業をサブスクリプション企業に変え、機械学習によって、すべてのサブスクリプション企業は顧客が使った分だけ課金するようになりつつあります」とアナグノストは言う。

たとえば、顧客が美しい写実的な3Dレンダリングを作成したいと考えた場合、オートデスクは条件設定の細かささに応じて使える「クラウドクレジット」を販売することができるかもしれない。「ジェネレーティブ・デザインも同じことです。デザインの複雑さとは関係なく、条件設定に使われた制約の数に基づいて請求する。これはソフトウェア課金に対する新しいアプローチです。ジェネレーティブ・デザインの価値は、ユーザーがボタンを押すたびに請求するような性質のものではありません。**他のソフトを使っていたら競争に勝てないとクライアントが思ってくれるという事実が価値になる**ということではないでしょうか」

使用量ベースで請求するサブスクリプション方式への移行を果たすためには、厳しいリストラが必要だった。従業員数は2年足らずの間に9200人から7200人に削減された。だが株主にとっては納得できる結果が出た。

2018年度のサブスクリプション契約数は5分の1増えて372万件に達し、リカーリング収益（毎年継続して得る収益）は4分の1増えて20億5000万ドルに達した。株価も急上昇した。

破壊しなければ生き残れない

しかしアナグノストは、オートデスクの旅はまだ始まってさえいないことを知っている。「私たちはまだ、昔ながらのデザイン・ソフトウェア企業と見なされています。しかし、デザイン・アンド・製造企業と見なされるようにならなければ存続できません」。

そのためには、競合他社が奇矯すぎるとして却下しそうな研究にも投資しなければならない。「わが社と競合するダッソー・システムズは、われわれがクラウドと3Dプリンティングを使って行っているすべてのことを文字通り狂気の沙汰と考えました。さまざまな場で、自分たちの顧客はそんなものを求めていないと言っていました。私の予想では、わが社は5～10年の間に彼らのビジネスを奪うでしょう。私たちが会社の思考方法を変えたからです」

つい最近まで、オートデスクは最も人気のあるオートCADのパッケージ販売で、ほぼすべての収益を得ていた。しかし、いまはクラウドベースのサブスクリプション企業であり、AI、ジェネレーティブ・デザイン、合成生物学、セルフプログラミング・ロボット、バーチャルリアリティ・デザイン……その他何であれ、ブラインドスポットで見つけたものに未来を賭ける経営を行っている。

「会社を存続させたければ、いったん会社を壊さなければならない」と言いながら、アナグノストはラスベガスのホテルの豪華なテーブルを叩いた。

「〝コア事業はそのままにして、いつかそれに取って代わりそうな新規事業を買収しよう〟と考える人がいます。申し訳ないが、そんな悠長な考えでやっていける時代ではない。自分で自分のビジネスを呑み込んでいく勇気がない組織は、代わりに誰かに呑み込まれるでしょう」

ブラインドスポットを発見せよ

オートデスクは、クラウドとＡＩと分散型ネットワークによって顧客ニーズが変わる環境の下で、存続に関わる実存的な課題に直面している。

意味のある存在であり続けるために研究に多大な投資を行うのは、もちろんオートデスクだけではない。マイクロソフトの研究ユニットは、インドのバンガロールや英国のケンブリッジにラボを建設した。ＩＢＭはマサチューセッツ工科大学のＡＩ研究所に投資した。フェイスブックでさえデータビジネス中心のスタートアップ・インキュベーターをパリで立ち上げている。

しかし、オートデスクの探究の方法は、比較的気前のよい予算と企業中枢部からの支援という２つの点で、珍しい。そして、それは確実に利益をもたらしているように見受けられる。

― 現在の収入のうちどの程度を「何からも拘束されない新技術の探究」に投資するかを考える

ビジネスモデルがテクノロジーに依存している企業であっても、必要な水準の研究開発投資を行っているところは少ない。

2 **将来有望なビジネスを探る研究は、いま向き合っているビジネスと切り離された場所で行う**

10年後に何を市場に投入する準備をすべきか・すべきでないかを決めるに当たって、現在の収益を生んでいるビジネスの意思決定権者に評価させるのはリスクが高すぎる。

3 **将来を見据えた探究の中心には、強いストーリーテリングがなくてはならない**

「ストーリーによって、リスクが潜んでいるブラインドスポットを見つけ、リスクを軽減し、未来を現在に引き寄せることができるのです」とジェフ・コワルスキーは言っている。

4 **外部への投資とスタートアップの買収によって、社内チームによる探究が加速する可能性がある**

オートデスクがジェネレーティブ・デザインの商品化に成功したのは、ロンドンのソフトウェアハウスであるウイズイン・テクノロジーズを850万ドルで買収したことに端を発している。

5 **プロトタイプを制作し、実験を繰り返す**

実験は実際に製品をつくるチームの手で行うよう、プロセスを変更することも必要である。

6 アーティストや業界専門家を招聘して自社の前提を問い直す

オートデスクではそのような人々を「フェロー」と呼んでいる。組織の自己満足を打ち壊し、危機回避の緊急行動を促してくれる存在である。

7 現在のすべての前提が崩れ去る事態に備える

ジェフ・コワルスキーは、未来学者の故アルヴィン・トフラーを好んで引用する。「21世紀において識字能力を欠く人とは、読み書きができない人ではなく、学べず、学んだことを捨てられず、そして学び直しができない人である」

データを収益に変えよ

「郵楽」
中国全土を市場化した小売ネットワーク

Finland
Estonia
China
UAE
India
Australia
South Africa

PART 10

中国の村の商店のデジタル化

婁文（ロウ・ウェン）は働き者だ。朝の5時から夜10時まで、1年365日、日曜も祝日も休まずに働く。浙江省（せっこう）杭州（こうしゅう）市から西へ車で2時間ほど走ったところにある村の食料雑貨店が、45歳の女店主の仕事場だ。

雑然としたカウンターで、売り物の卵が傷んでいないか確認しながら、中国最大の祝日である春節（旧正月）も夫と二人で店を開けている。洗剤を手に持った高齢の客が、店に西洋人の記者がいるのを不思議そうに見ていた。

「休んでなんかいられません。春節は客も多く、すごく忙しいんだから」

婁文はここ下抱村（シャバオ）で生まれ育った。水田と龍井茶（ロンジン）の畑に囲まれた人口約1000人の村だ。村のはずれには地元で穫れたメロンやりんごを売る露店が並んでいる。彼女は21年間この店を切り盛りし、店の2階に農夫である夫、21歳の息子、義理の父と住んでいる。

「店を始めたころは、けっこう繁盛しました。買い物のためにわざわざ町に出かける人はいなかったから。でも、2014年頃からEコマースの淘宝網（タオバオ）のせいで客足が鈍ってきた。みんなネットで物を買うようになったから。それからスマートフォンが登場し、いよいよ店で物を買う人が少なくなった。

店にやってくるのは年寄りだけになって、インターネットのせいで店が続けられなくなると思いましたよ」

そんな矢先の2015年7月、地元の郵便配達員がやってきて、婁文の簡素な店を「データを駆使して顧客のニーズにリアルタイムで対応する、グローバルなEコマースネットワークのハブに変身させないか」と持ちかけたのだ。

POSスキャナー、レシートプリンター、デジタル秤（はかり）をASUSの新型ラップトップに繋ぎ、ルーターやレジや固定電話のそばに設置した。そんなデジタル機器を西洋煙草と中国煙草の陳列棚が見下ろしている。いまでは、客がジュースや石鹸を買うたびに中央のデータベースに記録され、次の買い物で使えるポイントが会員カードに貯まっていく。

店の壁にはサンヨーの42インチ・テレビが掛けられ、婁文が店のために管理しているウィチャット（微信）グループのやりとりが表示されている。私が画面をのぞいたときは、10人まとまれば割安マッサージを提供するというオファーや、郵便配達員が翌朝までに店に届けることのできるラテックス枕と有機鴨の卵の値段が表示されていた。注文の品が店に届いたら、婁文はウィチャットで客に知らせる。暑い日には客の家まで配達することもある。

店のシェードには「中国郵政」（チャイナポスト）のロゴが印刷され、赤い電光看板には「郵楽（ヨウラ）」のロゴとそのウェブアドレス「ule.com」が表示されている。郵楽は「ハッピー・ポスト」とでも訳せるだろうか。この2つのロゴこそ、村の店を巻き込み、データの力を活用して中国の小売流通を一新しようとする野心的実験の主役を示すものだ。

オフラインビジネスのデータ活用という革命

郵楽は、中国全土の農村を新たな収益源とするために中国郵政が設立した、急成長中のEコマースネットワークだ。郵便配達網が、婁文(ロウ・ウェン)のような何十万もの村の店を、中国全土を覆う小売配送ネットワークのハブに変え、100万人の郵便労働者がそれを繋いでいるのである。

それだけではなく、郵楽は各店舗に設置したデジタル追跡システムを使って、広い中国のどこかで誰かが何かを買ったら、それを瞬時に認識することができる。中国郵政は、きわめて中国的なやり方で膨大な量の購買履歴データを収集し、以前には考えられなかった詳細さで買物客の欲求やニーズを把握できる世界最大のリアルタイム小売データベースを構築した。

ムーアの法則の通り、コンピュータ処理、ストレージ、センサー、接続に関わるあらゆるコストが低下し続けており、オフラインで勝負してきたビジネスにも、これまで無視してきたデータを収集し販売する機会をもたらしている。

それは、アナログの最たるもののような企業にとっても例外ではない。1969年に設立された中国最大の自動車部品メーカー万向(ワンシャン)は最近、杭州に万向未来城市を建設するために300億ドルの投資を行うと発表した。自動運転車の動きを記録し、ブロックチェーン技術によって交通以外の都市機能も追跡し、得られたデータを使って新たな収益事業を生み出すのが目的だ。それはコモディティ化したキャブレター・メーカーの生き残り策でもある。

ここ数年、ビッグデータの指数関数的な増加について多くのことが語られている。いまではレガシー大企業は、これまで触れることもできなかったようなデータの山から宝を掘り起こせるようになり、創造的な方法で新たな収益源を発見しつつある。

バーチャルな在庫管理

いまのところ、婁文（ロウ・ウェン）にとってデータはきわめて順調に流れている。いま店には、郵便配達員が隣の省から運んできた山芋の入った箱が2つ置かれている。その横には、地元の農家が持ち込んだ龍井茶（ロンジン）の箱があって、郵楽でこれを買った客のために郵便配達人が街に持ち帰ってくれる。

この仕組みを婁文は「バーチャルSKU」（SKU＝最小在庫管理単位（ストック・キーピング・ユニット））と呼んでおり、物理的な店に入りきらない何千もの商品を流通させることができる。

綿のシャツ、デニムのジーンズ、ビーフジャーキー、植木鉢、粘着テープ、箸（はし）、ドラゴンフルーツ、靴下、食用油、ドアマット……すべて中国郵政の翌日配送サービスによって店に届けられたものだ。

人口1000人の村で、1カ月で、靴が800足売れた。今日は40件の注文があり、売上は1719元（200ポンド）、利益は116元（13ポンド）。昨日は71件の注文で売上が3295元、利益が180元。郵楽のPOSデバイスを介して、客は店で水道光熱費を払うことも、郵政儲蓄（ちょちく）銀行の口座管理もでき、それが婁文の店の収入をさらに押し上げている。

店の売上の4分の1はオンライン販売によるもので、地元の農家が作った細切りの筍（たけのこ）、キノコ、乾燥野菜の地域外への販売が拡大している。たくさんの商品があり、以前なら近所に保管倉庫を借りなければならなかっただろうが、いまはその必要はない。

郵政儲蓄銀行は、郵楽のネットワークを介して把握した婁文の店の実績に基づき、優遇金利で9万元の融資枠を提供した。婁文によれば、郵楽と取引のないオフラインの隣の店はうまくいっていないが、郵楽に加盟した自分の店は収入が倍増したという。

「商売が厳しくなって、店を畳もうと思ったこともあります。若い人が店に来なくなったから。でもいまは、モバイルで割引セールを告知できるので、牛乳を1日80箱売ることができます。お客さんが何を欲しがっているかも教えてもらえます。郵楽で捜せば翌日には店に届きます。淘宝網（タオバオ）より少し高いかもしれないけど、偽物の心配をする必要はないからね。私は店のことを何から何までやっています。モバイルのおかげで忙しくなりました。一日は長くてしんどいけど、満足していますよ。昔は退屈すぎて泣きたいほどだったから」

中国全土を一店残さずつなぐ

郵楽のCOOである**楊国雄**（サムソン・ヤン）は、中国の村の店を1つ残らず繋ぐまで手を休めない。姚村（ヤオツン）に残された最後の店に向けて、曲がりくねった山道を車で走りながら話す。いちばん近くの小さな町からでも20キロ離れている店だ。

「100万店あれば、市場をかなり支配できるでしょう。中国には70万の村がありますが、私たちは

1つの村に1つの郵楽ストアを、さらに1つの街に20～30の店を持つ計画を立てました。そこまでいけば、中国の農村全部とおもだった街をほとんどカバーできることになります」

楊国雄は、データの価値を理解している。

「POSデータは手始めにすぎません。ネットワークに接続されれば、各店舗はバーチャルなウォルマートになります。品物を持っていなくても、好きなものを売ってビジネスを展開できます。われわれは、店で行われたすべての取引を把握しており、**誰が、何を、いつ、どんな天気の日に買っているかを知っています。商品をどの棚に置くのがいちばんいいかということも、オーナーと協力して決めています**」

楊国雄のチームの動きは速い。2016年8月に浙江省の村々を見て歩いたときは郵楽システムには25万店あったが、12月下旬には33万店、2019年初頭には50万店に増えていた。

婁文がコカ・コーラから地元産キャベツまで、あらゆる商品を読み込ませているので、郵楽は300万超のSKUを追跡することができる。

商店絶滅の危機を逃れた村

姚村で訪ねた店は婁文（ロウ・ウェン）の店よりもさらに長時間営業で、朝6時から真夜中まで、1年365日開店している。わずか150世帯の小さな村だが、花卉（かき）と植木によって経済的には比較的ゆとりがある。

市場がある小さな広場に立ったとき、玄関が開いたままの家の中に60インチのテレビがあるのが見えた。

「この村には3軒店がありましたが、2つ閉店しました」と47歳の店主、韓国民（ハン・グォミン）が言う。妻、店の配達をしている21歳の息子、そして実の母と3人で2階に住んでいる。

商売を初めて20年経った2015年5月20日に郵楽に加わった。「おかげで村は裕福になったし、質の高いSKUが実現しました。郵楽は、公共料金の支払いと中国郵政の保険料を扱えるので、来店客が増え、収益が25%増えた。商品管理は自動化されている。以前は私が品物の値段を覚えているしかなかったので、私が店にいないときは商売ができなかった」。

アンドロイドの携帯を開いて、楊が店のその日の数字に目を通した。午後4時の時点で22件、合計1500元の注文が入っており、152元儲かったことになっていた。オンラインで韓が注文したのは、酒や枕など7アイテム、合計価格は436元だ。こうした店舗データは5分毎に更新される。

中国全土の店舗から、その種のデータがほぼリアルタイムで集まってくる。ニールセンやダンハンビーなど、カスタマー・インサイトを扱う欧米企業にとっては涎（よだれ）が出そうな話だ。

郵楽は毎日数百万件もの購入を記録し、会員カードやスマホ決済によって個々の顧客と紐付け、消費者が何を買っているのかについて、史上例のないような鳥の目で中国全土を俯瞰することができるのである。

たとえば、4月にしては異常に暑くなった日には、ビール需要の急増に直面したビール会社は流通量を最適化したいと考えるだろう。そんなとき、郵楽はビールを積んだトラックをどこに向かわせればよいかがわかっている。

あるいはシャネルが、通勤に往復2時間以上かけている村の44〜48歳の女性のうち、さょうディオールの製品を買った人を知りたいと思えば、郵楽にそのデータがあるので、シャネル製品の20％割引クーポンをスマホに送信することができる。

データ集積が開く可能性

「世界の小売データをすべて入手できたら、どんなことができるでしょう?」。トロントのデータアナリティクス企業、ルビクラウド（Rubikloud）の創業CEO、33歳の劉克里（ケリー・リュウ）は、杭州市の会議室でテーブルを挟んで私と向き合い、自分に問いかけるように話し始めた。

「まず第一に、小売の最適化ができます。大手小売企業は顧客とのつながり方や、影響の与え方を変えられます。小売業者は、常にパラメータを調整しながら、ネットフリックス、アマゾン・プライム、あるいはフェイスブックが顧客ベースを扱うのと同じような方法で、顧客との関係を構築できるようになります。第二に、ブランドや製品の開発に影響を与えることができます。私たちは大手薬局チェーンのために試験的取り組みを行いましたが、たとえば健康的な食品を奨励する方法で、消費行動に影響を与えることができます。そして第三に、新製品の発売について正しい決定ができます」

劉は、既存の商品と顧客を奪い合うことなく新製品を発売したいと望むカミソリ・メーカーを例に出した。ルビクラウドは、小売業者のデータを使って新しいカミソリを買う可能性が最も高い2万5000人のリストを作成。次に、他のサイトから得た男性用グルーミング用品の価格データをＡＩで分析し、さまざまな価格戦略を試した。**その結果、売上は42％増加した。**

ルビクラウドのような急成長するハイテクビジネスの世界では、顧客データは疑う余地なく商品と見なされている。だが、膨大な個人データを蓄積することについて、起業家が倫理的な問題を考えているという話は聞いたことがない。結局のところ、彼らは数字の目標を追わざるを得ないのだ。

ルビクラウドは2013年4月、「世界の小売業界の動向を指数化し、予測し、データを収益に変える」というミッションを掲げて創業した。劉と私が出会ったとき、同社の機械学習の研究者たちやデータサイエンティストたちは、金額ベースで2500億ドルのトランザクションデータを処理した。データ量は合計500テラバイトに達した。

その最初の売り物は、主に北米市場向けで、小売業者が顧客行動の大規模予測ができるように、POSデータ、在庫データ、販売促進データ、顧客ロイヤルティデータなどを取り入れたものだ。

劉克里は、アジアの大富豪、**李嘉誠**（リ・カシン）のハイテク投資を管理する香港のホライゾン・ベンチャーズの**周凱旋**（ソリーナ・チョウ）と話をした。

ホライゾン・ベンチャーズはすぐにシード投資ラウンドを主導した。しかし周は、もっと大きな構想の中でルビクラウドを見ていた。李嘉誠が率いるインターネットおよびメディア企業のTOM集団は、2010年に、商取引のデジタル化を推進するために国有の中国郵政との巨大な合弁事業に着手した。そうして誕生したのが郵楽だったのである。

「この人は信用できるか?」を判断できるデータ

郵楽とTOM集団は、ルビクラウドに投資し、さらに香港を拠点とするウィーラボ(WeLab)というフィンテックのスタートアップにも投資した。ウィーラボは、モバイルとオフラインの情報を分析して、郵楽が融資を検討する店主または顧客の信用リスクを評価している。

ウィーラボの共同創設者である元銀行家の**龍沛智**(サイモン・ロン)によると、**中国では農村人口の64%が銀行を利用できず、店主には信用情報がないので、負担可能なコストで資金を調達することができなかった。**

そこで龍は、信用調査会社やソーシャルアプリからのデータだけでなく、モバイル機器からのデータによっても信用状況がわかる仕組みを構築した。「それに基づいて500万人に信用供与しましたが、不正による損害は1件もありませんでした」と龍は説明する。

店のオーナーは無担保の年利9%で現金を借り入れ、郵楽から株を購入することができる。現金を提供するのは郵政儲蓄銀行だ。一方、店の顧客は、自らの信用レベルを物語る大量のモバイルデータへのアクセスをウィーラボの「ウィーレンド」(WeLend)事業に認めることで、5分以内に借り入れの承認が下りる。

「私たちは個人について800のデータを収集することによって、性格特性、責任負担レベルを探ります」と龍沛智は続ける。「データには、使っている電話の種類、アプリ、他の人とのやり取りの状況、どんな人間関係を築いているか、申し込みフォームへの住所の記入方法などが含まれます。住所を記入する際に大文字を使用しているかどうかは破産と相関関係があるんです。たぶん教育レベルと関係しているんでしょう。何時にローンを申し込んだかも返済実績と関係があります。**深夜1時から朝6時の間に申し込んだ人は、午前8時から午後1時に申し込んだ人よりトラブルを起こしやすい傾向があります**」

電話の使い方も借り手の信用度を判断する手がかりになる。「おしゃべり好きな顧客は借り手としてあまり望ましくないので、電話会社と協力して、電話がかかってくる頻度、通話と通話の時間間隔の変化や最長時間などを把握します。信用度が低い人の電話番号との通話やメッセージにも注意しています。人間関係は互いに影響を及ぼし合いますからね」。融資申請者は、自撮り写真を提供することも求められ、警察データベースの顔認証システムで犯罪歴がないか調べられる。

小売データ企業や物流企業も、保有するデータを活用して融資ビジネスを展開しようとしている。ルビクラウドの劉克里は話を続ける。

「トロントのデータ会社がなぜ杭州まで出張ってきたのかと思うかもしれませんが、世界最大の消費市場は無視できません。あるクッキー会社は、他社ブランドに対する市場の需要を過小評価したせいで、主要10都市で5000万ドルもの需要を見落とし、価格設定も販促をかける相手も間違えていました。いまや、小売ビジネスに郵楽はなくてはならないものになりました。需要予測は非常に困難です。需要を把握できなかったせいで、ある会社は今年1億ドルを失いました。事業を行うには、もっとリアルタイムなシステムが必要なのです」

つまり、顧客は誰か、何を買っているか、どこで買っているかを把握する必要があるというのだ。

「最終的には、リアルタイムで店舗に商品を配送できるシステムを構築して販売したいと思っています。ニールセンもダンハンビーも、この破壊の荒波を避けることはできないでしょう」

農村問題の解決は巨大な市場を生む

「これは中国発のイノベーションです。インターネット企業はわれわれのコピーをしているようなものです」と話すのは、郵楽の創業メンバーであり会長、そして中国郵政の浙江省総経理（ジェネラル・マネジャー）でもある52歳の**陳清**（チェン・チン）だ。時折テーブルを叩きながら、200年企業を近代化させた自身の取り組みを熱く語った。

私たちは上海にある中国郵政の莫干山路（モーガンシャンルー）ビルでふるまわれた昼食を食べながら話をした。恐る恐る口に入れた蛇スープは普通の白身魚の味がした。

「郵楽は中国郵政をリニューアルするための武器であり触媒です。文化を変えるには、革

新的技術と市場中心の考え方が必要です。浙江省での私たちの小口配送事業は、郵楽によって450%も成長しました。今後も少なくとも毎年100%の成長を実現させたい。私は中国郵政で20年間働いているが、失敗したことは一度もない。これも必ず成功させます」

浙江省の省都、人口約900万の杭州は、郵楽の実験場に選ばれたのだと陳清は説明する。なぜなら、杭州は電子商取引のハブとして確立していたからだ。アリババ（阿里巴巴）も杭州に拠点がある。『杭州日報』によれば、**中国のEコマースサイトの3分の1以上が杭州に拠点を置いている。**中央政府と地方政府の支援を受けて全国規模へ展開を広げる準備が整ったと陳は言う。

「政府は、各店舗に対してコンピュータのアップグレード資金を補助したり、農民に郵楽で作物を売ることを奨励するなどして、郵楽の農村展開を後押ししている。人口の70%が農村部であり、さまざまな面で都市とギャップがある。農村の人々は高品質の製品を手にすることができず、効率的に都市で物を売る方法もない」

「情報の非対称性も問題です。みんなと同じ物を同じ時期につくり、同じように売りに出したら価格は急落する可能性があります。中国郵政は、国の津々浦々まで完全にカバーしている中国で唯一の事業体です。私たちは、こうした問題を中国郵政の組織力と技術を使って解決したいのです」

全員にメリットがある仕組みを構築する

中国郵政が独自のデータプラットフォームを持ち、全国的な小売取引輸送ネットワークの中心を担う会社に生まれ変わることは、農村問題の解決だけでなく、ビジネスの観点からも望ましい。中国郵政の主要事業は、ファイナンシャル事業と物流事業の強化で活気づいている。

陳清は郵楽の取引額は近いうちに2000億元を超えると予想している。農家はより多くの販売機会を手に入れ、郵楽にとってはより多くの物流と、郵政儲蓄銀行への多くの現金預金につながる。2015年、郵政儲蓄銀行の現金預金は1500億元、2016年には2000億元だった。増加した500億元の半分は郵楽によると陳は言った。

いま陳清は、農村にある50万の店を繋ぐために奔走している。

「それができたら、次の50万は都市の店を繋ぐことになるでしょう。都市の誰もが、郵楽を通して農家から有機野菜を買える社会をめざしています。私たちは冷蔵倉庫を持っているので、都市住民の近所の店に食品を届けることができる。農民にとっても大きなメリットがあります。いま街では、**生姜（ショウガ）は500グラム6元で売られていて、農家の収入は1・5元ですが、われわれは農家に3元払い、郵楽で4・5元で売ります。**中国郵政が資金を貸し付けてネットワークにつながる店を増やし、郵楽が商品を届けて販売し、消費者は安い値段で買える。消費者も含めて全員が利益を分け合うのです」

ところで、郵便労働者が商品を店に届けたり、店から持ち帰ったりするためには、自転車ではなく車が必要だ。中国郵政はミニバンを買って支給するのではなく、労働者が自ら購入することを奨励している。陳の口調は熱を帯びていく。

「私たちは郵便配達員に、郵政儲蓄銀行からお金を借りて自分のバンを買うよう勧めています。彼らの収入をもっと増やすためです。郵便配達員は従業員ですが、中国郵政は彼らに郵便以外の物品の配送を委託し、ガソリン代を補助しています。車を所有しているのは郵便配達員個人ですから、みんなきっと自分の車を大事にするでしょう。彼らは卸売商品を店に配達することで収入が得られます。こんなことをやっている郵便サービスは他にありません。人を変えることで、旧弊なビジネスを破壊できるのです」

もし労働者がバンを買うことを拒否したらどうなるのか？　陳は表情を引き締めて、「スタッフは全員、共産党の党員です。労働組合はありません。何が中国に利益をもたらすかは、党がいちばんよく知っています」と言い、「買わないと言った配達員には、私の権限で別の仕事をさせることもできます」と笑って付け加えた。

共産主義革命的Eコマース革命

郵楽の楊国雄（サムソン・ヤン）ＣＯＯの兄弟でもある、ＴＯＭ集団のＣＥＯ**楊国猛**（サムソン・ケン）が、郵楽のビジネスモデルは都市に拡大する前に中国の農村問題を解決するだろうと説明してくれた。「共産主義が広まったのと同じことです。革命も農民から始まりました」。

シンギュラリティ・ユニバーシティで学んだこともある楊国猛が、杭州市余杭区（ユーハン）にある、かつて郵便仕分場だった５５０平方メートルの倉庫を見せてくれた。水、栄養ドリンク、ワイン、ジュース、紅茶、軽食、スナック菓子、パーソナルケア用品、その他数千のＳＫＵの箱が積み重ねられている。この倉庫は間もなく5倍の規模の倉庫に取って代わられる。

中国全土に４００ある中国郵政の倉庫のうちの１つで、郵楽と共同で村の店で売る商品在庫を管理している。地域の特産物としては、蓮（はす）の実、ソーセージ、鴨肉などがあり、食品の品質と安全性は中国郵政ブランドによって保証されている。

ＴＯＭ集団が郵楽株の42％を所有してこの事業に参画するのは、４３・７％を所有する中国郵政に力を与えるためだと楊国猛は言う。

「私たちは技術的バックグラウンドのある人々を雇い入れ、彼らが事業の根幹を支えてくれています。私たちは中国でイーベイを運営したこともあり、Ｅコマースのことは理解しています。**ウーバーがタクシー事業をデジタル化したように、私たちは小売業をデジタル化しているのです。** 私たちは毎日何十万もの小売業者からフィードバックを得ています。郵便配達員は毎日15の村を訪問するので、ＰＯＳ機器の設置からオーナー教育まで、すばやく展開することができます。新しいソフトの使い方を教えるコーチにもなってくれます」

この取り組みは明らかな結果を出しており、商品の取り扱い総額は年々3倍に増えている。政治家の視察も行われており、私が訪問する直前にも、国務院副総理（当時）の汪洋（ワン・ヤン）が郵政儲蓄銀行の陸家金（ルー・ジャジン）社長に伴われて四川省の九都（ジウドウ）の町を訪問している。

楊国猛は言う。「アリババも独自のネットワークで中国を完全に覆おうとしています。しかし彼らは2年で20万店舗を達成できると考えていましたが、18カ月で1万7000店にしかなっていません。アリババは商品を売って儲けようとする会社、郵楽はデータを最大限に活用することで儲けようとしている会社です」。

機器ではなく「データ」を売るメーカー

スイス北部、チューリッヒ・エルリコン駅の近くにあるABB(アセア・ブラウン・ボベリ)の本社。CDO(最高デジタル責任者)の**グイドー・ジャレット**が、1891年の創業以来、鉄でできた産業用機器を製造してきた従業員14万人の大手企業が、データを活用する未来企業に変身しつつあることを説明してくれた。

ABBのイニシャルの入った明るいオレンジ色の産業ロボットの姿はおなじみだが、それだけでなく変圧器、サーキットブレーカー、太陽光発電用インバータ、その他なんであれアナログ機器を使っている会社なら、ABBのお世話になっている可能性が高い。

しかし、1890年代に変圧器の技術を開拓し、1954年には発電機を保護するサーキットブレーカーの製造を始めた世界的大企業が、バリューチェーンにおける自らの居場所を再検討することを余儀なくされている。シリコンバレーとスイスを行き来しながら暮らすコンピュータサイエンティストのジャレットが、ABBに籍を置いているのもそのためである。彼はいま、デジタル先進技術と重機を組み合わせてABBに新たな収益源をもたらすために忙しい。

英米がミックスされた英語、紺色の開襟コットンシャツ、短く切りそろえたグレーのあご髭、デザイナー眼鏡のジャレットは、ABBに来るまでにシスコのIoT事業を指揮し、ノキアのデジタル化に尽力した経験がある。

インターネットにセンサーを接続し、モニターし、フィードバックを収集し、顧客に取るべき行動を提案する術を熟知している。その知識と経験によって、時代遅れになりかかっている産業界の巨人に、**「もっと多くの機器を売る方法」ではなく「センサーが収集した情報を販売する方法」**を教えるのが彼の仕事だ。

エルリコンのABB本社でジャレットは言った。

「工場経営のためにインターネットでできることは、それほど多くはありません。インターネットは製造、ガス、鉱業、物流の世界を変えはしませんでした。しかし今日、急速に進む低コストのユビキタス・コンピューティングによって、コンピューティングとコネクティビティの障害は取り除かれました。これまで体験したことがないほど大量のデータが、産業用機器のセンサーを通じて生成されています」

「1回きりの顧客」を「半永久的な顧客」へ

エネルギー、産業、運輸、インフラの各分野で顧客企業が使用している重機にセンサーを装着することで、ABBはそれらの重機をリモート・モニタリングし、稼働時間や信頼性や生産性を最適化し、そのことに対して顧客に課金できることに気づいた。

具体的には、デジタル接続を通じて変圧器を作動させたり、ロボットやモーターをネットワークで繋いだり、洋上施設の振動や電力消費を監視するといったことだ。

「ABBアビリティ」という事業部が、すでに7000万台の機器を接続している。その機器群からセンサーデータを取得し、機械学習によって分析し、シェル石油、BMWなどのクライアントに物理的に取るべき行動（修理、交換、使用方法の調整など）を提案する。

しかし、それはほんの始まりに過ぎない。たとえば、**船舶のディーゼルエンジンのモニタリングで得られるデータを、保険会社が買いたいと思うかもしれない。光ファイバーラインを油井機械に設置すれば、油井が枯渇する時期の予測に役立つ。**ロボットをサーバーに接続すれば、新機能を実現するダウンロードプログラムを販売できる。

ABB自身の製品設計者にもメリットがある。継続的なフィードバックによって、顧客が製品のどの機能を頻繁に使っているかがわかるので、将来の製品改良に活かすことができるからだ。

「事業のデジタル化は、機器のモニタリングから始まり、最適化、継続的フィードバックの収集、コンバージェンス（全機器間での情報共有）の段階を経て、最終的にビジネスモデルの革新に至りました。これにより、たとえば**販売したロボットについて、アームをどれだけ動かしたか、どれだけ物を持ち上げたかで課金できる**ようになります。顧客も、最初に設備投資する必要がなくなり、使った分だけ負担すればよいので、ロボットの台数を増やしやすくなるわけです」

別の課金方法は、結果に基づいて請求するというものだ。エネルギー消費がコストのかなりの部分を占めるセメント部門では現在、モニタリングシステムによって実現したエネルギー節約や効率向上に基づいて課金している。

たとえば、インドのセメント製造業者は、ＡＢＢのモニタリングサービスによって生産性を５％向上させ、運転コストを３％以上削減し、セメントの品質を15％向上させた。

ＡＢＢは突如、１回売ればそれきりの機械を売る会社ではなくなり、顧客から繰り返し支払ってもらえる定期的サービスを販売する会社になった。セメント部門の事業は「サービスとしてのセメント生産（セメントプロダクション・アズ・ア・サービス）」と呼ぶことができるだろう。

データモニタリング・ビジネスのエコシステムをつくる

ＡＢＢのデジタル推進責任者である**ラミ－ヨハン・ヨケラ**が、発電機用サーキットブレーカーを製造している近くの工場に私を案内し、機器の遠隔監視について教えてくれた。

　発電機用サーキットブレーカーというのは、発電機と発電機の間に置かれる、いわば大型のヒューズで、短絡電流が生じたらミリ秒のうちに遮断する装置だ。世界市場の70%をＡＢＢが占めているが、いまではセンサーが内蔵され、電圧、電流、ガス圧力、温度などのデータをリアルタイムで収集し、製品の電気設備的寿命、機械的寿命、および時間的基準で見た寿命を測定することができる。

　顧客は使用している機器に関するデータをＡＢＢに提供することで、メンテナンスの必要や効率最適化の方法を把握することができる。

　奇妙なほど静かな２２００平方メートルのフロアを歩きながら、ＡＢＢ歴22年のヨケラは、ハードウェアのデジタル化は同社に２００億ドルのチャンスをもたらすと話す。

「かつてＡＢＢの顧客企業は、すべて自分の手でやろうとしていましたが、いまでは他社と協力することの重要性を認めています。そこからデータモニタリング・ビジネスが生まれ、当社の専門家たちがシステムを1日24時間1年３６５日モニターしているのです」

　ＡＢＢは、機器のセンサーから届く情報を機械学習とデータアナリティクスを駆使して解析し、顧客にシステムの稼働状況を可視化したデータを返す。顧客は適切なメンテナンスを行い、機器の寿命を延ばすことができる。

　さらにＡＢＢは、ＡＢＢアビリティのために独自のアプリストアを立ち上げようとしている。顧客が必要に応じて自分のマシンに追加機能を購入できる「マーケットプレイス」という位置づけだ。

とはいえ、産業界の巨人のデジタル変身は容易なことではない。ヨケラは、**顧客の要望を把握し、技術の進歩に追いつくため、年間120日は出張している。**また、グイド－・ジャレットとともにABBの組織文化の変革にも取り組み、顧客の成功事例を紹介したり、外部パートナーと協力してエコシステムを構築する活動をしている。

後者の一例としては、イスラエルのスタートアップ、タカドゥ（TaKaDu）と協力して、データアナリティクスとAIによって水道管からの漏水防止に役立てている取り組みをあげることができる。

ジャレットは、自らの役割を「組織内チェンジ・エージェント」と捉え、コア事業とデータ中心の新事業開拓のバランスを模索している。彼は全社で組織横断的な200人のチームを編成し、各部署を教育し、情報を提供して、発想を変えて事業のデジタル化に取り組むよう促している。

ジャレットのチームは、常に内部の摩擦と抵抗に遭った。彼にはその理由がわかっている。人間は変化に慣れていないのだ。

「技術の進歩が、これまで体験したものより急速で、激しく、広範だからです。そしていま、それが産業部門に襲いかかってきているのです」

データを収益に変えよ

データアナリティクスを創造的に使うことで、ありとあらゆる新ビジネスが生まれている。信頼できるデータ流入を確保し、精度の高い意思決定を可能にするビジネスは、驚くべき価値を生み出す。デジタル系のスタートアップではない伝統的なアナログ企業は、どうすればデータ主導のビジネスラインを効果的に立ち上げられるだろう？　データを入手する道筋に目処がついたら、以下のアドバイスを参考にして前に進んでほしい。

1　非デジタルビジネスのデジタル化は、新しい構造と新しいリーダーシップ、またはその両方が必要

ABBのグイドー・ジャレットは、変革を実効あるものにするためには、変革のプロセスをあるフェーズから次のフェーズへの移行と捉え、各フェーズごとに成果を確実なものとしつつ失敗にも備えることが重要だと言う。

2　誰か一人だけに変革の責任を負わせない

ABBは200人のデジタル化推進役を全社の事業部門に配置した。社内で信頼されている人がその任に就ければ理想的だ。

3　正確で一貫した内部コミュニケーション

「本社が発するすべての情報に、デジタル化プロジェクトに関連する部分がある。それによって社員はプロジェクトが続いていると感じられる」とジャレットの右腕、オットー・プライスは話す。

4　予算上のインセンティブを与える

チームは短期的な収益目標の妨げとなるビジネスモデルの変更に抵抗することがある。そこでABは、新たな要件（たとえばクラウドホスティング）に対応するためのコストは全社予算から調達できるようにしている。内部での実験的な取り組みも、コストの半分を会社が負担している。

5　変革の風を起こすうえで、ソフトスキルの価値を軽視してはならない

非公式なネットワークを構築し、変化の擁護者を特定して活躍の場を与え、デジタル化に積極的に取り組むチーム構築をめざす。

6　不健全な自社開発偏重（ノット・インベンティッド・ヒア）に陥らないこと

ビジネスのデジタル化を成功させたければ、外部のパートナーと協力する必要がある。より広いエコシステムの一部となることが成功の鍵だ。

偶然の出会いを生むコミュニティを作れ

「フランシス・クリック研究所」
壁のない病院と
砂漠の中のシリコンバレー

PART
11
UK
USA
Peru

「建物のデザインはガン治療に役立つか？」

これはフランシス・クリック研究所（Francis Crick Institute）の建設のために働いた7年間、建築家の**デビッド・キング**が考え続けた問いだ。研究所はロンドン中心部のセントパンクラス駅の近くにある大規模な生物医学研究センターだ。徒歩圏内には、大英図書館やグーグルの新しいヨーロッパ本社、臨床や研究を行う57の組織がある。

その名称は、DNAの二重螺旋構造の発見に貢献した英国の科学者、フランシス・クリック卿の名前から取られている。生化学者、神経科学者、免疫学者、計算生物学者などが働く、総床面積8万3000平方メートルの、この分野ではヨーロッパ最大の研究所で、各分野間の壁を、比喩的にも物理的にも取り払うことによって、癌、心臓病、遺伝性疾患を対象とする研究を行っている。

クリック研究所の創設に携わった人々は、人間の健康の根底にある生物学を明らかにし、難病の診断と治療と予防の方法を見つけるためには、研究者は従来とは異なる方法で協力しなければならないと考え、オートバイと複雑さを愛するキングに設計を依頼した。

キングは手にしたおもちゃを壊しては組み立て直して遊ぶ、ものの仕組みを知りたがる子どもだったが、それが巨大建築プロジェクトで働くキャリアへとつながった。ルネサンス最初の建築家であるフィリッポ・ブルネレスキと、ロンドン大火からの復興を主導した英国の建築家クリストファー・レンを学術面でも実務面でも尊敬している。これまでに聖バーソロミュー病院、ロイヤル・ロンドン病院、そしてバークレイズの世界本社などを手がけた。

壁のない建物、壁のないコンセプト

クリック研究所は地上8階、地下4階、実質12階建ての明るい建物で、その中に壁はわずかしかない。キングの案内で、洞窟のようなガラスのアトリウムを抜け、各所でつながった何本もの廊下を通って、開放的な実験室、500席のレストラン、偶然の創発を期待して設けられたカラフルでカジュアルな多くの「コラボレーションスペース」を見て歩いた。

キングはホワイトボードを兼ねたドアのそばの休憩スペースで足を止め、こう言った。「**コラボレーションとは、自分がやっていないことをやっている誰かと話すことです。**たとえば数学者と生物学者。それによって、他の分野では物事がどう進展するのかを学ぶことができます。この建物全体が、人々のそんな交流を促すようにデザインされています」

クリック研究所は計画当初からハイブリッドプロジェクトだった。医学研究評議会、英国癌研究所、ウェルカム財団、そしてロンドンにある3つの大学からの拠出金によって、「境界なき発見」というコンセプトで設計された。

伝統的な研究機関のような部門別組織ではなく、任期の定めのない研究者には直感に従って行動する自由が与えられている。10名程度で構成される研究グループが120あるが、グループ間に物理的な壁はない。学際的な議論が起こりやすいように、わざと関係の薄い分野のチームが隣り合わせに配置されている。研究リーダーの部屋は小ぶりで、大人数が内輪の会議を開くには狭い造りになっている。

異なる専門家を物理的に近く配置するこれだけの価値

キングは、長短2つの巨大なアトリウムを私に差し示した。それが十字に交わって建物を4つのブロックに分けている。この大胆な視線の抜けによって、4つのブロックのどこからでも隣りのブロックが見える。

研究ブロックは建物を縦断する長いほうのアトリウムの両側に配置され、2つのアトリウムが交差するところに休憩とミーティング用スペースがある。各階とも面積の3分の1は2層分の吹き抜けになっていて、すぐ上の階と視覚的につながっている。フロアの中央には開放階段が設けられ、1階から8階までをつないでいる。

このオープンで視野を遮る物を極力排したデザインにより、研究仲間と顔を合わせる機会が増え、他のチームが何をしているのかも知ることができる。「開放性と広い視野、そして村の広場のようなコラボレーションスペースが大きな役割を果たしています」。

階段がエレベーターより使いやすい場所にあり、十分な幅があるので立ち話もしやすい。地上階から屋根までを覆うガラスの外壁も、とかく閉鎖的で防御的になりがちな一般の研究機関とは異なる透明感を生み出している。「ここでは科学が目に見えるように表されています。中にいる人々は互いに分断されていると感じることなく、自然の光を感じながら気持ちよく研究しています」。

開放性とつながりでコラボレーションを促す設計思想には、理論的根拠がある。**研究者が各々の専門領域に閉じこもるサイロ思考では、ガンを撲滅することはできない。**総工費6・5億ポンドの研究所を建設したチームは、計画当初から、急速に進むゲノム解明がバイオインフォマティクス、合成生物学、免疫学、プロテオミクス、機械学習などと結びつけば、専門分野を掘り下げる従来型の研究で成し得なかった新しい治療法が見つかると理解していた。微細加工エンジニアが上皮幹細胞研究者やデータ科学者と協力して、新しい方法で問題に向き合えるかもしれない。メカノバイオロジストと理論物理学者が話し始めれば、専門家によって高く評価される論文がその場で生まれてしまうかもしれない。

クリック研究所を率いる、ノーベル生理学・医学賞を受賞した遺伝学者の**ポール・ナース**は、自分の使命は、伝統的な科学の分野間にある境界を無視する、「ある種のゆるやかな無秩序（アナーキー）を促す」ことだと言う。ナースが見抜いているように、イノベーションは専門の異なる聡明な頭脳がぶつかるときに起こるのである。

イノベーションを起こしたければ会議室をなくせ

その考えの有効性は科学の世界に留まらない。異なる専門家の間で建設的な衝突が起きるようなワークスペースは、金融から製造まで、さまざまな分野で真のイノベーションをもたらす。

その最も説得力のある事例が電気通信業界に存在する。かつて米国の電話事業を独占していたAT&Tは、その研究部門であるベル研究所から、トランジスタ、シリコン太陽電池、レーザー、初期の通信衛星、最初の携帯電話システムを生み出した。

ベル研究所のイノベーションプロセスを5年間研究して『アイデアの工場』(The Idea Factory) を著したジョン・ガートナーによれば、ベル研究所の創造的文化は、1925年から59年の間に研究者から会長へと昇進したマーヴィン・ケリーによって醸成された。ケリーは、スタッフが物理的に近い距離にいることが重要だと考え、理論と研究と製造の専門家を同じチーム、同じ場所に配属した。

ニュージャージー州マレーヒルに研究所を建設する際、スタッフ間の相互作用を促すために、たとえば**非常に長い廊下を設けるという工夫をした。「あれだけの距離を歩かされれば、必ず知った顔、問題、発想転換、新しいアイデアに遭遇する。**昼食のためにカフェテリアに向かう物理学者は、鉄くずの中を転がる磁石のように何かをくっつけながら歩いた」とガートナーは書いている。

クリック研究所にその名を刻むフランシス・クリック自身も、ランチタイムの雑談の価値を知っていた。1953年2月28日、いつも同僚とビールとサンドイッチのワーキングランチを楽しんでいたケンブリッジの「イーグル」というパブに駆け込み、「生命の秘密を見つけたぞ！」と叫んだ。

ジェームズ・ワトソン、モーリス・ウィルキンス、そしてロザリンド・フランクリンと共に成し遂げた二重螺旋構造発見の瞬間だった。ナースは語る。「クリックは、チームとしての最高の知恵は非公式な場で生まれると信じていたのです」

５００人入れる1階のカフェテリアがクリック研究所のデザインの中心なのはそれが理由で、研究者たちが一緒に座れるように長いテーブルが置かれている。建設計画の当初、カムデン地方議会はその案に難色を示し、研究者たちには周辺のレストランを利用してもらいたいという意見を出した。ナースはイーグル・パブの存在が二重螺旋の発見を早めたことを引き合いに出し、ガンを早く退治したくないのかと訴えて反論を封じ込めた。

クリック研究所は２０１６年8月にオープンしたが、建築のプロセス自体が専門分野の壁を越える共同作業だった。デビッド・キングのＨＯＫ社（ヘルムート、オバタ、カッサバウム）は、研究所の建設に当たってさまざまな分野の専門家を集めた。

音響はコール・ジャーマン社（Cole Jarman）、照明はポコルニー・ライト建築（Pokorny Lichtarchitektur）、シールディングはビタテック・エレクトロマグネティクス（Vitatech Electromagnetics）、生物学ラボはボズウェル・ミッチェル＆ジョンストン（Boswell Mitchell & Johnston）、ビルメンテナンスはリーフ・アソシエイツ（REEF Associates）、外壁はエマー・フェニンガー（Emmer Pfenninger）、建築ビジュアライゼーションはグロウフロッグ・スタジオ（Glowfrog Studios）、さらにＰＬＰ建築（PLP Architecture）とアラップ（ＰＡＲＴ2参照）も加わった。

現在、科学者が１２５０人、サポートスタッフ２５０人がここで働いている。研究所のビルは期待通りに機能しているかと尋ねると、キングは、必ずしも狙い通りには進んでいないと正直に認めた。「2017年の1月末に来たときは、数箇所あるコラボレーション・スペースに人がいなくて驚きました。幸い3月末には人気のスペースになっていましたが。これまでと違うやり方を促すのは容易ではないということです」。だが、閉じられたドアがコラボレーションの敵であるというキングの考えは揺るがない。「自由な意見交換を促したければ、会議室の数を減らすことです」

「距離が近いほど研究成果が上がる」の衝撃

科学的知見もキングの説を支持している。クリック研究所の計画が持ち上がったころ、科学的発見の件数で測ったイノベーションの件数は、研究施設が想定外の、互いに関係のない分野で働いている個人間の出会いを促すように設計されている場合に多く生まれる、ということがわかってきたのだ。

その根底にあるのが、1970年代にマサチューセッツ工科大学（MIT）の組織心理学教授トーマス・J・アレンが発表した、**座席の距離と会話の頻度の間には指数関数的な比例関係があるという研究結果で、「アレン曲線」として知られる**ものだ。

それによれば、2メートル離れて座っているエンジニアたちは、20メートル離れて座っているエンジニアたちよりも4倍多い頻度で話をしている。アレンが発見したこの相関関係は、テキストメッセージングとボイスメールが隆盛の今日にも当てはまる。

近くにいれば話す回数が増えるというだけなら当たり前と思うかもしれないが、近接性の興味深さはその先にある。**空間的に近い場所にいる共著者の論文は、そうでない共著者の論文を量**（発表本数）**でも質**（被引用回数）**でも上回っていた**のである。

2010年に、キュンジュン・リー、ジョン・ブラウンスタイン、リチャード・ミルズ、アイザック・コハネの4人は、ハーバード大学の3つのキャンパスをまたいで行われた生命科学の研究について分析し、その結果をオープンアクセスの科学雑誌『プロスワン』（PLOS ONE）で発表した。

彼らはパブメド（PubMed）という医学論文の検索ポータルを使って、1999年から2003年にかけて出版されたのべ2000種類の論文誌を対象に、ハーバード大学所属の著者が少なくとも一人含まれる著者総数20万人、計3万5000の論文を調べた。そして、論文発表年に著者が所属していた組織の地理的な位置をマッピングし、共著者間の距離を調べたのである。

そうして得られた結論は、被引用回数で測った論文の影響力は、共著者間の空間的距離と正の相関関係がある、というものだった。**グローバルにつながった研究チームより、顔を合わせている研究チームのほうが重要な論文を発表している**ことが示されたのである。

私たちはいまでも、英雄的な個人にブレークスルーの瞬間が訪れるという神話を信じているが、実際は、少なくとも1950年代以降、チームの共同作業による成果が増えた。特に科学の世界では、影響力のある仕事はチームの手で成し遂げられるケースが増えている。

ノースウェスタン大学のベンジャミン・ジョーンズ、ステファン・ウクティ、ブライアン・アジーは、過去50年間に発表された1990万の科学論文と210万件の特許を分析した結果、共同執筆論文は単独執筆論文より被引用回数が多く、その傾向が年々顕著になっていることを発見し、2007年の『サイエンス』に発表した。

それによると、たとえば**科学および工学の分野で1000回以上引用される論文の数は、共同執筆が単独執筆より6・3倍多かった。研究者はますます専門性を強めているので、発見のフロンティアを押し広げるためには、より多様なメンバーから成るチームが必要になっている**のだ。

距離だけでなく、メンバー間の文化の多様性も、科学的発見において違いをもたらす。ハーバード大学のリチャード・フリーマンとウェイ・ヒュアンが、その点を調べる巧(うま)い方法を思いついた。米国に拠点を置く研究者が1985年から2008年にかけて発表した250万の科学論文について、著者の姓から推定される民族的出自を調べたところ、民族的アイデンティティが近い研究者による共同論文は、本数こそ論文総数から算出される推定本数より多いものの、影響力の小さいジャーナルでの発表が多く、他の論文に引用される回数も少ないという傾向が判明した。

対照的に、**研究チームの民族的な多様性は「論文の質を高める効果がある」ことが判明**した。言い換えれば、今日、重要な科学論文を発表するのは、孤高のアインシュタインではなく、偶然の気づきをもたらす会話ができる多様な専門家のチームなのである。

アップルでもピクサーでも

スティーブ・ジョブズもそのことを理解していた一人だ。２０００年12月、彼はピクサー・アニメーション・スタジオをカリフォルニア州エメリービルにある2万平方メートルの新しい建物に移転させた。以前デルモンテの缶詰工場があった場所だ。

当初そのスタジオは、アニメーター用、テクニカルチーム用、マネジメント用の３つの建物として計画されたが、ジョブズはそれを却下し、大きな建物を１つ造って、その中心にフロア２つ分をぶち抜く大きなアトリウムを設けることを主張した。「スタッフを無理にでも一箇所に放り込み、無作為な衝突をあちこちで起こしたかったのです」とジョブズは『ニューヨーク・タイムズ』に語った。

しかし、どうすればアーティストやソフトウェアエンジニアから成る５５０人のスタッフをそこに呼び寄せ、長居させ、予期せぬ相互作用を促すことができるのだろう？　ジョブズはアトリウムに郵便受け（メールボックス）、そして会議室とカフェテリアを置いた。実現しなかったが、すべてのトイレを一箇所にまとめてアトリウムに配置しようとさえした。

ピクサーで『ミスター・インクレディブル』や『レミーのおいしいレストラン』の監督を務めた**ブラッド・バード**は、後にこう言っている。「アトリウムは当初、スペースの無駄使いのように見えました。でもスティーブは、スタッフがどこかで誰かとばったり会うとき、あるいは目と目が合ったとき、何かが起こることを認識していました」。

実際、その作戦は功を奏した。「これほど上手（うま）くコラボレーションと創造性を引き出しているビルを見たことがない」というのは、元ピクサーのCCO（チーフ・クリエイティブ・オフィサー）である**ジョン・ラセター**だ。イノベーションの影響を定量化するのは困難だが、ジョブズが500万ドルで買ったピクサーは、20年後の2006年、ディズニーに74億ドルで売却されている。

ピクサーで技術担当副社長を務めたのが、ジョブズと密接に仕事をした**グレッグ・ブランドー**だ。ネクストの頃からジョブズの下で働き始め、それ以来10年にわたり、組織を変革して新しい価値を創造する方法を考え続けてきた。

ラスベガスのソフトウェア・コンベンションで会ったとき、ブランドーは、イノベーションを起こすリーダーは、自分の役割をビジョナリーではなく社員が生き生きと動けるようにする環境クリエイターと捉えている、と言った。短期的な株式市場の先を見て、長期的に大きな可能性があることに取り組むのがリーダーの役割だ。たとえば、転換期にあるコンピュータ企業として、新しい種類のMP3プレーヤーを作るといった取り組みだ。

ピクサー流・革新を起こす組織文化の3条件

だが、そんなアイデアはどこからやってくるのだろう。それを考え続けたブランドーは、イノベーションを生む組織文化にはいくつかのパターンがあることを発見し、『集合天才』（Collective Genius）（邦訳『ハーバード流 逆転のリーダーシップ』日本経済新聞出版社）という本にまとめた。

第一に、イノベーションを生む文化は「創造的ひっかき傷（アブレイション）」を大切にする。組織内で、**新しいアイデアを生み出すための何でもありのディスカッション**が期待されているということである。

第二に、「創造的な敏捷さ（アジリティ）」を備えている。素早い追究、再考、調整によってアイデアを検証し洗練させることができるということだ。**「自分のアイデアに執着するあまり、別のもっとよいものがあるのに、それを手放せなくなるようなことがあってはならない」**とブランドーは言う。グーグルのムーンショット・ファクトリーであるX（PART5参照）の考え方とも共通する考え方だ。

第三に、「創造的解決（リゾリューション）」の能力がある。さまざまな要素や条件を統合して決断を下せるということだ。**「優れた会社は、A案とB案を取り入れて、いつの間にかC案を思いついている」**とブランドーは言う。

それ以外に、ちょっとした幸運も必要かもしれない。1998年にピクサーが『トイストーリー2』を制作したとき、ブランドーはコンピューター操作を担当していた。コラボレーションを奨励する開放的な組織であるピクサーは、スタッフ全員にネットワークへのアクセス権限を与えていた。

残念なことに、誰かが、すべてのアニメーションファイルを格納しているコンピュータドライブに不正なプログラミングコマンド――/bin/rm-r-f*――を入力した。これは、すべてのファイルを削除するようシステムに命じるコマンドだ。さらに悪いことに、バックアップが正しく機能しておらず、制作中の映画のほとんどが消えてしまった。「18カ月分の仕事が吹っ飛んでしまったのです」とブランドーは当時を振り返る。

パニックに陥ったエメリーヴィルの本社で、テクニカルディレクターのガリン・ズースマンが、自分の家のシリコングラフィックのワークステーションにデータがある、と遠慮がちに申し出た。ズースマンは数週間前に息子のエリを出産していたが、産休中に自宅で仕事をするためにコピーを持ち帰っていたのだった。

制作の進行に応じて、ISDN電話回線を通じて更新データを定期的にダウンロードしていたという。全員の視線がズースマンに向けられた。ボルボが彼女の家へと急行し、慎重に毛布に包まれたコンピューターが会社に運び込まれた。そこには、ほぼ最新のアップデートを反映した唯一のコピーがあった。彼女の出産が映画を救ったのだ。

ブレンドーは責任を取ることにした。「辞表を書いて、スティーブとエド（ピクサーの共同創設者であるエドウィン・キャットマル）に提出しました。彼らはスタッフに、事件はグレッグが無能だったから起こったのか、誰であっても防げなかったのかと尋ねました」。その結果、二人はブレンドーの辞表を受理せず、「二度とデータを失わないように」とだけ言った。

バーニングマンという精神的シリコンバレー

偶然の邂逅がもたらす力を毎年示し続けているのが、ネバダ砂漠で行われている「バーニングマン」(Burning Man) と呼ばれる恒例のフェスティバルだ。

人生においてはありがちなことだが、それは悲しい恋の終わりがきっかけで始まった。**ラリー・ハーヴェイ**は、夏至を祝うために、恋人とその14歳の息子を伴ってサンフランシスコのベイカービーチに行った。夜空の下の焚き火の炎、ラジカセから流れる音楽、火に投げ入れられた2つの人形、燃える棒で砂に書いた愛の誓い……最高にロマンチックな瞬間だった。しかし2年後、恋人との関係が終わり、夏至は悲しい記憶をハーヴェイに残した。

14年後、ハーヴェイはネバダで講演した。「失恋して、中年の危機を経験しました。辛い2年間でした。私は友だちに電話して、〝人形……人形を燃やそう〟と持ちかけました」ハーヴェイは友だちのジェリー・ジェームズと一緒に、**廃材を使って高さ2・4メートルの男の人形を作ってビーチに運び、30人ほどの群衆が見守る中、辛い思いを吹っ切るために火を点けた。**

それが1986年6月21日。芸術家、哲学者、造園家であるハーヴェイが立ち上げた、後に個人的実験と創造的表現のための祝祭へと発展するイベントの記念すべき1回目だった。今日、バーニングマンは、毎年8月下旬に、7万人をネバダ砂漠に集めて行われる1週間の大イベントになっている。砂漠の中に束の間の街が出現し、突然変異したような自動車、アート・インスタレーション、実験的な暮らし、強烈な参加意識、過激な自己表現が一帯を埋め尽くす。

マーク・ザッカーバーグとジェフ・ベゾスも参加したことがある。テスラ、ウーバー、エアビーアンドビー、ドロップボックスの創設者たちも参加している。 グーグルの共同創設者であり、バーニングマンにレギュラー参加しているラリー・ペイジとセルゲイ・ブリンは、1年かけてCEOを探していたが、ついに白羽の矢を立てたのがカリフォルニア大学バークレー校の博士号を持つ元サン・マイクロシステムズのエグゼクティブ、

46歳のエリック・シュミットだった。ブリンはブロガーの**ドク・サールズ**にこう語っている。

「候補者の中でバーニング・マンに来ていたのはエリックだけだった。われわれにとって、それは重要な判断材料だったね」

イノベーションの源泉としての臨時コミュニティ

ブラックロックシティー。リノの北160キロ、溶岩層とアルカリ性土壌の平原に出現する面積17平方キロの臨時都市の名前だ。およそ人が住める場所ではなく、電気もなく、最寄りの町に出るにも熱暑の長いドライブが必要なので、参加者は生活に必要なすべてのことを自前で行わなくてはならない。食べ物や水を含め、すべての必要物資を持参する必要がある。お金は持っていても使えず、贈与と交換が奨励されている。売られている物はコーヒーと氷だけだ。商業的な活動は忌み嫌われ、車のロゴさえ隠して見えなくすることが求められる。

街は時計のようなパターンで配置されている。2時から10時の範囲で中心点から放射線状に伸びる直線の通りがあり、通りの名前は時刻で示される。それと交わる形で同心円を描く環状の通りがアルファベット順にアルゴリズム、ベンダー、サイロンからレオンまで12本あり、「4時とレオンの交差点」という具合に場所が示される。6人から400人が参加するテーマキャンプもあれば、スペシャリストキャンプもある。

テーマキャンプを登録するには一定のルールがある。砂漠のコミュニティ全体に開かれた、視覚を刺激し、隣人に寄り添い、インタラクティブなイベントや活動を行わなくてはならないというもので、それがバーニングマンの文化を生んでいる。街の真ん中には「ザ・マン」が立っている。土曜の夜に儀式的に燃やされる巨大な木の人形だ。「ザ・マン」を燃やした翌日に、親の死やペットの死など、参加者の喪の悲しみが込められた形見の品を収めた凝った装飾の寺院（テンプル）が燃やされる。

2004年に、ラリー・ハーヴェイはバーニングマンの10の原則を定めた。

・「根源的（ラディカル）インクルージョン」（誰もがバーニングマンの一部）
・「根源的自己信頼」（参加者が自己の内なる力を信頼することを奨励する）
・「根源的自己表現」（自分に備わったユニークな才能（ギフト）から湧き出る）
・「共同の努力」（創造的な協力とコラボレーションを重んじる）

などがある。商業的な取引を拒否する文化は、「与えること（ギフティング）」と「脱商品化」という原則に表れている。放恣な自己表現を抑制するのが「市民の責任」と「痕跡を残さない」という原則だ。そして、経験を真正（オーセンティック）なものとするために、「参加」と「即時性」が求められている。これら10の原則以外に規則はなく、そのことが人々の進取の精神を解放し、奇跡のようなことを生じさせている。

創造的思考や偶然による気づきを追求する企業がブラックロック・シティを訪れ、多くのものを得るのは、きっとそれが理由なのだ。**バーニングマンの影響なしには、**

エアビーアンドビーのような直感に反するコラボレーション経済も、キックスターターのようなクラウドファンディングによるメーカー支援という発想も困難だっただろう。バーニングマンを体験すれば、集団行動、社会的相互作用、市場について、新しい見方ができるようになる。

砂漠の教会

だれにも非難されずに創造性を発揮できるバーニングマンのコミュニティは、自己調整を重ねながら、多大な効果をあげている。私はそれを、自転車でプラヤ（砂漠に雨が降ったときにできる浅い湖）を走り、派手に飾られた車のそばを通り過ぎたときに見た思いがした。

凝った手作りの衣装、恥ずかしげもない裸体、自然に行き来するプレゼント、派手なＬＥＤディスプレイ、突然始まるグループダンス、参加型アートインスタレーション、止まない歓迎の音楽と人の暖かさ……スマートフォンはほとんど見当たらない。

この場所で、２００４年に**イーロン・マスク**と従兄弟（いとこ）の**リンドン・リーブ**は太陽エネルギーの「ソーラーシティ」の着想を得たし、２０１８年にボランティアたちが退役したボーイング７４７をシュールで巨大なアートカーに作り替えた。

そこはメーカーのための巨大なスペースであり、野外アートギャラリーであり、超先端ファッションショーであり、社会実験の場でもある。そのすべてを貫いているのが現状維持の否定であり、迅速なプロトタイピングであり、楽観的な自己信頼である。それはベイエリアのスタートアップに実験、反復的問題解決、対抗文化、規範の破壊といったマインドを根づかせることによって、重要な文化的役割を果たしている。「バーニングマンはシリコンバレーだ」と言ったイーロン・マスクは正しい。

２００９年、スタンフォード大学教授の**フレッド・ターナー**は『ニューメディアと社会』(New Media & Society)に寄稿して、「バーニングマンの自由奔放な精神がシリコンバレーに出現した新しい生産形態を後押ししている」と述べ、それは特にグーグルにおいて顕著であると指摘した。毎年1週間だけ、ブラックロック・シティはスーパー資本主義のエリートたちの「共有地(コモンズ)」となる。企業のエンジニアは、金銭とは無関係な芸術的で専門的なプロジェクトを立ち上げ、「仲間と一緒にものを作るという理想」を満喫する。

だが、バーニングマンは実際には、ハイテク企業に富をもたらす日々の仕事を正当化するのに役立っている、とターナーは示唆する。自己実現とプロジェクト・エンジニアリングの追求によって1年に1週間だけ砂漠に生まれるユートピアのおかげで、彼らは残りの1年、「エンジニアリングは世界を良い場所に変えることができる」と自分に言い聞かせて安心できるというわけである。

「バーニングマンは、かつての工業社会でプロテスタント教会が果たした役割を、現代のハイテク世界で果たしているのだと思う」とターナーは述べた。

「それはシリコンバレーで行われているプロジェクト中心でチーム主導のものづくりのプロセスの写し絵であり、スピリチュアルな集団儀式に再構成でもある」

近寄って見れば、この進化の実験が欠陥のあるユートピアだということがわかる。共同体主義者(コミュニタリアン)のエートスは、豪華なスイート・ベッドルームのあるVIPキャンプに何万ドルも払ってお抱えシェフやセキュリティガードを雇って滞在するセレブたちの存在で傷ついている。また砂嵐と灼(や)けつく暑さの中、行き過ぎた寛容のせいで、参加者の間に一般的な価値観では受容できない行動も見られる。

しかしそれでも、創発的リーダーシップやアイデア創造、メーカー文化、チーム・ビルディング、反復的製品開発、ソーシャル・コラボレーション、ストーリーテリング、自己信頼、問題解決、復元力(レジリエンス)、現状維持に対する抵抗を学ぶ場として、バーニングマンに勝る場所はない。

コワーキングスペースの創発的な価値

企業はバーニングマンから何を学べるのか。コワーキングスペースの増加ぶりを見れば、従来型の企業も新興の反乱軍も、多様なネットワークへのアクセスとその影響力を求めているとわかる。

セカンドホームは、東ロンドンに拠点がある国際的なコワーキング・スペースのチェーンだ。初期の頃、私も個人的に投資していたことがある。多国籍企業と創業間もないテック企業に文化的融合の機会を提供するというのが売りの会社だ。おしゃれなスピタルフィールズにある、かつてカレー屋に囲まれていた絨毯工房の跡地にもセカンドホームのスペースがある。

そこに入居しているのは、フォルクスワーゲン、アーンスト・アンド・ヤング、クシュマン・アンド・ウェイクフィールド（Cushman & Wakefield）などの企業だ。クシュマン・アンド ウェイクフィールドはニューヨーク市場に上場している不動産会社だが、資産管理分野でのスタートアップ・アクセラレーターを立ち上げて、アンモーゲージ（Unmortgage）などに投資を行った。

創業から日の浅い企業も、廊下やカフェを他社と共有することから生まれるつながりの恩恵を受けている。再生可能エネルギーのバルブ（Bulb）は、入居して2年で社員数2人から100人の規模に成長した。テナント仲間のブルー・ステート・デジタル（Blue State Digital）と一緒にマーケティング・キャンペーンを展開し、コングリゲーション・パートナーズ（Congregation Partners）を通じて人材を確保し、セカンドホームに紹介してもらったデザイン・エージェンシーのラグド・エッジ（Ragged Edge）と一緒にブランド開発を行った。

事業としてではなく、**アイデアを生む環境として独自のコワーキング・スペースを立ち上げた企業もある。**フランスの電話会社オレンジ（Orange）は、「ビラ・グッド・ニュース」（Villa Good News）をパリに持つ。コワーキングならぬコーポ・ワーキングを促進するもので、スタートアップの世界でチームはどう振る舞うかを学ぶために開設された。

コワーキングスペースを用意して、自社の社員や外部の人々に開放している大企業としては、ステートファーム（State Farm）、グーグル、スプリント（Sprint）、SAPなどの名前を挙げることができる。ブルックリンでは、自動車メーカーのミニが、地元のデザイナーから学ぶ目的で コワーキングスペース、カフェ、店舗、製造ラボを統合した「A／D／O」を開設している。

もっと野心的なのは、ミシガン州グランドラピッズのイオニア通り70番地にある「グリッド70」(GRid70)というスペースだ。ここではオフィス家具のスチールケース(Steelcase)、フットウェアのウルヴァリン(Wolverine)、ヘルスケアのマーシーヘルス(Mercy Health)、食料雑貨のマイヤー(Meijer)など、**競合関係にない企業が共同でオフィスを構えている。**会議室、キッチン、オープンワークスペースを共有し、新事業を生む予期せぬ会話を促そうとしている。スチールケースの幹部は「業界の異なるクリエイティブなチームが混じり合うと〝幸運なアクシデント〟が起こり、イノベーションや新製品が生まれる」と言っている。

ラスベガスのコミュニティ再開発

偶然の邂逅による創造をめざす最も野心的な挑戦は、ラスベガスの「ダウンタウン・プロジェクト」が行っている再開発プロジェクトだ。きらびやかなラスベガス・ストリップからリムジンで10分ほど走ったところにある、見捨てられたような低所得コミュニティを活性化するために、バーニングマンの常連であり、オンライン靴店のザッポスを創業した45歳の**トニー・シェイ**が、3億5000万ドルの私財を投じて開始した事業である。

瀕死の地域を、「衝突（コリジョン）、共同学習（コラーニング）、つながり（コネクテッドネス）の3つのCによって、インスピレーション、起業エネルギー、創造性、イノベーション、社会的な上昇移動、そして発見の場所に変える」取り組みが行われている。

この表現は、同プロジェクトの公式サイトに記されていた目標だ。ブラックロック・シティに刺激されたシェイの大胆な実験は、近隣地域を復活させ、起業家的で創造的な才能を惹きつけるための不動産開発（2億ドル）と、テック系スタートアップへの投資、教育と文化振興、中小企業への投資（各5000万ドル）から成る。

シェイは、2009年にザッポスをアマゾンに12億ドルで売却した。矛盾した性格をあわせもつ人物で、パーティーオーガナイザーなのに恥ずかしがり屋で、人との対立を厭わず我を通す面もある。2015年に会社の意思決定権限を分散させるために行ったホラクラシー（役職や階級のないフラットな組織形態）の実験では社員の怒りを買い、大勢の退職者を出した。

私がダウンタウンのシェイの実験場を始めて訪問したのは、実験が根づきつつあった2013年5月のことだった。ザッポスの社内は騒々しかった。慈善団体に寄付の呼びかけをするために、スタッフは髭を剃って髪を染めるように指示されていた。ジャングルを模して飾られ、おもちゃのサルがぶら下がっているシェイの部屋があるフロアでは、アフリカのダンス「コンガ」が自然発生していた。

シェイの住まいは、会社から5キロ離れたダウンタウンにある豪華なアパートにあった。住人に向けて「ダウンタウン再開発に何を望みますか？」という質問が掲示され、回答をポストイットに書いて貼り付けるようになっていた。「歯医者」「クライミングジム」「犬の公園」「大型販売店」などという走り書きがあった。

アパートのバーに腰を下ろし、シェイは自分のミッションについて説明した。「ここではテクノロジー、製造、ファッション、アート、音楽、ヘルスケアに投資しています。背景の異なる人が住む街のエコシステムができれば、そしてシェアリングとコラボレーションの文化が根づけば、イノベーションが生まれ、指数関数的な成長曲線に乗ることができるでしょう」。

なかなか説得力のあるビジョンだった。彼は**投資収益ではなく「コミュニティへのリターン」（リターン・オン・コミュニティ）という持論があり、1エーカー当りの人口を14・5人から100人にまで増やす**と数字を挙げた。そして、ラスベガスのダウンタウンを「世界のコラーニングとコワーキングの中心地にしたい」と語った。

都市問題を追究する経済学者のエドワード・グレイザーや社会学者のリチャード・フロリダに感化されたシェイは、起業家精神と社会意識をミックスさせることによって、長期的な経済成長を実現できると考えていた。具体的には、テスラ車１００台のレンタル、連続講演会、ハッカースペース、シェアード・ワークスペースなどを想定していた。

彼は、地元企業への投資においては、収益性だけでなく、経営者がコミュニティ建設に心を砕いているかを見て判断すると言った。「**パン屋を経営している起業家が、ただパンを焼いて売るだけでなく、同じ関心をもつ顧客を結びつけたいと思うかどう**

かが問題です」。

シェイにとって再開発プロジェクトは、人と人のつながりを設計することに対する興味の自然な延長線上にある。パーティを開くときでも、彼はゲストが交流しやすいように複数のバーを設けた。ザッポスでは、従業員同士の出会いを重視し、愉快に働けて卓越した顧客サービスを実現することに努めた。

著書のタイトル『幸福(デリバリング・ハピネス)を届ける』(邦題『顧客が熱狂するネット靴店　ザッポス伝説』ダイヤモンド社)の副題そのままに、「利益と情熱と目的意識」を重視する企業文化を築こうとした。新入社員を対象とする4週間の顧客サービス研修中、十分なコミットが期待できない社員には2000ドル支給したうえで会社を去らせたというのは有名な話だ。

再開発プロジェクトはザッポスの精神を反映している、とシェイは言う。「強固な文化を持つ企業は、財務面で同業他社よりも優れた成績を収めるということを示す多くの研究があります。企業にとって組織文化は、都市にとってのコミュニティのようなものです。私はエコシステム、つまりコミュニティの利益を考えています」。

彼は続けて、ラスベガスをiPhoneにたとえるなら、自分が行った3億5000万ドルの投資は、ハードウェア、OS、そしていくつかのキラーアプリのための投資だと説明した。

エコシステムの力はプラットフォームに存在する。私はシェイに、再開発プロジェクトは今後どう進展すると思っているかと尋ねた。「そんなこととは縁遠いと思われていたラスベガスのダウンタウンが、起業家のエネルギーとインスピレーションを集め、人がつながる学びの場になれば、他のどこのコミュニティも都市も言い訳ができなくなるでしょうね」と彼は言った。『ワイヤード』もここに引っ越してきませんかと言って笑った。

だが、5年間の取り組みの後、このすばらしい実験は打ち切られた。

資本主義に飲み込まれたコミュニティ

2018年10月に私がダウンタウンを再訪したとき、当初あった実験の精神の一部は失われていた。テスラはとっくにいなくなっていたし、ファクトリ（Factorli）（大量生産前の少量生産に特化した製造企業）の野心的な2300平方メートルの製造センターも撤退していた。

プロジェクトに取り組んでいた私の友人たちによると、**地元住民の熱が冷め、コミュニティ再建の理想主義はあっけなく消え去った**という。**開発から疎外されたと感じた**地元のハイテク事業を支援するために設立されたベガス・テック・ファンドは、現在はVTFキャピタルと改称し、主に商業系企業に投資しており、ラスベガスに拠点のある企業は投資先全体の15％でしかない。

しかし、不動産投資としての再開発プロジェクトは盛んに行われているようだ。現在、事業体としてのダウンタウン・プロジェクトは近隣に700以上の居住ユニットを所有・運営しており、新しいアパート231棟と1400平方メートルの小売り施設への入居も急ピッチで進んでいる。18万平方メートルの土地が開発中で、所有するゴールドスパイク（Gold Spike）のような企業によって、昼はコワーキング・スペース、夜は巨大なパーティ会場、ホテル、レストラン、バーという2つの顔を持つエリアになっている。

アパートの販売説明資料には、「ダウンタウンへの通勤に便利なだけでなく、人と人の有意義な出会いを促すデザインと配置」という点が強調されている。それは都合よく解釈すればバーニングマンの精神に適うと言えなくもないかもしれないが、「与えること（ギフティング）」と「脱商品化」の精神はここには存在しない。

私は開発責任者である**マイケル・ダウンズ**に、現在の再開発プロジェクトをどう理解すればいいのかと尋ねた。「私たちはダウンタウン・プロジェクトをホスピタリティー企業だと考えています。バーや小売店を所有し運営していますから。そして不動産会社でもあり、投資会社でもあります」という答えが返ってきた。

再開発プロジェクトは現在でも「接続性」をめざしているとダウンズは言った。しかし、その例として彼が挙げたのは、アトラクションと駐車スペースを少し離して住民を歩かせるようにしたことか、新しいバーでの体験をインスタグラムで宣伝する仲間をつくったというような話でしかなかった。資本主義はふたたび共有地（コモンズ）の商品化に成功したようだ。

私が耳にした再開発プロジェクトへの批判に言及すると、ダウンズは「確かに、もっとうまくやれたはずのこともあるでしょう。反省の余地はあります。しかし、ものごとは微妙なバランスの上に成り立っています。ダウンタウン・プロジェクトは営利目的の民間会社ですが、ホームレス問題を解決することを期待されました。その期待に応えられなくても、わが社の責任ではありません」

5年前にシェイと話したとき、彼の話はいささか抽象的だった。彼はラスベガスのダウンタウンが「世界で最もコミュニティに寄り添う都市になるだろう」と言ったが、それが何を意味するのかは具体的に説明しなかった。それでも私は彼の理想主義を評価した。だから、再開発プロジェクトでどんなコミュニティが生まれのか確かめるために、もう一度ラスベガスを訪ねたいと思ったのだ。

しかし2018年に再訪して見たものは、**資本主義がこの偉大な実験を取り込んでしまった現実、そして再開発プロジェクトが不動産価値の最適化をめざしている現実**だった。実際、私が再訪した日、ダウンタウン・プロジェクトは「ビジネスの実態をわかりやすく表現するために」、名称を正式に「DTPカンパニーズ」に変更した。

偶然の出会いを生むコミュニティをつくれ

衝突(コリジョン)、セレンディピティ、想定外の脈絡。どんな名前で呼ぼうと、異なる考え方をする他者との出会いは新鮮な思考を促す。そのような相互作用を促す空間建築がイノベーションを牽引することは実証済みだ。コワーキングスペース、さらにはコリビング・プロジェクトの台頭は、スタートアップの考え方に触れたいという企業の願いの表れでもある。その際に心がけるべきことを整理しておこう。

1　**コワーキングスペースの価値はキュレーション能力にある**

成否の鍵はコミュニティのマネジャーが握っている。マネジャーの仕事は、雑誌の編集者と同じように、コミュニティの文化を規定し、空間をオーガナイズし、メンバーを選び、メンバーを引き合わせることだ。スペースの場所としては、文化的な交流が行えて、スペースを共有するメンバーが良い影響を与え合える場所を選ぶこと。

2　**企業のコワーキングスペースは、それに何を期待するかを明確に示す献身的なトップが必要**

カリフォルニア州パロアルトのダウンタウンにあるSAPのコミュニティワークスペースである「ハナハウス」(HanaHaus)は、同社の共同創設者である**ハッソ・プラットナー**が個人的に支援していた。パリにあるオレンジの「ヴィラ・グッドニュース」は、HR部門のリーダーシップによって支えられていた。スナックやテーブルサッカーを置いておけばよいという話ではない。コワーキングスペースの社内の推進役は、外の人と交流するために、社員にそのスペースをどう使ってほしいかを明確に示す必要がある。

3 異なる会社が同じ場所で働くメリットを知る

「グリッド70」は、ミシガン州グランドラピッズにある企業のCEOたちが、1つのワークスペースをシェアすることで全社が利益を得られると考えたときに生まれた。財務については、他社と場所を共有することには、競合関係がなくても躊躇(ためら)いがあるかもしれないが、デザインチーム、新製品チーム、おそらくマーケティングチームや戦略チームにとっても、異なる業界の人々とオープンな議論をすることには予期せぬメリットがあるだろう。

4 一企業の中でも、オフィスのレイアウト変更で会話が弾み、新しいアイデアが生まれる

クリック研究所のコストは6億5000万ポンドと安くはないが、組織内の壁を壊すために、ソファーの配置を工夫したりネスプレッソマシーンを購入することならできるのではないだろうか。

自社の価値を組み替えよ

「カンタス航空」
犬の散歩にポイントを与えた航空会社

Finland
Estonia
China
India
UAE
Australia
South Africa

PART 12

空飛ぶカンガルーの挑戦

オーストラリアを代表する航空会社、「空飛ぶカンガルー」ことカンタス航空（Qantas Airways）がフルタイムの社員を募集している。職種はスクラム・マスター、アジャイル・プロジェクトマネジャー、イテレーション・マネジャー……そう聞いて、そんな仕事がエアバスの運航とどんな関係があるのか理解できない人は、職務要件を見たら、もっと目を白黒させるに違いない。

採用された人は「ハートビートレビュー」を使って「ミニマム・バイアブル・プロダクト」をつくり、「バックログ・リファインメントとグルーミング」のために「スプリント・レトロスペクティブ」と「バーンダウンチャート」について議論するのだそうだ。

航空業界の専門用語はすべて飛行機の運航に関するものだと思っている読者は、カンタス・ロイヤルティ（Qantas Loyalty）がイノベーションに取り組むオフィスを訪問してほしい。

シドニー国際空港があるマスコット地区のカンタス航空グローバル本社から目と鼻の先のところにあり、倉庫を改造してつくられたスケルトン天井の明るいスペースで、150人のスタッフが航空会社の概念を変えるかもしれない仕事に取り組んでいる。

モブ・プログラマー、コンティニュアス・デプロイメント・リード、プロセス・エンジニアといった肩書のスタッフが、飛行機とは関係なさそうなアプリやデジタルサービスを構築している。ソフトウェア・スタートアップが言うところのアジャイル開発、つまり新製品のプロトタイプを素早くつくり、フィードバックに基づいて改良を繰り返すことによって、カンタス航空にロイヤルティを持つ顧客に向けて発表するのである。

ユニットを運営している**ブライアン・ファンストン**が、ダークグレーのTシャツにジーンズ、スニーカーという姿で社内を案内してくれた。オープンな仕事場の真ん中に、円形に配置された即席の展示スペースがあり、カラフルな風船や国旗が飾られている。

海賊旗も見える。卓球台が置かれている。ベンチではウェブ開発者とデザイナーが議論している。広い壁には、さまざま書き込まれたポストイットやインデックスカードが貼り付けられていた。

「社内で〝オリンピック〟を開いたばかりなんです。国別対抗の形で、各チームが自分たちの成果を展示しました。この展示エリアで、開発者は2週間のスプリントの最終日に成果を披露します」とファンストンは説明する。

「スプリント」というのはアジャイル開発の用語で、**決められた時間内に仕事を終わらせてレビューに供さなくてはならない集中的な取り組み**のことだ。

「展示を〝QF1〟などと呼んでいます。カンタス・フライト・ナンバー1という意味です。このプレゼンでスタッフのやる気がぐっと高まります。組織文化に働きかけているのです」

カンタス・ロイヤルティという稼ぎ頭

カンタスの文化は、1920年にクイーンズランド・アンド・ノーザン・テリトリー　エアライン・サービスとして創設されてから現在まで、大きく変わってきた。創設時に会社が保有していたのは、レジャー用とデモンストレーション用の2機の複葉機だけだった。

近年、カンタスは自社ではコントロールできない要因で生じた乱気流に見舞われている。燃料価格の上昇、低価格で攻勢をかけてくる競合の登場、すべての航空会社と付き合うカヤック（Kayak）やスカイスキャナー（Skyscanner）のような旅行サイトによる航空サービスのコモデティ化などがそれだ。2010年代前半には、大きな財政損失が会社の将来を脅かした。

この問題を解決するために働いているのがファンストンの「カンタス・ロイヤルティ・ベンチャーズ」という部門だ。カンタス航空は、312機の高価な飛行機を運航して毎年5100万人の乗客を運んでいる複雑な企業であり、財政的困難を抱え、激しい競争環境に置かれている。

だとすれば、絶対的な強みを中心に据えた未来の成長戦略を立てるべきだ。成長し続けている事業を中心に据えて、将来のカンタス航空の価値を根底から見直す必要がある。その中心に据えられるべきユニットが、カンタス・ロイヤルティなのである。

カンタス・ロイヤルティは顧客の気持ちをつかむ力と豊富なデータを持っている、利益率の高いフリークエント・フライヤー・プログラムだ。**会員数は1240万人で、オーストラリ**

アの人口の半分を占める。会員は2017年に1200億ポイント超を獲得し、それを使って500万回のフライトを楽しんだ。

しかし空の旅はプログラムの一部にすぎない。会員は旅行だけでなく、日々のあらゆる行動を通じてポイントを獲得する。クリーニング、カフェラテ、家具、ゴルフ、生命保険……飛行機に乗ることとは関係のないことでポイントを獲得したり利用することができる。

カンタス・ロイヤルティはいつの間にか、カンタス・グループ全体の中でも利益の大きい部門になった。2018年度の税引前利益は3億7200万豪ドル、利益率は24・1％と高い。対して国際線事業の利益は、それをわずかに上回る3億9900万豪ドルで、利益率はきわめて低い。バンクオブアメリカによれば、ロイヤルティ部門は、製品ラインを提供し続けることができれば、2020年にはカンタス航空の稼ぎ頭になると見られている。

カンタス航空の国際および貨物輸送の責任者（当時）である**ギャレス・エヴァンス**は、ロンドンで開催された航空フェスティバルで次のように語った。「**なぜ業界の枠を飛び越えて他産業を破壊しに行かないのですか？**　いろいろ挑戦すればいいのです。強いブランドと顧客ベースがあるなら、それを使って成長をめざすべきです」。

アジャイルな開発

そのため、ブライアン・ファンストンのチームは、カンタスの会員プラットフォームの上で展開する新しいビジネスラインの開発とプロトタイプ作成、そして市場テストを行っている。彼らが採用している生の反復的なアプローチは、アメリカ人起業家のエリック・リースによって一躍有名になったものだ。

低コストで実用最小限の製品のプロトタイプを発表し、顧客からのフィードバックから学んで改良し、そのプロセスを繰り返して完成に近づけるというリーン・スタートアップの手法である。当初のアプローチが間違っていたとわかれば方向転換すればよいだけの話だ。

リースはその手法を、アジャイルを推奨するソフトウェアエンジニアから学んだ。2001年2月にユタ州スノーバードに17人のエンジニアが集結し、アジャイル・ソフトウェア開発のためのマニフェストを発表した。それは柔軟性と継続的改善、そしてスピード優先を宣言した。小さなチームが「スクラム」を組み、1週間か2週間の「スプリント」でソフトウェアを開発するという形で実施されることが多い。

ファンストンのカンタス・ロイヤルティには、会員顧客を対象とした保険事業を行う「カンタス・インシュアランス」、金融を扱う「カンタス・マネー」、さらに今後発表される新しいビジネスラインが含まれる。彼らのためのスペースは、チームで活動する共同作業エリアと、一人で集中して作業するためのスペースがある。壁のボードにはチームのマニフェストが掲げられている。

・私たちはチームを信頼する
・アイデアとメンバーに多様性を求める
・大きく考える（落ち着かなくても）
・ポジティブに考える（壁にぶつかっても）
・スピード優先で進む

開発プロジェクトは2週間のスプリントに分割され、スプリントの進捗状況を共有するために毎日、立ったまま打ち合わせが行われる。壁には、新しい商品のアイデアや最新の進捗状況が記載されたカードがペタペタ貼り付けられている。

「私たちがやっていることは、他の何よりもソフトウェア・ビジネスに似ています。私たちはデジタルファーストでものごとを考えます。壁のスペースがなくなってしまって、移動式の仕切り壁を運び込むこともあります」と、ファンストンは言う。

航空会社から保険事業へ進出した理由

カンタスは、28億４０００万豪ドルという記録的損失を計上した２０１４年に、ロイヤルティプログラムの売却を迫られた。だが、CEOの**アラン・ジョイス**は、グループに持続可能な収益を実現する構造改革を20億豪ドルかけて推進し、その中核にこのプログラムを据えた。

改革は、コスト削減とプロセスの集中管理をめざすだけでなく、顧客体験の向上とスタッフのエンゲージメント強化のための投資も行った。努力の甲斐あって、カンタスは２０１８年に過去最高の16億豪ドルの税引前利益を発表し、過去最高の顧客満足度と従業員エンゲージメントを達成した。

カンタス・ロイヤルティの利益も増加し続けている。２０１７年には、グループ全体の利益の30%近くに達し、２０２２年には6億豪ドルまで上昇するとジョイスは見込んでいる。信用格付け会社のムーディズは、ロイヤルティ事業の強さを理由に、２０１７年5月にカンタスの格付けを引き上げた。カンタス・ロイヤルティは収益を確実に期待できるビジネスであり、ブリティッシュ・エアウェイズやルフトハンザより、はるかに大きなことをめざしている。

カンタス・ロイヤルティのプログラムは、パートナー企業にマイレージポイントを売ることによって機能している。小売のウールワース、シネマチェーンのホイッツ（Hoyts）、レストランのロックプール（Rockpool）、エアビーアンドビー、ウーバーなどのパートナーは、それぞれ自社の顧客に報酬を与えるために「カンタス・ポイント」を購入する。

ポイント交換にかかる費用は販売額より小さく、すべてのポイントから儲けが発生する。そしてポイントは通常24カ月後に使われるので、カンタスには現金が入る。カンタスは**２０１７年にカンタス・ポイントの販売で国際線のチケット販売よりも多く稼いだ。**

収入の一部は、伝統的な小売チャンネルからもたらされる。２０１１年にカンタスはウィッシュリスト（Wishlist）というオンラインショップを買収し、それをオンラインモールに変えた。目新しいことではないが、それで可能になった垂直統合型ビジネスが可能性を広げた。

２０１１年7月に、カンタス・ロイヤルティはエピキューレ（epiQure）を立ち上げた。これはファーストクラスで提供されるシャンパンを購入できるフード&ドリンククラブで、有名シェフのディナーにも参加できる。目標はカスタマーエンゲージメントを強め、ブランドに愛着のある顧客集団を構築することだった。

その2年後には旅行者が海外で使えるキャッシュカードを発行し、さらに２０１４年12月には複数のゴルフクラブと連携してカンタス・ゴルフクラブを立ち上げた。会員はプレーすることでポイントを獲得し、トーナメント観戦やイベント、コース予約での優遇を受けられる。ちなみにホールインワンすれば１００万マイルが加算される。

ジョギングすればポイント獲得

健康保険会社のニブ（nib）との提携によってスタートした保険事業は、航空会社が飛行機と無関係なビジネスでも利益を上げられることを示している。

2015年11月に発表されたカンタス・インシュアランスは、オーストラリアの190億豪ドル規模の民間医療保険市場への最初の一歩で、当初2～3%のシェアをめざした。ニブがリスク評価と保険引受を行い、カンタス・ロイヤルティがマーケティング、顧客データ、顧客維持（カスタマーリテンション）の専門知識を提供する。

ここでもアジャイルな開発手法が採用された。ブライアン・ファンストンのチームの60人が保険商品の改善に取り組んでいるが、その半数が開発担当者だ。たとえば、身体活動を追跡するウェアラブル技術によって、**顧客はジョギングしたり犬を散歩させたりすることでカンタス・ポイントを獲得する。**犬の散歩にまでポイントを与えることについては、潜在的な顧客について何百時間も詳しく調べたうえで決定を行った。

最初の2年間で顧客は2250億歩、1億8000万キロ歩き、2億カンタスポイントを獲得した。シドニー－メルボルン間のエコノミークラスなら2万7000回搭乗できるポイントだ。2017年、カンタス・インシュアランスはオーストラリアで最も急成長している民間医療保険ブランドとなった。

しかし、航空会社が健康保険会社を経営するという戦略を経営陣に承認させるのは、そう簡単ではなかった。「われわれは保険ビジネスの承認を得るためにCEOの元に走りました。航空会社のボスから2時間の質問攻めに遭いました。手強かったですが、そのフィードバックは本当に役に立ちました」とファンストンは振り返る。

経営陣はやがて、**金融サービスは変動の大きい航空ビジネスよりはるかに安定した収入が得られる**ことを理解した。しかも、最低限のマーケティング費用でリーチできる大規模な潜在顧客ベースがすでに存在し、それによって契約獲得に要するコストもリスクも抑えることができるのだ。

「信用」という最強資産を大切に運用する

カンタスのロイヤルティプログラムには難攻不落の優れた資産が2つある。顧客の行動や関心に関する膨大なデータ。そして、「カンタスはきちんとめんどうを見てくれる会社だ」というブランドに対する顧客の信頼である。

カンタス・ロイヤルティのCEOで、以前は政府対応全般およびカンタス本体のブランドを担当していた**オリビア・ワース**が言う。「信頼は一晩で築けるものではないので、それがあるのは、さまざまなパートナーと垂直統合型の機会を追いかけるうえで大きな強みです」。

「どのブランドもいま、顧客を所有しているのは誰なのか、どうすれば他社に横取りされずにすむのか、という問題に直面しています。だから

ロイヤルティプログラムが重要です。カンタス・ロイヤルティはカンタスと顧客を結ぶ強い絆なのです」

たとえばフェイスブックやグーグルは大量のデータがひもづけられた大量の利用者を抱えていて、絞り込んだターゲットにリーチしたい広告主にプレミアム料金を請求することができる。カンタス・ロイヤルティにも同様の利点がある。ワースはこう説明する。

「デジタル企業と違うのは、私たちは実際の経験、つまり飛行機の搭乗体験を提供できるということです。それが顧客との関係を深め、他社との差別化を図る機会を与えてくれるのです。私たちは100年近い歴史を持つ、オーストラリアを象徴するブランドです。『カンタス』はオーストラリア人の心の特別な場所を占める、なつかしい家族のようなものなのです」

カンタスはデジタル企業が得られないような顧客データを把握し、それを使って個人に合わせた提案を行う。2014年、顧客情報のデータマイニングを行うレッド・プラネット（Red Planet）という事業を開始した。これによって、カンタスグループとそのパートナー企業のメディア購入決定、分析、および調査を向上させることができる。**「オンラインでの行動からオフラインの活動へと移行する顧客の行動を全体的に理解できる」**と言う。

その翌年、カンタスはデータアナリティクスと保険数理の会社であるテイラー・フリィ（Taylor Fry）の過半数株を取得した。2016年にはデータ・リパブリックに数百万ドルを投資し、提携パートナーなど大規模な組織とのデータ交換を安全に行える態勢を整えた。

「データの量と質、そしてそれを分析する力が、カンタス・ロイヤルティの成長の鍵を握っていることはわかっていました。デジタルプラットフォームに移行することで、顧客について正確な把握ができ、精度の高い情報を顧客に届けることができます」とワースは言う。

顧客のことがわかるのは、マイレージプログラムのページのクッキーを通じて、あるいはより広いウェブ上での行動をモニターすることによってである。レッド・プラネットは企業内で使用されているが、エイビスやアメリカンエキスプレスなどパートナー企業の販売コストを引き下げて顧客獲得率を引き上げることにも使える。

医療保険、生命保険、そしてオーストラリア第二の通貨へ

しかし、主な受益者はもちろんカンタス自身だ。「数年前、私たちは一歩下がって自問しました。私たちが顧客について持っている豊富な情報の価値を本当に理解できたら、いまのビジネス以外に何ができるだろう？　どんな分野や市場に進出できるだろう？」と

パートナー企業と一緒に構築したカスタマー・ロイヤルティのエコシステムによって、会員は映画鑑賞、レストランでの食事、食料品購入など、飛行機とは無関係なことでもポイントの付与や利用を望んでいることがわかっていた。それがカンタスを銀行との提携に向かわせ、クレジットカードでの支払いにポイントが付くようになった。それによって、ウールワースで買い物をしてANZクレジット

カードで支払った顧客は、ポイントを2倍貯めることができるようになった。

エピキューレは、顧客が料理やワインに関心があるという気づきがきっかけだった。それが機内食のメニューを監修しているニール・ペリー（Neil Perry）とのパートナーシップにつながり、会員はロックプール・レストランでポイントの取得と使用ができるようになった。

「私たちは、オーストラリア経済のいたるところにパートナーの連合を形成して、カンタス・ポイントを実質的に第二の通貨にしてしまおうと考えたのです」とワース。私が仮想通貨のようなものですね、と合いの手を入れると、彼女は「そう、まさにそういうことです」と言った。

こうして保険ビジネスの機会が浮上したとき、それを進める方法としては、ニブのような既存の保険会社と協力し、そこが持っている商品の名前を付け替えて提供するのが理にかなったやり方だった。「医療保険ビジネスの核心は、顧客の健康と幸福です。空を飛んでいるときだけでなく、生活のすべての場面で健康的な生活が送れるように助けることです。パートナーシップによってユニークな提案をすることができました。健康によい行動をすればポイントを得られるというものです」とワースは言う。その目論見は成功し、高い成長率と顧客満足率を達成し、健康増進プログラムは強い顧客エンゲージメントを獲得した。

医療保険の次は生命保険だった。「次に何をすべきかは自ら仮説を立てて検討することができます。そうすることで、未来を切り開くのに必要な柔軟性が得られるのです」

もう1つの成長分野は、カンタス・ロイヤルティに立脚した金融サービスだ。ブライアン・ファンストンのチームが運営する「カンタス・マネー」という社内スタートアップが、大手金融機関と提携して進めている。**4つの主要銀行との契約により、オーストラリアでのクレジットカード使用の35%がすでにカンタスポイントと紐付けられている。**

2013年には「カンタス・キャッシュ」（マスターカードによる複数通貨に対応したトラベルマネー）を発行し、72万件、35億豪ドルの利用があった。カンタス・キャッシュのチップをアリークエントフライヤー・カードに埋め込み、会員がオプション選択すれば利用できるようにするという工夫も奏功した。いまではシティバンクと提携して独自のクレジットカードを発行し、会員に提供されるさまざまなサービスや顧客体験をカンタスが管理している。

1つは2017年に発行した「プラチナカード」で、高いポイント付与率と空港ラウンジの利用といった特典がある（入会時ボーナス8万ポイント）。

もう1つは6カ月後に発行された「エブリデイカード」で、ポイント獲得率は低いが年会費も少ない（入会時ボーナス4万ポイント）。2つのカードで市場全体をカバーする作戦だ。2018年の第1四半期、クレジットカード事業の成長率は市場全体では0・05%だったが、カンタスは5・3%成長した。

企業変革を成功させる条件

大胆なデジタルトランスフォーメーションの事例を探していた私は、カンタスと出会うまで、既存企業が「アジャセント成長戦略」（adjacent growth＝コア事業の外に新しい事業を立ち上げる戦略）でスピーディに利益を得た事例をなかなか見つけられずにいた。

航空会社による保険販売やクレジットカード発行をこの戦略に含めるのは、「隣接（アジャセント）」の定義の拡大だと言われるかもしれないが、カンタスを取材してわかったことは、同社には成功に必要な条件が揃っていたということだ。

すなわち、**複数分野での事業経験、変革の緊急性がわかっているリーダー、自社のあるべき姿を真摯に追求する組織文化、権限を付与された多様性と意欲のあるチーム、必要最低限の外からの監督、失敗するかもしれない実験を許容し奨励さえするアジャイルな考え方、**などである。

CEOとしてカンタスの変革の先頭に立つアラン・ジョイスは、かつて自分自身のビジネスを破壊した経験がある。2003年、カンタスに入社して3年目、ダブリン育ちのジョイスは低価格航空会社（LCC）のジェットスターを立ち上げるように命じられた。

当時、カンタスの収益は低価格で運行するヴァージン・オーストラリアのせいで低迷していた。カンタスの対応策は、「いつでも安い」国内線航空会社ジェットスターを立ち上げることだった。

フルサービス戦略のカンタスと共食いを起こすリスクはあったが、ジェットスターはカンタスのあるシドニーではなくメルボルンに置かれたので、親会社からの独立性を保つことができた。それが奏功し、後にジェットスターグループとして国際化を果たし、2018年には4億6100万豪ドルの利益を発表した。

BCG(ボストン・コンサルティング・グループ)のシドニーオフィスのシニアパートナーで、ジェットスター立ち上げにも加わった航空専門家の**トム・フォン・オーツェン**はこう話す。

「確立された会社の中で何か新しいことをやろうとすると、抵抗があるものです。時代遅れのレガシー思考がジェットスターを抹殺していてもおかしくなかった。でもアラン・ジョイスは、ジェットスターを立ち上げてカンタスから独立し、競争力のある航空会社というポジジョンを堅持することに成功した。それが結果を生んだ。

カンタス航空は現在、成功裏にLCCを経営している世界で唯一の会社です。リスクと利益のトレードオフを賢く扱い、失敗に足を取られないようにする方法も学びました。たとえば、ジェットスター香港は失敗したけれど、大きな問題ではありませんでした」。中国東方航空との合弁事業としてスタートしたジェットスター香港は、免許を取得できず、2015年に事業を中止している。

ジョイスは2008年にカンタスグループのCEOに昇進した。「ジェットスターの経験から、本体の動きが遅い分野で素早く動くノウハウを身につけていました」というのがフォン・オーツェンの評価だ。ジョイスは何度か人事にも手をつけて本社の企業文化を変えた。

彼が行ったのは、自主的に決定できるビジネスユニットを立ち上げ全社にコラボレーションの文化を醸成し、**建設的な議論を促し、グループとしての決論が出たら全社一丸となって動くような組織体質を築くこと**だった。

「以前は上意下達のマネジメントが行われていましたが、アランは自分の首を差し出してでもリスクを取るよう社員に発破をかけました。ロイヤルティの責任者がビジネスを倍増させたいと申し出たら、アランは〝思い切ってやってくれ〟とだけ言いました」

ほんとうに役に立つコンサルタントの使い方

BCGのデジタル・ベンチャーズ（BCGDV）部門に属するフォン・オーツェンのチームは、カンタス・ロイヤルティの新規事業立ち上げを支援してきた。そのBCDGVについてブライアン・ファンストンが言う。

「BCGDVは、MITやシリコンバレーなど、世界から優秀な人材を集めてきてくれた。私たちは多くのことを実践から学びました。39番が終わったら、はい40番というぐあいです。もちろん失敗することもありました。**彼らは私たちに異なる考え方を注入してくれて、私たちが自ら破壊することを助けてくれました**」

フォン・オーツェンは「私は彼らの思考に挑戦し、戦略の定量化と明確化を手伝っています」と言う。保険のアイデアは、ＢＣＧＤＶチームも一緒になって行った、12の市場を検討したスプリントから生まれた。

「保険ビジネスに参入することになるとは思っていませんでした。この案が浮上してから、自分探しのような議論が繰り返されました。どこまでブランドを広げていいのかという議論は、いまもカンタスで進行中です。航空会社の枠の中にとどまっていたい人もまだいます」

航空会社ならではの文化に助けられた面もある。新しい飛行機を購入するための比較的大きな投資に慣れているので、少ない投資ですむ保険ビジネスにトップは魅力を感じたようだ。「毎日少しずつ売上が増えるという点も好評でした。購買までのファネルを洗練したり、健康アプリを改善するといった絶え間ない改善の意欲が感じられました。他の航空会社と比較すると、将来のビジネスについてのカンタス航空の考え方は何光年も先を行っています」。

カンタスはまた、戦略と実行を支援するためにアクセンチュアのコンサルタントを雇った。２０１4年にカンタス・ゴルフクラブを設立すると決めたとき、オーストラリアＰＧＡチャンピオンシップの開催に合わせて4カ月以内にスタートさせなくてはならないという時間的プレッシャーがあった。

アクセンチュアは、２週間または3週間のスプリントを8つ設けて開発プロセスを進めた。デブオプス（DevOps）と呼ばれるソフトウェアエンジニアリングの手法も使った。これは、開発と運用を統合してコードの記述、テスト、実装にかかる時間を短縮する方法だ。努力が実って締め切りに間に合わせることができ、初日に1万２０００人を超える会員が入会した。

ほんとうに効果のある社外リソースの活用法

社内だけでなく社外の多様なリソースを活用することは、企業変革において重要な意味がある。CEOのオリビア・ワースは言う。

「私たちは異なるスキルを取り入れる必要がありました。新規事業はデザイン思考、機敏な業務推進、テクノロジーと開発に重点を置いています。いずれも、素早い反復が必要なデジタルビジネスには不可欠のものです。それから、私たちの重要な競争優位の1つが顧客体験で、空の上でも空港ラウンジでも、それを常に意識していました。なので、**顧客が私たちに抱く期待にデジタルな領域でも応えること**が重要でした」

カンタス・インシュアランスとカンタス・マネーはそれぞれ約60人を雇用しており、その半数が開発者だ。加えて、必要に応じて最大350人の請負業者を雇う。いずれも販売、財務、マーケティング関連の業務を依頼している。

人材面では、銀行やハイテク企業と競争するので、優秀な開発者やデータサイエンティストを確保する必要があり、ライバルが目を付ける前にユニークな人材を見つける目的で大学と提携したり、独自に展開したスタートアッププログラムの中で社員候補を見つけることも行なった。

カンタスは2017年3月にスリングショット（Slingshot）と提携して、スポンサー企業とハイテク・スタートアップを結びつけるアクセラレーターを立ち上げた。12週間のAVROプログラムに選ばれた複数の企業に、最大15万豪ドルまでの資金を提供するほか、メンターシップ、データ、匿名化処理を施した顧客情報、さらには将来の資金調達の可能性や空の旅なども提供した。

２０１７年に選ばれた企業の中には、ポウシェイク（Pawshake）（「愛情と信頼のペットケア」）、エアロスター（Aeroster）（「パイロットとキャビンクルーの搭乗予定確認とシェアを容易にする」）、ブーズ・バッド（BoozeBud）（「酒の選択と配達」）などが含まれていた。

プログラム最後の年となった２０１８年には、「シームレスな旅をつくる」（思い立ったときから到着まで、旅行体験に革命を起こす）、「空の上だけではないケア」（暮らしとコミュニティを身体的、社会的、経済的に豊かにする）、そして「限界なきイノベーション」（次の画期的な事業を見つける）といった課題に取り組むチームが選ばれた。

ワースは、**多くの企業アクセラレーターが宣伝目的で行われている**と言う。だがＡＶＲＯはＣＥＯから直々に、真の顧客ニーズに応え、オペレーション上の問題を解決するために役立てるようにと言われている。

顧客の３人に１人がペットを飼っていることがわかったカンタスは、ペットのためのエアビーアンドビーを標榜するマッド・ポウズ（Mad Paws）にも投資した。この投資によって、直接的な収益だけでなく、犬を飼っている顧客がカンタス航空で旅をする理由が１つ増えることになる。

イノベーションに不可欠なたった1つのこと

カンタスは新しいアイデアを採用するのは早いほうだが、すべての面において「いちばん早い」とは言えない。

生き残っている最古の航空会社というわけでもない。その歴史は1920年11月16日にまで遡るが、すでにその前年にKLMオランダ航空とアビアンカ航空（コロンビア）が開業していた。1979年にボーイング747で世界初のビジネスクラスのサービスを開始したと主張しているが、ブリティッシュ・カレドニアン航空のエグゼクティブキャビンは1978年4月に、その数カ月後にはパンナムのクリッパークラスとブリティッシュ・エアウェイズのクラブクラスも始まっている。

カンタス・フリークエント・フライヤーは1987年1月に始まったが、その種のプログラムの第1号は1972年にウエスタン・ダイレクト・マーケティングがユナイテッド航空のために始めた簡単なもので、その7年後にはテキサス国際航空が搭乗マイルに応じた報酬を提供するマイレージプログラムを開始している。

それでも、ロイヤルティ・ビジネスに対するカンタスの取り組みを際立たせているのは、データ活用の能力、顧客志向の姿勢、そしてブランドの一貫性を保つ柔軟さである。クレディ・スイス・グループの推定では、それは40億豪ドル相当の経済効果をもたらしているという。

しかし、それをイノベーションと呼ぶのは適切ではない。ＣＥＯのオリビア・ワース自身が異議を唱えているからだ。

「イノベーションという言葉は使われすぎていて、それを口にする人の意図もさまざまなので、意味がありません。**要は、変化し続ける世界にどう適応するかということです。どう競争するのか、どうやって勝つのか、どうやって生き残るのか、どうやって先回りして収益を増やすのか、**ということです」

燃料コストが１年の間に数百万ドルも変動する状況では、どんなに頑張ってコストを削減しても持続可能性を確保することはできない。

他の業界はカンタス・ロイヤルティから何を学ぶことができるだろう？

「私たちが確信していたことは、**顧客との結びつきを失ったらイノベーションは起こらない**という、力強い単純な事実です」とワースは言う。たとえば、顧客データを厳格に収集して解析することによって、カンタスは新たな収益を生む製品につながる洞察を得た。

データ収集といえば、同社のデータサイエンスチームは、駐機場の機体、牽引車、ケータリングトラック、エチケット袋、交換部品の動きさえも追跡している。こうした緻密さが、顧客とのつながりを築くうえでも役立っている。

こうした**緻密さに裏づけられた顧客との結びつきは、イノベーション**

チームが担える役割ではないとワースは言う。それは会社のアイデンティティのコアの部分でなければならず、上司や役員会のサポートが必要だ。

「カンタスにとって、イノベーションは生き残りにかかわる問題でした。この会社がどうやって生まれたか。**ポール・マクギネス**と**ハドソン・フィッシュ**が第一次世界大戦から復員してきて、この国の片方の端からもう一方の端に郵便を届けたいと考えたのです。郵便会社の将来に思いを馳せた二人の大志からカンタスは生まれました。私たちはいろいろ試し、もちろん失敗もしました。クルーズ船やホテルを所有したこともある。飛行機やエンジンを製造したこともある。試行錯誤を積み重ねてきたのです。でも、失敗したらもう一度やりなおせばよいのです。その考え方だけは絶対に組織文化に必要で、トップ自らが率先しなくてはなりません」

「ここまでやったら顧客が離れる」という境界線の見極め方

どこまで手を広げたら、ブランドの拡大しすぎになるのだろう？　ワースはこう答えた。

「ブランドと合致しているかどうかが分かれ目になるのではないでしょうか。カンタスのブランドは本質的にオーストラリアと結びついているので、私たちが検討する提案の多くは、優れてオーストラリアベースのもので、そこにプレミアムな価値があると考えます。それから信頼と安全もブランドの鍵です。私たちは人を乗せて飛行機を飛ばしているのですから」

「なので、新たな垂直的統合の機会について検討するときは、リスクと信頼について踏み込んだ議論をします。そして、**ブランド拡大の境界線がどこにあるのかは、顧客について詳しく調べることによっても見極めることができます**」

私はワースに、「カンタス・ロイヤルティほど顧客に対する知識があれば、出会い系サービスができるのではないか？」と提案してみた。ワースは笑いながら答えてくれた。「それはカンタスの高感度レーダーにも映っていませんね。ボーイング787には乗客同士がメッセージをやりとりできる新技術が搭載されていて、その機能を面白おかしく〝空の上のデートアプリ（ティンダー・イン・ジ・エアー）〟と書いた記者がいましたけど」

次に、「銀行になるというのはどうか？」と問うたら、ブライアン・ファンストンがすぐに首を振った。「私たちの価値は顧客との関係にあると考えています。銀行の強みは、たとえばコンプライアンスなど、別のところにあります。私たちは顧客にとって最も魅力的なもの、顧客が求めているものを提供しなくてはなりません」

ファンストンに、敏捷性を高めて新しい価値を生みたいと思っている他の企業へのアドバイスを求めたら、こんな答えが返ってきた。「**それに成功した会社を訪ね、見て、話し、自分をさらけ出すことです。**私たちはシリコンバレー、イスラエル、あらゆるスタートアップ・アクセラレーター、Yコンビネーター（Y Combinator）、テックスターズ（Techstars）、ロサンゼルスのドジャース球団、スタンフォード大学など、あらゆるところに行きました。企業と話すことです。社員の能力やビジネスのスピードに驚かされることになると思いますよ」。

だが彼は、**変わろうという動機は自社の内部から生まれなければならない、**

とも言う。「会社には起業家が必要です。外の誰かが何か言ってくるのを待っていたのではいけない。それは中から始まらなければなりません。カンタス・ポイントをプリペイドのトラベルカードに組み込んでカンタス・キャッシュとしたときも、その発想はチームの中から出てきました。〝難しいことは何もない、すぐにやろう〟と考えました。カンタスは障害を取り除くのが上手になってきました。社員がやりたいと思いついた素晴らしいアイデアを上手にサポートできるようになりました」

カンタスのイノベーションにとって最大の脅威は何か？　アマゾン、グーグル、エクスペディアだとファンストンは言う。デジタル・ネイティブで、顧客データを山ほど持っていて、速く動けて、航空会社を破壊できない理由など何もないと考えている企業群だ。

「でも、その脅威があるからこそ、自社を正しく見つめられることも確かです。銃を突きつけられたら、自分の強みがどこにあるかを知っておく必要がありますからね」

アラン・ジョイスが2016年の年次報告書に書いているように、「スマートフォン、24時間365日の接続性、ウーバーやエアビーアンドビーのような新しいビジネスモデルによって、人々はサービスや情報や娯楽への幅広い選択肢を獲得した。そしてビッグデータによって、企業は顧客を理解し、個人に合わせた方法で顧客に対応する能力を獲得した」。

航空会社にとっての課題は、自らの競争優位を見出し、「破壊されるのではなく破壊することだ」と彼は付け加える。その意味で、一世紀かけて築き上げてきた信頼と忠誠心は、何ものにも勝る出発点である。

ACTION POINT

自社の価値を組み替えよ

私は『ワイヤード』を創刊したときから、編集の質を維持しつつ収益を確保するためには、何か新しい収益モデルをつけ加える必要があると考えていた。

そこで私たちは野心的なカンファランス・ビジネスを立ち上げた。それは人々をネットワーキング、学び、そして楽しみのために一箇所に集めるというものだ。お金や健康まで含む幅広いテーマでレベルの高いスピーカーを集め、イベントスポンサー料や入場料で収入を確保した。スタートアップの考え方を知りたいと考えている企業がいるだろうと考え、私たちのネットワークを活かしたコンサルティング事業も始めた。戦略コンサルティングというよりコネクション構築が主眼のサービスだ。

私たちは編集の独立性については一切妥協しないが、高品質の雑誌でお金を儲ける方法については自由に発想するよう努めた。

機敏な思考を実行するのにジェット機の編隊は必要ない。どんな組織も、カンタスから学べる教訓を無視することはできない。

1 組織の基本的な価値と精神を明確に定義する

現在も将来も、ビジネス上のどんな困難に遭遇しても、そこで妥協をしてはならない。

2 顧客の欲求を理解する

顧客に尋ね、調べ、テストし、常にそのニーズを第一に考えること。

3 自社が持つアンフェアな優位性を見極める

競合がうらやむような自社の強みは何かを見極める。それは顧客から寄せられる信頼かもしれないし、特定の専門知識かもしれない。自社のバリューチェーン全体を見渡して、顧客に喜ばれる使い方ができる強みがないかを探し、どうすればそれを使って新しい事業を構築できるかを考える。

4 アジャイルなソフトウェア開発方法を研究し、活用する

チームで短期間のうちに新製品のプロトタイプを作成し、テストし、反復し、リリースする方法を工夫する。アジャイルはあらゆるビジネスに使える考え方だ。

5 変革が必要になった場合は、上から確実に通達を行う

リーダーはチームに幅広い権限を与え、チームが自分たちの考えを掘り下げ、表明できるようにする必要がある。階層的組織による上意下達の時代は終わっている。

6 外に目を向けてパートナーを探す

カンタス・ロイヤルティの会員は、さまざまな企業との間にパートナーシップが構築され、会員にとってポイントの獲得と利用ができる範囲が広がったときに顕著に増加した。

7 多様な視点、背景、才能を抱える組織をめざす

新しいアイデアは異なる意見がぶつかるときに生まれる。自社だけでは難しい異質なプロセスを導入するために、外部の機関やコンサルタント会社と協力することも必要である。

8 新たな実験を行うときは、支配的な企業文化で窒息させられないようにする

ジェットスターの本社がメルボルンではなくシドニーに置かれていたら、独自の競争優位を築けなかったかもしれない。

9 「アクセスできるが使っていないデータ」がないか考える

どうすればそのデータを〝アンフェア〟な利点に変えることができるかを考える。

10 自社ビジネスを破壊するとしたら、どうやって実現するか？

自社への攻撃は、他社から身を守る最大の防御策だ。

エコシステムを構築せよ

「シャオミ」
世界最大の市場を
拡大し続ける「電話会社」

Finland
Estonia
China
UAE
India
Australia
South Africa

PART 13

UK
USA
Peru

「劣化コピーの中国」は時代遅れの考え方

北京北部の海淀区(ハイディエン)にあるウールロード沿いには、一見するとアップル・ストアのような明るく広いショールームがある。どこかで見たような超軽量ラップトップの「Notebook air」や、ディスプレイに枠(ベゼル)のない「Miフォン」が、長いテーブルに並べられている。Tシャツ姿のスタッフが、スマートフォンを「MiTV」や「MiCloud」と同期させようとする客の手伝いをしている。これは、アップルのiTVやiCloudに相当するサービスだ。

2015年に初めてここを訪れたとき、私は、本体カラーが5種類ある「MiPad」を見て、iPadのカラフルな低価格機種が発表されたのかと勘違いした。

空間を活かした店舗のミニマリズムが、アップルにインスパイアされたものであることに疑問の余地はない。しかし、壁にある赤い「Mi」のサインは、そこが中国のシャオミ(Xiaomi：小米)の店であることを示している。同社のCEOで創設者の**雷軍**(レイ・ジュン)は、大学時代にスティーブ・ジョブズの話を読んで、「大いに影響を受けた」ことを認めている。

実際、Mi4(スマートフォン)を発表した2014年7月のスピーチで雷軍は、アップルから受注してiPhoneを製造している会社に、シャオミの製品も作ってもらえないかと打診したことを打ち明けている。さらに、ジーンズに黒のタートルというジョブズの「制服」に身を包み、ジョブズのお得意のフレーズ「それからもう一つ（ワン・モア・シング）……」を連発して、アップルの二番煎じを揶揄する人々に格好の材料を提供した。

アップルの最高デザイン責任者である**ジョナサン・アイヴ**は、サンフランシスコで開かれた『バニティフェア』誌のイベントで、シャオミを、疑う余地のない「どろぼう」と非難した。

中国のイノベーションはシリコンバレーを超えている

だが、この章で紹介したいのは、「アップルの知的所有権と独創性を侵害する中国メーカー」というおなじみのストーリーではない。いかにして雷軍（レイ・ジュン）が、２０１８年７月に香港株式市場で評価額５４０億ドルという世界最高の値をつけたハイテク・スタートアップを築いたかという話だ。

彼はそれを、スマートフォン事業によってだけでなく、新種のインターネット対応エコシステムを築くことによって成し遂げた。シャオミは２０１０年の創業から9年間で、アンドロイド・ベースのＭＩＵＩオペレーティングシステムで月間アクティブユーザー数2億という顧客ベースを獲得し、インドやインドネシアを含む70カ国の市場に進出し、中国の会社について欧米社会が抱いている思い込みに異議を申し立てた。

中国のスタートアップは欧米のコピーキャットであるという時代遅れの決めつけに私はうんざりし

ていた。深圳と上海を旅して、ＤＪＩ（大疆創新科技）のドローンも、テンセントのウィチャット（WeChat：微信）も、中国が生み出す驚くべき製品イノベーションは、シリコンバレーで見たどんなものよりスケールが大きいことを知ったからだ。

ビジネスモデルという点で、そして規模が生み出す利益について、欧米企業は中国から何を学ぶことができるか？　それを探るために私は、生き馬の目を抜く中国のスマートフォン市場で高品質のロスリーダー（採算度外視の低価格商品）を連発するシャオミを訪問した。そこで発見したのは、「エコシステム」の構築こそが彼らの驚異的で独創的な成長戦略であるという事実だった。

スティーブ・ジョブズに憧れた青年

「私たちは中国企業にしては変わった考え方をしています。高品質を保つためには費用を惜しまないという点です」と雷軍（レイ・ジュン）は言った。

事前に提出した質問に通訳を介して答えるのは、公の場で英語で話して失敗した過去を繰り返したくないからかもしれない。２０１５年４月にニューデリーでスマートフォンを発表した際、「おわかりでしょうか？（アー・ユー・オーケー）」というぎこちない英語がネット上でからかわれたのだ。

「シャオミはあらゆる中国製品の品質基準を引き上げる推進力になると信じています」と雷軍は優等生の答えをしたあと、こう付け加えた。「中国で作られる物は粗悪品かコピー製品だといった認識を一掃するつもりです」。

雷軍は1969年12月、中国東中部の湖北省仙桃（シャンタオ）という裕福な地域で生まれ、武漢大学でコンピュータサイエンスを学んだ。後に『ニューヨークタイムズ』に語ったところでは、学生時代にコンピュータ産業の誕生について書かれた『ファイヤー・イン・ザ・バレー』（*Fire in the Valley*）という本を読んでスティーブ・ジョブズに魅了され、「ファーストクラスの会社を作ると決めた」という。

しかし雷軍は、シャオミはアップルのようなスマートフォンとコンピュータの会社ではなく「インターネット企業」だと言う。たまたまスマートフォンを売っているが、それはインターネットを介してあらゆる製品とサービスをアップセルするための顧客基盤を構築するためだと強調した。

とはいえ、スマホの販売でも並外れた成功を収めている。同社のツイートで、その成長の歴史をたどることができる。**2011年12月18日に3時間で10万台、12年4月24日は15分で15万台、同年9月20日にはわずか4分で30万台を売っている。**

14年に6100万台を販売してシャオミは中国最大の電話メーカーとなり（前年は1870万台）、その成長は15年上半期まで続いた。その後、中国トップの座をファーウェイ（華為）に譲って販売台数の発表には慎重になったが、18年に再び勢いを取り戻し、第2四半期の販売数は3200万台を記録した。

世界一のプラットフォーム

雷軍（レイジュン）によれば、シャオミを最もよく説明する表現は、IoT（モノのインターネット）に接続されるスマートなデバイスへのアクセスを人々に開放（デモクラタイジング）しようとしている会社、というものである。

「私たちはネットに接続されたライフスタイルを誰もが実現できるよう、高品質の製品を作り続けています。スマホやタブレット、テレビ、ルーターだけではありません。私たちは〝エコシステム〟の形成につながるビジネスを行うスタートアップに投資し、何百種類もの製品を持っています」

シャオミが投資しているスタートアップは、充電器からウェアラブルデバイス、空気清浄機、浄水器などさまざまな製品を作っており、実店舗やネットのMi.comで販売されている。シャオミはこのネットストアの運営のために、2015年4月に360万ドル支出した。**名前を「Mi」としたのは、積極的な海外進出の中で、外国の消費者にも発音しやすくするため**だ。

さらに雷軍は、中国のテクノロジー企業は欧米の真似をしているだけという汚名を吹き飛ばし、中国製品に対する世界の見方を変えることも使命として掲げている。

「中国では欧米企業が追いつけないようなイノベーションがたくさん起こっています。ウィチャットをメッセージングアプリだと考えている人もいますが、いまではゲーム、支払い、インターネットサービスなどを組み込んだプラットフォームです。シャオミも同じです。私たちにはユニークなビジネスモデルがあります。スマートフォンの会社ですが、Mi.comは中国で3番目に大きいEコマースサイトです。そして、ゲームも出しているインターネットサービスの会社でもあります」

小ささを保つ巨大企業

「私たちのモットーは〝レス・イズ・モア〟です」と雷軍(レイ・ジュン)は言う。「少量の製造に集中することで、それに精通し、その分野で最高の存在になることができます。でも、小さいことで**大きな結果をつかむためには、多数の小さいことをしなくてはならず、そのためには他社の助けが必要です。**だから私たちは他社に投資し、より多くの製品を作るためのエコシステムを形成しようとしているのです」

そのエコシステムの規模は驚くほど大きい。雷軍の投資ファンドである順為資本(シュンウェイ・キャピタル)によると、2017年半ばまでに、シャオミはＭｉの充電器を5500万個、フィットネストラッカーを2300万個、電源延長コードを550万個、カメラを330万台販売し、空気清浄機については中国で最高の台数を販売した。

『フォーブス』の推計では、順為資本、シャオミ、雷軍個人を合わせると、Ｍｉエコシステムを構築するために、ネットテクノロジー企業に少なくとも460件の投資が行われている。

2016年12月のチャイナ・モバイル・ワールドワイド・パートナー・カンファレンスで雷軍は、株式公開前の限定的な開示ではあったが、エコシステムからの収益は年間150億元（24億ドル）と発表した。スタートアップの少なくとも4社は、単体で企業価値10億ドルのユニコーンである。その中には4500万個のスマートウェアラブルを販売したファーミ（Huami：華米）、米国のセグウエィを買収した電動スクーター製造のナインボット（Ninebot：納恩博）が含まれる。

いまシャオミは、中国に次いで大きいインド市場で同様のネットワークを構築するために、10億ドルを投資する予定だ。リアル店舗の「Ｍｉホームストア」を世界で２０００店展開する計画も進行中だ。雷軍にとって、旅はまだ始まったばかりである。

9-9-6カンパニーと毛沢東とミッション・インポッシブル

北京の毛紡路（マオファンルー）にあるシャオミの本社では、近くの工事現場から拾われてきた犬が訪問客を興奮気味に出迎えている。廊下の壁に飾られているのはフランス印象派の大きな版画だ。マスコットの米兎（ミィトゥ）というウサギが、オフィスの棚やデスクに置かれている。２０１５年10月の水曜、夜8時だったが、どの席でも社員が忙しく働いていた。広報の女性によるとシャオミは「９－９－６カンパニー」だという。**朝9時から夜9時まで、週6日働く**という意味だ。

ファンたちもシャオミのミッションに動員される。壁にポスターが貼られている「Ｍｉポップ・パーティ」は、シャオミを愛する人々が集まって、ロックスターのかつらを着けた会社の幹部とステージで踊るというイベントだ。

陳列ケースにはファンたちから贈られた手製のプレゼントが飾られている。雷軍（レイ・ジュン）のフィギュア、ブランド物のスニーカー、粟（あわ）の粒でデコレートしたスマホケースなどだ。

「小米」（シャオミ）は標準中国語で「粟」を意味するが、その言葉は中国人の遠い記憶の中に根づいている。１９４６年に毛沢東が行った有名な演説がそれで、**「粟を食べて鉄砲をかついだ共産党の兵士が戦闘機と戦車で武装した国民党軍を打ち負かすだろう」**と毛は檄を飛ばした。

雷軍は、Ｍｉは「モバイル・インターネット」と「不可能な使命（ミッション・インポッシブル）」の頭文字でもあると言う。新しいＯＳと新次元のスマートフォンを生み出すことで天下を取るという気持ちを込めているのだろう。「10年前、私はモバイルインターネットこそが未来だという結論に達しました」と雷軍は言う。「私はスマホが大好きです。最初にｉＰｈｏｎｅとアンドロイドのスマホがリリースされたとき、アンドロイドのスマホをつくることに決めました」。

ただし既存のＯＳとは違い、シャオミのＭＩＵＩというＯＳは、ユーザーからの意見や要望をオープンに募り、それをふまえて毎週更新される。シャオミの創立5周年記念で雷軍はこう語った。「私たちは顧客を友として扱い、友からの貴重な意見を参考にして製品を作り、アップグレードします。私たちはユーザーを信じ、ユーザーの声に耳を傾けます」

雷軍は大学卒業の翌年、１９９２年にソフトウェアのキングソフト（金山軟件）に入社した。昇進の階段を駆け上って6年後に社長兼ＣＥＯとなり、同社が香港証券取引所に上場する２００７年までその座にあった。その間にオンライン書店のJoyo.comを立ち上げ、２００４年アマゾンに７５００万ドルで買収された。キングソフトを去ったあとは中国を代表するエンジェル投資家となり、動画ＳＮＳのＹＹや衣料小売の「凡客」（Vancl.com）などを支援した。そして２０１０年４月、７人の共同創設者を集めてシャオミを創業したのである。

シャオミのエコシステムの責任者であるリュー・デが当時を振り返りながら話を聞かせてくれた。

「実際に会うまで、私は雷軍のことを全然知りませんでした」。リュー・デは当時37歳、工業デザインの教師だった。彼の妻とシャオミの共同創設者である浜鋒（ホン・フォン）の妻が大学時代のルームメイトだった縁で雷軍とつながった。

「一緒にシャオミを立ち上げたのは、グーグルやモトローラやキングソフトから来た知らない人たちでした。初めて会ったとき、雷軍は私にスマートフォンの可能性を力説し、一緒に新しい会社を作らないかと言いました。私は一度断ったんです。でも一カ月後、大チャンスだと考え直しました」

40代半ばとなったリュー・デは黒のＴシャツとジーンズ姿だ。オフィスにはシャオミが販売しているＭｉ空気清浄機、60インチＭｉＴＶ、Ｍｉスマート体重計、Yeelightのスマート電球などが所狭しと置かれている。彼が率いる70人の部署は、ネットの「Mi.com」と世界中の「Ｍｉホームストア」で売るアクセサリーの製作を担当している。

私が訪問したときに人気を博していたのは、電話制御できるＹｉアクションカメラ（アマゾンでは44ポンド）、手首に装着するＭｉバンド（月間平均販売個数１００万、1個79元または８・20ポンド）、１０００万個以上売れた充電器のＭｉパワー・バンク（10400mAh、69元、７・15ポンド）、Ｍｉ空気清浄機（８９９元、93ポンド）。60インチＭｉＴＶ（４９９９元、５１７ポンド）、Ｍｉバニー・スマートウォッチ（５９９元、62ポンド）などだった。

エンジニアが投資判断を下す会社

だがシャオミが製造しているのはスマートフォンとタブレット、テレビ、セットトップボックス、そしてルーターだけだ。それ以外のすべては、カリフォルニアのiヘルスラボのスマート血圧計から云米(ユンミ)の浄水器まで、すべて独立のサードパーティが製造している。これらの企業にシャオミは通常10万ドルから50万ドルの投資を行っている。

「私たちは600アイテムの商品を販売しています」とリュー・デは言う。携帯電話のアクセサリー、スマートウェアラブル、インターネット家電、そしてスクーターなどのライフスタイル機器などだ。「過去2年間でスタートアップ600社をレビューし、54社に投資しました。私たちは彼らが製品を定義し、戦略をシャオミのプラットフォームに合わせるのを助けます。シャオミの強みを活かして、販売チャネルからサプライチェーン、ブランディングから財務面に至るまでサポートします。彼らはいわば特殊編成部隊、シャオミが指揮官というわけです」

驚かされたのは、**投資の決定を下すのが20人のエンジニアのチームであって、財務チームではない**という点だ。彼らの動きは速い。「普通は1回の会議で決めます。投資先企業のことを理解したら、私たちは普通の投資家よりはるかに速く対応します。ベンチャーキャピタル(VC)や投資家のほとんどは、ソフトウェアやインターネットの経験しかない傾向があるので、ハードウェアについては有名なVCの多くがシャオミの判断に頼って、後についてきます」。

「竹林」としてのエコシステム

それにしても、社員を雇って製品を自社でつくらないのはなぜか？　欧米のメーカーは自社でつくるのが一般的だ。シャオミは完成品も作っているのに、なぜ多くの製品を他社に作らせるのか？

その疑問に対してリュー・デはこう答える。「小さな会社は私たちよりずっと速く動けますから。**会社を大きくして効率を落としたくないのです。**社内でつくろうとしたら、2倍の社員を抱えて、何を決めるにも苦労することになるでしょう。素早く繰り返すためにスタートアップは独立しているべきです。機敏さを保ち、変化に即応する必要があるのです」

市場の要求は目まぐるしく変化する。それを間違わず見極められるかどうかで、スタートアップは生きもすれば死にもする。そんな**スタートアップと提携することによって、シャオミは現実社会との接点を失うリスクを抑えている**のだ。

リュー・デは、米国のＡＴ＆Ｔが80年にわたって技術革新の世界を支配した後、１９６０年代から70年代にかけてメインフレーム・コンピューターを開発したＩＢＭに王座を譲った歴史に言及した。そのＩＢＭは20年後にマイクロソフトに王座を明け渡し、そのマイクロソフトは10年後にグーグルに追い越され、そしてフェイスブックがわずか4年で市場を席巻した。

「インターネット企業は猛スピードで成長しています。伝統的な企業は木のようなもので、成長するのに時間がかかりますが、倒れるときはあっという間です」。シャオミの戦略は竹の林を育てるようなものだとリュー・デは言う。「竹林が消滅するのを見たことがありません。次々に筍が顔を出して、どんどん大きくなっていくからです。**われわれが多くの会社に投資するのは、筍を育てて竹林をつくるようなものです。**それがエコシステムを構築するという意味です」

リュー・デの投資戦略を決定するのは、短期的なリターンではなく、エコシステムの健全性だ。

「投資したいと思ったとき、会社の企業価値評価（バリュエーション）を気にすることはありません。問題にするのは、最高の製品とチームがあるかどうかだけです」

スタートアップの側にすれば、投資もさることながら、月間2億人のアクティブユーザーにアクセスできるのが有り難い。シャオミの投資から1年間でモバイル充電器のスタートアップのズーミィ（Zimi）は世界最大になり、Ｍｉバンドのファーミ（Haami）は6カ月で1000万台を販売した。

市場を席巻するための準備

シャオミはこの先10年をにらんで、ネット接続される機器に大きな資金を投じている。ＩｏＴはスマートフォンやモバイルインターネットよりも大きな市場になるとリュー・デは考えている。

「毎日使うウェアラブル、時計、体重計、家電製品などは、今後10年間ですべて接続され、スマートフォンがそのコネクタになるでしょう。この機会をつかむ必要があります。われわれは将来をエコシステムに賭けているのです」

シャオミを逆張り投資家と見なす欧米のＶＣもいるかもしれないほど、それは大胆な戦略だ。たとえば鳴り物入りで投入した初期のウェアラブル・トラッキングバンドは、消費者の興味と一致せず、一時は10億ドルの価値があったウェアラブルのスタートアップであるジョウボーン（Jawbone）は廃業に追い込まれた。

それでも、**その分野のOSと、オンライン・オフライン問わず流通チャネルをも支配しているシャオミは、需要が回復すれば市場を独占できる。**

シャオミはまた、比較的少額な投資によっても、何百もの独立したスタートアップに対して影響力を巧みに行使している。私が訪問する3日前に、シャオミは投資先のナインボットが製造する、時速16キロで走るセルフバランス・スクーターのナインボット・ミニを発表した。ナインボットの創業CEOである**高禄峰**（ルーイー・ガオ）が語る。

「シャオミは普通の投資家よりずっと深い関係を投資先企業と結んでいます。製品へのフィードバック、再設計の支援、供給業者の紹介、販売チャネルの提供など、いろいろ助けてくれる。自社だけでやるより売上は5倍ぐらい違うはずです」

雷軍（レイ・ジュン）自身もミニの外観に注文をつけ、安定走行のために膝の高さにハンドルを付けたらどうかという彼の提案でデザインが調整された。

シャオミのチームは、ナインボットが2015年にセグウェイを買収するのを支援した。この買収でナインボットは、セルフバランスの個人用二輪車のオリジナルメーカーと、それが保有する大量の知的財産を手に入れた。「セグウェイはこの製品に対する当初の熱狂をうまく活かせませんでした」

と高禄峰は言う。

「わが社が買収したことで、その製品を大勢の人が〝カッコいいし値段も手頃だ〟と思ってくれました。移動に使うマシンの次は、サービスロボットを検討しています。わが社の研究は他社の先を行っています。特許もたくさんあります」

高禄峰は、中国の課題は市場に火が着いたときに需要に対応できるかどうかだ、と指摘する。

「中国では、ハードウェアはゆっくり行ったほうが速く進める、と言われます。**事前の反復調整にしっかり時間をかければ、爆発的に売れ始めても需要に対応でき、結局は販売を速く拡大できます。**その点は、実現に手間取ると期待がしぼんでしまうクラウドファンディングのプロジェクトとは違います。ナインボット・ミニの事前予約は予想以上だったので出荷が遅れないようにしなくてはなりません」

「ユーザー数の最大化」が最強戦略である理由

2013年から2017年まで国際担当副社長としてシャオミのグローバル展開を指揮した42歳の**ヒューゴ・バラ**は、中国のインターネットビジネスの成否を分ける最大の要因は「大量のユーザーを持てるかどうかだ」と言う。当初の収益規模は問題ではない。

この考えを採用しなかったことが悔やまれるのが、売り手に手数料を請求したイーベイであり、それと対照的なのが中国のアリババ(阿里巴巴)だ。**手数料を無料にしてまず大規模な**

ユーザー基盤を築き、その規模を活かしてアリペイ（支付宝）という金融サービスの巨人を立ち上げ、高収益ビジネスを展開している。

バラはシャオミの前はグーグルで、現在はフェイスブックで働いている。「シャオミはたくさんの製品を売っていますが、本当に重視しているのはモバイルインターネットのプラットフォームだけです。電話はプラットフォームを築くための手段でしかありません」。

つまり同社の優先事項は、電話の販売ではなく、ユーザー数の最大化だ。そこからゲーム配信、映画や音楽やニュースのコンテンツ事業、モバイルネットワーク、金融サービスへと事業を拡張することができる。「ユーザーは、プラットフォーム上のどこかのトラフィックからやって来ます。彼らはシャオミのことをスマートフォン・メーカーだと思っているかもしれないけど、実際にはインターネットの会社なのです」。

それが、コモディティ化していくスマートフォンの世界にあってエコシステムが重要な理由だとバラは言う。「インターネットを考えるなら、ただ高性能なスマートフォンを作るだけでは足りません。すごくクールな製品を売って、ユーザーに何度でもサイトや店に足を運んでもらう必要があります。スマートデバイスをつなぎ合わせるエコシステムは、シャオミのユーザー獲得と維持戦略の重要な要素なのです」。

製品の成否が会社の命運を決めるのだから、提携する各スタートアップは、エコシステムとの接続性とその中にいる顧客の要望に製品を合わ

せようと必死にならざるを得ない。そのためスタートアップから優れた製品が生まれる可能性が高くなる。

プラットフォーム第一、収益化第二

バラに言わせれば、そのすべてがシャオミの「インターネット思考」の産物だ。「びっくりするような製品でユーザーを獲得し、ロイヤルティを持たせ、エンゲージメントを高め、時間をかけて彼らとの取引から収益を獲得していく」というのがシャオミの戦略だ。

バラは、欧米企業の中にも「プラットフォーム第一、収益化第二」のインターネット思考を身につけている企業はあると言い、グーグルのアンドロイドチームやウーバーに言及した。「中国は桁が違うんです。アリババの馬雲(ジャック・マー)、テンセントの馬化騰(ポニー・マー)、そして雷軍(レイ・ジュン)。彼らの発想は広大無辺です。何か思いついたら2週間で実行し、たちまち大きくしてしまうやり方には本当に驚かされます」

バラは、中国は無尽蔵の製造能力によって、実行面だけでなくイノベーションの面でも、まもなく家電製品のリーダーになるだろうと予想している。あと数年もすればエコシステムの力が効いてくるという見立てだ。「インターネット思考を消費者向け製品に適用するときに不可欠なことが2つあります。集中(フォーカス)と規模(スケール)です。シャオミは、どの製品についても1つのモデルしか製造していないし、規模も大きいので、ユニット当りの研究開発費も製造費も他社よりかなり低く抑えることができます」

強いブランドロイヤルティを持つ顧客コミュニティの存在も大きい。「彼らはボランティアで製品のテストや販売を手伝ってくれますし、最高のコンテンツもいくつか生み出しています。どんなマーケティング戦略も、そのようなコミュニティにはかないません」

24時間で211万2010台を販売

シャオミのチャットボードには約4000万人の登録メンバーがいるが、そのうちの100万人ほどが常にアクティブな状態だ。そのような「Miファン」を満足させ、その声に耳を傾けるのがコミュニティの責任者である**リー・ミン**の仕事だ。20人のチームを率いて、フォーラムの管理やファンイベントの実施、フィードバックの収集などを行っている。

シャオミは毎年、Miポップパーティーというファンイベントを国内約20都市で開いている。

300人から400人が集まるカルト的熱狂を感じるイベントで、招待されたファンは躍ったり未発表の製品に触れたりして楽しむ。

ジーンズに黒のトップスというジョブズの「制服」に身を包んだ36歳のリー・ミンが言う。「私たちは彼らを顧客とは思っていません。心の底から友人だと思っています。ファンイベン一はゲーム、表彰、プレゼント抽選、ファンたちによるパフォーマンスなど盛りだくさんの内容です。最初は会議室のようなところで開きましたが、いまではナイトクラブを借り切って行っています。ヨットの上でやったこともありますよ」。Miコミュニティーのメンバーたち自身も、シャオミとは関係なく、120の都市で年間600~700の小規模なイベントを開いている。

こうした積み重ねから生じるバズの効果は大きい。2015年4月6日、創立5周年のファン・フェスティバルで行ったプロモーションは、24時間で211万2010台の電話を販売するという世界記録を打ち立てた。

だがリー・ミンは、それと同様に、チャットフォーラムや、ウェイボー（微博）やウィチャットなどのSNSによる双方向コミュニケーションが大切だと言う。

「会社はSNSで自社の新製品について言いたいことを発信できますが、相手がシャオミのユーザーかどうかは、投稿にコメントが付かなければわかりません。でも、Miコミュニティはファンクラブであり、つながっている人はそこに帰属意識を感じています。だからこそ、みなさんがわざわざ私たちにプレゼントさえ贈ってくれるのです。その価値は無限大です」

それがカスタマー・ロイヤルティであり、リー・ミンがいうスティッキネス（粘着性）だ。「**昔ながらの会社はただ製品を売りたいだけですが、私たちはユーザーと対話して、フィードバックを得たいと思っています。コミュニティがあれば伝えたいことは口コミで広められます。**シャオミにとってそれが重要です。ユーザーの要望がわかり、問題をその場で解決できますから」。

フィードバックを参考に、MIUIオペレーティングシステムを毎週アップデートし、それがまたローカルな需要についての気づきにつながるという循環が存在する。「中国以外では、私たちはインドでMi4i電話を発売しました。すると、多くの中国人ユーザーがそれを欲しがったので、中国版

Ｍｉ４ｃを思いつきました。フィードバックを真剣に受け止めたからこその展開です」

　私は、そんなふうにやっているのはシャオミだけではないと指摘した。同じ中国の携帯電話メーカーワンプラス（OnePlus）も、ユーザーのコミュニティを巻き込んだ改良や新製品などを行っている。「おそらく私たちのやり方からヒントを得たのでしょう」とリー・ミンはあっさり言った。

「中国のスマートフォンメーカーはどこもシャオミを真似てコミュニティを構築しようとしていますが、簡単ではありません。社員を張り付ければできるという話ではありませんから。わが社のコミュニティは、雷軍（レイ・ジュン）から発してユーザーのすみずみにまで至る文化なのです」

　シャオミには効果絶大で知られるフラッシュセールス（期間限定・会員限定での割引販売）がある。市場に流す量を絞って期待を煽っているという指摘があるが、それについて意見を訊いた。

　リー・ミンは「希少性マーケティング」は意図したものではないと言い、家電製品はワインとは違うと指摘した。ワインなら寝かせているうちに値打ちが出るかもしれないが、スマホは倉庫に置いていたらコストがかかるだけだ。

「大量の在庫があるときに品薄商法を採用する会社なんてありません。そう思われるのは、会社が小さかったころは生産力が限られていて全員に行き渡らなかったためでしょう。大きくなっても、なかなか需要に追いつかない状況は続いていますけど」

在庫は出荷調整などせず、さっさと売ってしまいたいというのがシャオミの考え方だ。それを聞いて私は４・２秒で10万台を売り切った２０１４年９月のセールを思い出した。

「エコシステム」の歴史と成功者

第一次世界大戦中のある夜、**アーサー・タンズリー**（１８７１－１９５５）は、亜熱帯の未開の国で槍を持った原住民に取り囲まれる夢を見た。そこに白いドレスを着た妻が近づいてきた。すると、あろうことか彼は妻に向けてライフルを発射したのだった。

夢の中で次にどうなったかは覚えていないが、目を醒ましたタンズリーの脳裏から１つの疑問が離れなかった。自分は、心の底で妻を撃ち殺したいと思っているのだろうか？

タンズリーはケンブリッジ大学で名声を博した英国の植物学者だったが、その当時は軍需省で働いていた。自分が見た夢に取り憑かれ、戦後、ジークムント・フロイトの精神分析を受けるためにウィーンに引っ越した。精神分析学への傾倒と植物学の知識が結びついて、異分野の衝突だけが生む挑発的なアイデアが彼の頭の中で芽生えた。

タンズリーはこう考えた。「フロイトが言うように、人間の脳が、エネルギーが流れる接続されたシステムの一部ならば、自然全体についても同じことが言えるのではないだろうか。植物は、まるで自己制御されたシステムの一部のように、気候、空気、土壌、動物や人間の活動と作用しあい、統一された１つのマシンのようにふるまっているではないか」。１９３５年に書いた論文で、タンズリーはこの「**確かにそこにある自己完結した実体**」に「エコシステム」という名をつけた。

80年以上前にタンズリーがつくった「エコシステム」という言葉は、今日、インターネット企業の間で、「プラットフォーム」や「マネタイズ」と同じようなバズワードとなっている。ハイテク企業は、エコシステムを築くことができれば、単独では展開できないスケールの事業が可能になるし、独占だと非難される弊害を避けることもできると考えている。

アリババは、2014年の新規上場目論見書の中で、「エコシステム」という言葉を160回以上使って自社の価値を強調した。アップルは、アップストアが「開発者のためのエコシステム」の上に構築されていると言い、デジタル通貨のスタートアップは自分たちのことを「ブロックチェーンのエコシステム」への入り口だと主張する。

外部のサプライヤーとエコシステムを構築して利益を得ようとしたハイテク企業は、もちろんシャオミが最初ではない。やり方は違うが、イーベイ、テンセント、アマゾン等、すべてその道を進んだ。

共生のネットワークを構築することで恩恵を受けるのはハイテク企業だけではない。さまざまな分野の成熟企業も、スタートアップや供給業者、流通業者とともにエコシステムを築いて利益を得ることができる。結びつきは非公式な協力関係の形をとることもあれば、投資や資本所有などの構造的な関係の形をとることもある。

たとえば、P&Gはイノセンティブというオープンイノベーション・プラットフォームでスタートアップに新製品の共同開発を呼びかけ、ミュージシャンたちはパトレオンというサイトでお金を出してくれるファンを募るなどしている。こうしたコラボレーションは、すべての参加者にとっての価値を次第に増していくのが普通だ。

エコシステムはさまざまな方法で構築できる。ここからは、レガシー企業がエコシステムを活用して成果を上げたケースを3つ紹介する。食生活のエコシステムを構築して存在意義を強化した食品会社、総合的観点からの投資で顧客の問題を解決する3Dプリンティングのパイオニア、そして、顧客調査で得たインサイトに基づく製品開発をクラウドファンディングで実施した家電大手の事例である。

農と食の改革者――「欣和」

欣和（シンフォ）は中国最大の有機醤油メーカーだ。1992年に**孫徳善**（スン・デシャン）が創業し、現在7000人の従業員と11の工場で、味噌から蜂蜜まで11のブランドを展開している。

汚染食品や虚偽表示などの食品スキャンダルが頻発する中国では、国民は自国の食品サプライチェーンを信頼していない。政府も「農業生産に使われる地下水の5分の4が汚染されている」と発表したほどだ。パブリシティが得意とはいえない孫一家だが、中国食品に対する信頼を取り戻したいと願い、中国の農業意識を高める運動を始めた。

彼らはそれを、食品の品質と生産流通経路の透明性を担保できるエコシステムを構築することによって実現しようとしている。

2014年10月にハーン・スンとアンマオ・スンの姉弟（きょうだい）は、中国初の産直レストランチェーンとなることをめざして、上海で悦衡食集（ユエホンシージ）（Hunter Gatherer）の一号店をオープンした。メニューには食材の産地が明示され、店には食料品店が併設されている。有機食材を調達するために欣和を所有する一家は、山東省と上海で2つの農場各60ヘクタールに投資した。

2015年から**農産品のオンライン産直店である一米市集（イーミシージ）の支援を開始し、2018年には持続可能性を重視する調理師学校を開設**した。いずれも表立っては欣和との結びつきを謳っていないが、それぞれ独自の利益を追求しながら、全体として欣和がめざす安全で高品質な食品への需要を掘り起こそうとしている。

欣和は、食品の生産や流通を一新しようとするスタートアップに投資している。さらに、スタートアップ・アクセラレーターであり投資ファンドでもあるビッツ・アンド・バイツを所有し、初期段階の企業に120日間のトレーニング、コワーキングスペースとキッチンラボの利用、および3000万ドルの基金から投資を行っている。

投資を受けた企業には、遺伝子編集の英国トロピック・バイオサイエンシズ、動物培養細胞で肉を生産するエルサレムのフューチャー・ミート・テクノロジーズ、中国市場向けに蚕（かいこ）からスナック菓子を作っているバグソリュートリー（Bugsolutely）などがある。

「すべて欣和グループの長期ビジョンに沿った動きです」と話すのは、上海でビッツ・アンド・バイツと一米市集を立ち上げた何瑞怡（マチルダ・ホー）だ。彼女はIDEO在職中に悦衡食集の立ち上げにも協力した。

「私たちは**食品会社からフードテクノロジー企業へと脱皮**したいのです」

ビッツ・アンド・バイツが行う投資の中には、親会社の欣和が機敏な市場対応をできるようにするためのものもある。欣和の販売プラットフォームに活かす知識を得るためにブロックチェーンの会社に投資したり、個々の商品アイテムの移動をQRコードで追跡するなどしている。

「10年後には、私たちは調味料の会社ではなくなっているでしょう。私たちには何十億というデータセット、それに機械学習とブロックチェーンの知識があります。最終的に私たちはあらゆるインターネット企業をベンチマークしたいと思っています」と何瑞怡は言う。

3Dプリンティングのパイオニア――「EOS」

EOS(Electro Optical Systems)は1989年創業の、レーザー焼結による積層造形(＝3Dプリンティング)のパイオニアだ。本社はミュンヘン郊外のクライリングの森にあり、年間1000台の機械を製造販売している(価格はいちばん安いもので10万ユーロ)。機械を買うのは、ポリアミド、ステンレス鋼、チタン、アルミニウム、コバルト、クロム、ニッケル合金、ブロンズ、ポリスチレン、金、銀などを使ってカスタムプリンティングを行うメーカーである。創業30年、1200人が働く家族経営の会社だが、最大のリスクは顧客ニーズの変化に追いつけなくなることだと自覚している。

EOSを訪問した私は、巨大な積層造形マシンが並ぶホールや、それらのマシンから生まれる複雑でエレガントな製品が展示されたギャラリーを案内された。F1カーの中空ブレーキペダル、脳手術に使う浸透性頭蓋骨インプラント、子供用プラスチックカップの製造設備、外科手術用オーダーメイド器具などが並べられていた。

EOSは未来の「デジタル工場」の最前線にあり、コンピュータで設計できるものならほとんど何でも作ることができる。それでも潜在顧客は、積層造形技術の完成度は自社のニーズを満たせるほどには完成度が高くないと評価することがあり、それを使いこなすための知識と人材を欠いていることも少なくない。そのためEOSは、パートナー企業、スタートアップ、および自社の新事業から成るエコシステムを構築することで、顧客がEOSのマシンを買いやすい環境を用意している。

EOSは目の前にある機会を追求すべく、社内に新しいユニットを立ち上げた。「アディティブ・マインズ」は、顧客が自社の工程に積層造形技術を導入するのを助ける有料のコンサルティング事業で、販売台数の増加をめざしている。「積層造形カスタマイズドマシン」（AMCM）という新部門は、顧客のニーズに合わせて機械のカスタマイズを行っている。EOSのマシンが使える製品を増やすために、新しい金属や素材の開発に取り組んでいるユニットもある。

EOSはAMベンチャーズという、ひと味違うコーポレートベンチャーキャピタル（CVC）も設立している。**この分野の企業の成長を促すことで、3Dプリンターとその原材料パウダーの販売を増進するのが狙い**だ。

産業用3Dプリンティング分野での投資リーダーを自負するAMベンチャーズは、新しい素材、ハードウェア、後処理技術、ソフトウェア、そして自動化技術を開発する企業に資金を提供している。通常は初期段階で5万ユーロから100万ユーロまでの投資を行う。

2015年以降、18件の投資を行っているが、その中には3Dプリントされたポリマー部品に精密な着色と仕上げを行うミュンヘンのダイメンション（DyeMansion）、アップロードされたデザインをもとに、プリント可能かどうか、コストはどれぐらいかかるかを判断するベルリンのスリーユアマインド（3YOURMIND）などがある。

AMベンチャーズを運営し、EOSの監査役も務める**エドマー・アリッチ**は、「私たちの目標は積層造形に対する需要を増やすことです」と話す。13人から成るこのCVSは、月に1件のペースでスタートアップに投資し、メンターシップ、ソフトウェア面のアドバイス、そして顧客の紹介を行っている。

「私はキャピタルゲインのために投資しているのではありません。ベンチャーキャピタリストではなく、企業を助けるエンジェル投資家だと思っています。**投資するのは、積層造形を推進するうえでプラスになる企業、私たちが手助けできる企業だけです**」

このファンドによって親会社のEOSはオープンになり、以前なら競合する可能性があるとして却下していたかもしれない新技術にも投資するようになった。しかし、スタートアップをEOSに統合する考えはない。

「彼らには起業家の姿勢を貫いてほしいのです。助言は与えますが、無理強いはしません。私たちは企業という枠の中で発想したくないのです」。そして投資にはもう1つの利点がある。年間40％の利益が上がっているのである。

クラウドファンディングを利用した家電メーカー——「GEアプライアンス」

独自のエコシステムを構築しなくても、誰かが築いた既存のエコシステムを利用できることもある。ケンタッキー州の60億ドル・メーカー、GEアプライアンスは、調査によって「噛み砕きやすい氷が作れる冷蔵庫」を望む消費者が多いことを把握していたが、何年も手をつけずにいた。

毎年、研究部門の熱意は、新奇な機能で市場が混乱し、収益目標が未達に終わるリスクを避けたい販売部隊の抵抗に遭った。そのため、噛める氷の製氷機能はアイデアだけに留まっていた。

2015年の夏、ついに同社のエンジニアは、子会社のファーストビルド（FirstBuild）を通じて、この製品アイデアをクラウドファンディングのインディーゴーゴーで発表した。2008年に設立されたインディーゴーゴーは、100万人以上の起業家を1000万人以上が支援するプラットフォームになっていた。

ファーストビルドが「オパール・ナゲット・アイスメーカー」の名で発表した製氷機は、冷却されたステンレス鋼シリンダーの内側に付着した氷を削り取るようにしてアイスナゲットを押し出す方式を採用した。6000人以上の支援者がこのマシンの開発プロジェクトに資金提供を申し出、調達額は目標の17倍、276万8650ドルに達した。GEアプライアンスの営業チームは突然、仕事に追われることになったのである。

インディーゴーゴーの共同創設者である**スラバ・ルビン**はこう話す。

「客が噛める氷を欲しがっていることは調査でわかっていたのに、彼らは20年間先送りしてきた。リスクだけ考えてプラスの可能性を考えなかったわけです。開発チームとしては、**客が噛める氷を欲しがっていることだけ証明できればよかったので、冷蔵庫ではなく、単一用途の製氷機を作ることにしました**」

「それがGEアプライアンスのすべての製品の中でいちばんメディア受けする製品になったのです。顧客が家電店に行って、こういう氷が作れる冷蔵庫はないのかと尋ねるようになり、そんな冷蔵庫は作られていませんと言われるケースがたびたび起こりました。それでCEOもついに、〝噛める氷が作れる冷蔵庫を作らなくてはならない、お客様が望んでいるのだから〟と認めたというわけです」

エコシステム・イノベーション

2018年までに、シャオミの他社への投資は、自社の研究開発投資と同様、しっかり結果を出していた。スマートキッチン家電のiCHUNMi、ロボット掃除機のロボロック（Roborock）、ホームシアタープロジェクターのXGIMIなどの名前を挙げることができる。

全体で6000件の特許を取得したエコシステムのアプローチにより、多くの顧客がシャオミのOSに引き寄せられていった。シャオミは世界では第3位、インド市場では最大のスマートフォンベンダーとなった。

2018年2月に雷軍は、1万8000人の社員に宛てたレターで、シャオミの2017年は躍進の一年だったと書いた。

「2017年10月に、われわれは年初に立てた収益1000億元（160億ドル）の目標を達成した。調べてみたら、**収益100億ドルに到達するのにアップルは20年、フェイスブックは12年、グーグルは9年、アリババは17年、テンセントは17年、ファーウェイは21年かかっていた。だがシャオミは、7年と少しでここに到達した**」

スマートフォン市場が縮小傾向にある中で、シャオミは前年比96・9％の成長を遂げたことにも雷軍は言及した。

この目覚ましい躍進をシャオミはどうやって実現したのか？ サージS1チップセットのような電話技術の進歩だけではもちろん不可能だ。エコシステムを構築することで実現させたのである。

エコシステム最強説

シャオミは、エコシステムによって、市場需要の変動リスクを戦術的投資先である何百もの小さなスタートアップに分散させた。在庫を抑え、サプライチェーンを最適化することで、コストを削減した。顧客をファンに変え、製品デザインに協力して熱心に宣伝してくれる力に変えた。

さらに、高品質の製品を利益度外視の価格で販売しながら、製品に付随するサービスやコンテンツ、アクセサリーなどで利益を確保し、市場のトップに立ってイノベーションを推進したのである。

シャオミにはたくさんの好材料がある。プライベートエクイティのフューチャーXキャピタル（天際資本）の創設者である張倩（シンシア・ジャン）によると、シャオミは2017年に少数の事業で10億ドル以上の利益を上げた。

2018年4月に彼女は「中国マネー・ポッドキャスト」でこう語った。

「シャオミのハードウェアは現在、収益に貢献していませんが、プラットフォームとインターネットサービスはいまも急成長しています。シャオミはゲーム、Eコマース、データで儲けることができます。ユーザーは携帯、PC、テレビ、空気清浄機など多くの製品を使っているので、同社は他のアプリよりユーザーのデータをたくさん持っています。私は彼らにはまだまだ大きな収益の可能性があると見ています」

また、雷軍はメディアにこう語った。

「今後5年間でインドの100社に投資します。中国で最も成功しているビジネスモデルをインドでも展開します。私たちはあらゆるサービスと製品を持ち、それらを統合します。それがシャオミのビジネスモデルです」

世界が中国をコピーする日

2人の娘の父である雷軍は、かつて「未来のシャオミ」と題する講演を行った。その中で彼は、いつかシャオミは1970年代のソニー、90年代のサムスンに匹敵するメーカーになると語った。「10年もすれば、中国はさまざまな分野で世界をリードするようになるだろう。ただ良い製品を作るだけの存在にはなりたくない。**私たちが何者であるかを世界に知らしめたい**のです」

その歩みの中で雷軍は、シャオミをアップルの引き立て役にしている欧米偏重の物語を書き換えたいと思っている。そこでは雷軍自身もコピーキャットとして描かれている。広報担当者は、「それからもう一つ（ワン・モア・シング）」というのはジョークで口にした言葉だと言った。

ジョブズとの対比で論評されたことには雷軍も苛立ったようで、2013年10月、会社のウェブサイトにこう書いている。

「スティーブ・ジョブズ氏云々の話は表面的な印象をなぞっているにすぎません。ジョブズ氏は偉大な人物です。素晴らしいことを成し遂げ、世界を変え、シャオミにも大きなインスピレーションを与えてくれました。しかし、ジョブズ氏を引き合いに出して私を論評することはまったく不適切です」

雷軍に、本当のところジョブズやアップルのことをどう思っているのかと尋ねると、通訳を介してこんな答えが返ってきた。

「私はスティーブ・ジョブズがアップルで達成したことを本当に尊敬しています。でもシャオミとアップルは違う。私たちはオープンで、ファンに歩み寄り、彼らのフィードバックを毎週のソフトウェアのアップデートに反映させ、彼らと一緒にパーティを楽しみます。すべての人のためにイノベーションを実現させると誓っています。だから製品の値段を原価すれすれに設定しているのです」

何より、中国とカリフォルニアは違う。ヒューゴ・バラは言う。

「世界は数年もすれば中国の役割を理解するようになるでしょう。起業家精神といえば中国、フォーカスといえば中国、スケールといえば中国、という日がやってくる。世界は中国のインターネット思考から学ぶべきだと思いますよ」

どうやら、中国をコピーする準備をしたほうがよさそうな雲行きだ。

エコシステムを構築せよ

540億ドルのハイテク巨人を経営する億万長者にならなくても、シャオミから学んだことを実行することはできる。まず、「考え抜かれた野心的なコラボレーションは双方の利益を大きくする」という概念から出発しよう。

1 **サプライヤー、パートナーなどの第三者と新たな共生関係を築く方法を考える**

自社がコラボレーションの相手に提供できる中核的なメリットは何か？　その見返りとして自社にはどんなメリットがあるのか？　そのエコシステムは最終的にどのくらいの規模になるのか？

2 **競争が激しく価格に敏感な市場におけるビジネスの鍵**

価格を競合他社より低く抑えたうえで、中核的な強みで顧客をロックインし、付随する製品やサービスで収益を上げる方法を検討するとよい。

3 **どうすれば顧客を熱狂的なファンに変えられるかを考える**

シャオミにとって、それはマーケティング戦略の重要な課題だ。それは顧客（ユーザー）を喜ばせ続けたいという純粋な思いに立脚したものでなくてはならない。雷軍（レイ・ジュン）はこう言っている。「革新的で、パワフルで、品質もデザインも優れている商品を、正直な値段で提供し続ければ、いつまでも信頼してもらえる。それがいちばん大切だ」

4 スタートアップと仕事したり投資する場合、できるだけ独立した状態を保証する

「それでなくても忙しい。われわれに頼って事業を進めようとするような会社は願い下げだ」とAMベンチャーズのエドマー・アリッチは言う。たとえそれで失敗のリスクが増しても、彼らは独自の文化を発展させる必要がある。最終的には、彼らはより広い市場で戦わなくてはならないのだから。

5 スタートアップと仕事をするときには迅速な意思決定が重要

「決定するまでに3カ月もかかったために、チャンスをつかみ損ねたことが何度かあります」と、ビッツ・アンド・バイツの何瑞怡(マチルダ・ホー)は言う。ものごとを進めるときの組織のスピードを市場のスピードに合わせる必要がある。

6 コラボレーションを始める前に、リスクを取ることに慣れておく

企業が製品テスト目的で利用するケースが増えているインディーゴーゴーのスラバ・ルビンは、重要な製品で実験するのはやめたほうがよいとして、次のように助言する。「会社に準備ができているかを確かめるために、まずローリスク、ローリターンの製品で始めるのがよいと思う」

テクノロジーに賭けろ

「ヘスタン・スマート・クッキング」
誰でもミシュラン並みの
料理が作れるキッチン革命

Finland
Estonia
China
UAE
India
Australia
South Africa

PART 14

USA

UK

Peru

未来の料理に挑む調理器具メーカー

カリフォルニア州ナパバレーのなだらかな東斜面にあるヘスタン・ヴィンヤーズ（Hestan Vineyards）では、カベルネ・ソーヴィニヨン、メルロー、シャルドネ、プチ・ヴェルド、マルベックなどの葡萄が、湖を見下ろす51ヘクタールの畑で太陽を浴びている。

その一角にある納屋を改造した建物の中で、6人のミシュランシェフが、フリカッセ（煮込む）、ブランチング（加熱して冷やす）、シマーリング（湯煎）、ソテー（炒める）、グリル（炙る）といった調理法を駆使しながら、未来の家庭料理を開発している。

シェフの多くはトーマス・ケラー（米国の有名シェフ）のレストランで修行した腕利きだ。食材を整え、切り、計量し、何度で何秒加熱したかといった調理プロセスを測定し、几帳面に記録を続けている。シュリンプティッカマサラや、ブロッコリーニとチョリソーのアーモンド和えを完璧に仕上げる数値が割り出されたら、その通りにやれば誰でも同じ味と食感を再現できるようになる。その際、あなたに必要なのはインターネット対応の片手鍋だけだ。

シェフたちは社員45人の食品スタートアップ、ヘスタン・スマート・クッキング（HSC：Hestan Smartt Cooking）のために働いている。誰もが自宅で簡単にミシュラン品質の料理ができるようにすることをミッションとする会社だ。

iPadに表示されるレシピ通りに料理を進めれば、アプリがブルートゥース接続された鍋に温度や時間の指示を飛ばし、センサーが内臓された鍋やIHヒータが連動して、自動的に調理を進めてくれる。

このプロセスは「ガイド付きクッキング」と呼ばれる。インターネットには、それが触れるあらゆる産業を破壊する力があり、鍋や釜のアナログ世界も例外ではない。インターネット時代の新しいビジネスモデルによって、突如ハイテク企業になったアルミパンメーカー。それがHSCである。

「スマート・フォン」ならぬ「スマート・フライパン」という着想

HSCを立ち上げた**ビンセント・チェン**は機を見るに敏だ。父が経営する調理器具会社、マイヤー・インダストリー（Meyer Industries）のために香港で働いていたが、「フライパンを作っているだけのアナログの金物会社では、デジタル調理器具が台所を支配する日が来たら生き残れない」と気づいた。車やサーモスタット、ドアロックがネット接続によって変わったように、台所用品も変わらざるを得ないと考えたのである。

「スマート・フライパン」がどうやって機能するのか、じつはチェンにもよくわかっていなかったが、それを探ろうとさえしない業界が不満だった。「調理器具業界のイノベーションといえば、毎年新しい色が発表されるのと、10年に1回新しい製造法が導入される程度なのです」。

その自己満足によって、このファミリービジネスは危機に面していた。失うものは他社より大きい。なぜならマイヤー社は米国最大、世界全体でも2番目に大きい調理器具メーカーだからだ。年間4200万個の鍋を、サーキュロン（Circulon）、アナロン（Anolon）、ファーバーウェア（Farberware）、シルバーストーン（SilverStone）のブランドで製造している。

「スマート・クッキングの戦場で、大手家電メーカーだけでなくスタートアップとも戦って生き残るには機敏に動かなくてはならないことがわかっていました」とチェンは言う。ハードウェアとソフトウェアの統合によって提供される優れたユーザー体験が好きな36歳の青年は、父**スタンリー・チェン**が築いた数十億ドル規模の調理器具メーカーの中に、その**コア事業を破壊するスタートアップを社内に設立することを提案した。**

HSCが調理器具業界の人材ではなく、アマゾンのエンジニアやミシュランのスターシェフを採用して、「ガイド付きクッキング」、つまりセンサー対応の調理器具、熱源、レシピ満載の調理アプリの3点セットを構築しようとしたのはそのためだ。父スタンリーは、新事業開発の実験を息子ビンセントとそのチームにゆだねる決断をし、2015年にHSCが創設された。

革新的技術と「幻滅の谷」のジレンマ

現在の事業を変えてしまうかもしれない、それどころか無効にしてしまうかもしれないテクノロジーに相当な金額を投資するためには、大胆なリーダーシップが必要だ。登場したばかりの新技術は、単なる流行、新奇な仕掛け(ギミック)、行き着く先は「幻滅の谷」と見なされ拒絶されるのが普通だ。

「幻滅の谷」というのは、コンサルティング会社のガートナーが新技術の「ハイプ・サイクル」(特定の技術の成熟度、採用度、社会への適用度を示す曲線)で特定した、**期待と関心が失われた停滞状態**のことである。

確かに、経済的な可能性が不確かなツールの研究に資金を注ぎ込んでも、短期的な収益は得られない。それでも、デスクトップからモバイルへ、ガソリンからバッテリーへの移行など、テクノロジー主導の重大な変化に乗り遅れることの危険は、収益の多寡とは次元が違う。

巨大企業トップの残念すぎるコメント

迂闊にも新しいテクノロジーを却下したために、自社の価値を何十億ドルも毀損した残念な企業は少なくない。2007年1月にスティーブ・ジョブズがiPhoneを発表した1週間後、マイクロソフトの当時のCEO**スティーブ・バルマー**はCNBCテレビでこんなコメントをした。

「500ドル? キャッシュバックでもあるのかな? 世界でいちばん高い電話だね。キーボードもないし、仕事用に買う人はいないでしょう」

2010年12月、ネットフリックスというDVDレンタルサービスが国際的なビデオストリーミングサービスを開始してから数週間後、メディア大手のタイムワーナーの責任者である**ジェフ・ビュークス**は、『ニューヨーク・タイムズ』で彼らの野心を冷笑した。

「アルバニア軍が世界征服をめざすみたいな話ですね。うまくいかないでしょう」。

タイムワーナーは2018年、ネットフリックスの企業価値のおよそ半額でAT&Tに身売りした。

真に革新的な組織は、新技術が登場すれば少なくともそれを理解し、顧客に何が提供できるか、ビジネスモデルや戦略にどのような影響があるかを掘り下げて考えるはずだ。

投資しても成功する保証はないし、早すぎる投資は遅すぎる投資と同様に失敗することもある。しかし、必要な投資を怠れば新しいプレーヤーに呑み込まれてしまうリスクがある。ブロックチェーンがネットワーク通信に与える影響を理解しなかった携帯電話メーカーも、自律交通がグローバル流通チャネルに与える影響を見誤った産業メーカーも、市場からの退場を余儀なくされる。調理器具のインターネット接続を無視するフライパンメーカーも同じことだ。

「サービスとしてのキッチン」

ナパバレーの改造納屋は、納屋というより高級低層アパートの趣だ。湖を見下ろすフランス窓から葡萄畑が見える。私はアトランティックサーモンの表面をパリッと焼いて、レストラン品質の料理を15分で仕上げる方法を手ほどきしてもらった。

232℃で90秒表面を焼いたら、すぐに177℃に下げる。そんなことがわかるのは、直径28センチの3層フライパンが正確な温度をiPa

dに知らせるからだ。そのiPadは1600ワットのIHに、調理の各段階で最適な温度を知らせる。サーモンは完璧に、そして美味しく料理できた。

このパンとヒーターとアプリの組み合わせは、ヘスタン・キュー（Hestan Cue）の名で499・95ドルで販売されている。高額なので大量には売れていないが、HSCは姉妹会社であるヘスタン・コマーシャルとGEアプライアンスと提携し、このシステムを両社が販売するキッチントップに搭載している。2018年10月にシアトルで開かれたスマート・キッチン・サミットでも、HSCはそのシステムを他のメーカーを通して販売しようとした。

HSCは変わった会社だ。グローバル企業の中に設立されたスタートアップだが、リサーチラボであり、メディア会社であり、ユーザー体験のための教室であり、ハードウェアメーカーであり、ソフトウェア開発会社である。

調理チームのリーダーである**フィリップ・テシー**は有名シェフのトーマス・ケラーの下で11年間働き、2015年のボキューズ・ドール（世界の美食コンテスト）で準優勝したシェフだ。テシーのチームには、レシピの開発だけでなくビデオ撮影班、デザイナー、ファームウェア（電子機器に仕事をさせるために組み込む制御プログラム）のエンジニア、そしてマーケティング担当者がいる。

HSC全体を率いるのは、ビンセント・チェンと共にHSCを立ち上げたドイツ生まれのシェフ、あご髭とフレンドリーな笑顔が印象的な**クリストフ・ミルツ**だ。HSC立ち上げの前年にマイヤー・インダストリーのコンサルタントとしてスタンリー・チェンに雇われていた。

「オーブンのユーザーインターフェースに改良の余地があります」などと話しながら、ミルツは私を改造納屋にある調理科学部門に案内してくれた。元素周期表が壁に貼られた部屋には、独立型オーブン、iPad、フライパン、比色分析装置、流体粘度計、温度検知器があった。『科学者とエンジニアのための物理学』、『有限数学』、『エルヴェ・ティスの分子料理学』といったタイトルの本も並んでいる。

「典型的なカウンタートップでは、温度は〝高温〟とか〝低温〟とかに設定しますが、何度かはわかりません。それでもシェフは真空調理法で水温を10分の1度の精密さで設定します。どうやって?」。

ミルツのチームは、**温度検知器を使わなくてもステーキをミディアムレアに仕上げるアルゴリズムを開発した。自動的に調理の進行をモニターしてくれるので、パンを睨んで立っている必要はない。**

「私たちはこれを〝サービスとしての台所（キッチン・アズ・ア・サービス）〟と考えています」

ミルツはボーデン湖近くの南ドイツで育ち、15歳で実科学校（レアルシューレ）を卒業して料理人になった。ユーゴスラビア戦争のときはドイツ国防大臣のプライベートシェフとして、政治家たちが戦闘機の取引をする舞台裏を垣間見たりもした。

21歳で、私立の総合大学であるヴィッテン・ヘルデッケ大学で勉強しなおすことに決めた。分子医学を学んだが、科学実験用具が台所でも使えるのではないかというアイデアに夢中になり、実験用温度制御のスペシャリストであるポリサイエンス（PolyScience）に近づき、レストランや家庭に真空調理を広めるための料理部門を作るよう働きかけたこともある。

ＨＳＣには当初、電子工学分野の人材がいなかったので、クラウドファンディングのキックスターターで見つけたシアトルのメルド（Meld）というチームを買収した。元アマゾンと元ピンタレストのエンジニアが組んで、温度センサー付き調理器具と連動してガスや電気の出力を自動調整するスマート・ストーブ・ダイヤルを開発しようとしていた。

目標額5万ドルに対して20万９６８８ドルを調達していたが、それは買収時にＨＳＣが払い戻した。現在、シアトルに社員が20人いる。

調理器具メーカーの3代物語

私が改造納屋でミルツの話を聞いているとき、スタンリー・チェンはワインボトルを入れた革製のボトルキャリアを持って自宅に向かっていた。年間7万本のワインを生産する葡萄畑にある、短い上り坂の先にある華やかなイタリア風のヴィラにチェンは住んでいる。

チェンのワインは高く評価されており、有名ワイン評論家のロバート・パーカーは、２０１４年のカベルネ・ソーヴィニヨンに96点の評価を与えた。ホワイトハウスは、２０１２年のシャルドネで中国の習近平をもてなした。

チェンはグルナッシュの栓を抜き、自分の話を始めた。１９４7年に香港で、7人兄弟の5番目の子として生まれた。父親は觀塘（グァンタン）にアルミ製懐中電灯やキャビネットのヒンジ、灰皿などを製造する工場を持っていた。

米国オレゴンでビジネスと機械工学を学んでいたとき、チェンは会社を大きくするチャンスを見つけた。当時、焦げ付き防止のテフロン加工のパンが米国で広く販売されはじめていた。彼はアルミニウムの焦げ付き防止の調理器具の製造を始めるべきだと考えた。

チェンは工場を造り、製造機器を買い、香港に人を雇った。１９７２年に自社製造した最初の鍋の販売を始めた。１９８１年に米国ミルウォーキーで米国企業を立ち上げ、92年に家族とともに移住し、その5年後にナパバレーに葡萄畑を買ってヘスタン・ヴィンヤーズと名付けた。「ヘスタン」はスタンリーと妻ヘレンから取った名前だ。

メイヤー社は常にイノベーションを追求してきたとスタンリー・チェンは言う。80以上の特許を持ち、進化を続けている。タイやイタリアにも工場を建設し、高級レストラン用の電気器具やパティオ用の屋外調理器具の製造にも手を広げた。ステンレスより「４００%硬い」、何年使っても傷がつかないという触れ込みで、チタンベースのナノボンド（Nano-Bond）という調理器具のシリーズの販売も始めた。

それでも、調理器具はコモディティ化されつつあると彼は認識している。マイヤー社のブランドを扱う小売店の多くも閉店に追い込まれている。「私はエンジニアだから、テクノロジーで問題を解決したいと思っている」とチェンは言う。

だから息子のヴィンセントが、独自の文化とプロセスとビジネスモデルを持つ、機敏に動けるテクノロジー重視の独立した会社をつくりたいと言ってきたとき、耳を傾けないわけにはいかなかった。「ヴィンセントがテレビを見ないという一事で、私は世界が変わったことを感じた」

ヴィンセントは、スマートキッチンはまだ初期段階だと知っているが、他社の先を行く実験を繰り返しており、これまで父スタンリーには母屋（おもや）からの口出しはしないように説得してきた。ヴィンセントは言う。「これからも食品はいろいろな方法で料理されるでしょう。どんな調理法が出てきても、私たちはその真ん中に居続け、人々を助けたいと思っています。父も私も、調理器具メーカーという位置づけにはまったくこだわっていません」。

とはいえ、それは勝手気ままができる贅沢な実験ではなく、マイヤー社のためにお金を稼がなければならない。

「私はイノベーターである前に企業家。スマート・クッキングはゲームじゃなくて真剣勝負だ。競争は待ったなしだから。これは短距離走じゃなくてマラソンだ。**消費者はまだガイド付き調理が必要だとは思っていないが、カーナビが出始めたころは、みんな紙の地図で満足していた。あのころのカーナビの位置にいる**のだと思っている」

技術は使えるレベルに達している。必要なのは強力な口コミと、持続可能なビジネスモデルだ。クリストフ・ミルツはHSCにサブスクリプション・ビジネスの可能性を見ている。その長期的な価値は、家で料理をする、ガイド付きレシピにお金を払ってくれる人々との関係の上に存在する。ハードウェア自体は製造原価以下で売ってもいいのかもしれない。機敏なハイテクスタートアップは大胆な決断を下し、市場が変わり始めるまで何度もスピーディな実験を繰り返すことができる。

私はスタンリーにHSCはどこまで大きくなれるかと尋ねた。

「10億ドル企業かゼロか、どっちかでしょう。成功するより失敗するほうが簡単だけど。でも、考えてほしいんだが、調理温度が高、中、低しか選べないなんて、普通に考えてありえなくないか。調理では温度を正確にコントロールすることが絶対に必要なんだ。消費者もやがてその必要性を理解するに違いない」

「自走する船」を造る肥料会社

スヴァイン・フラテボとは、トナカイ・バーガーを食べながら話した。場所はノルウェーのオスロにあるグランド・ホテル。「アフテンポステン」(Aftenposten)という新聞が主催するテクノロジー・フェスティバルのビュッフェレセプションでのことだ。
会場はノルウェー語を話す人たちばかりで、自意識の塊(かたまり)となった私はフレンドリーな表情をつくる努力を続けていた。「こんにちは(ハロー)」という声がしたほうに顔を向けると、頬の赤い善良そうな人物が握手の手を差し伸べてくれた。それがフラテボだった。話し相手がいない私に気づいてくれたのだと思うが、自己紹介されても困った状況は解消されなかった。

「私は肥料の仕事をしています」

肥料について何を話せばいいのか。しばらく聞き役に回るしかなさそうだった。

話はクリスチャニア（オスロ）生まれの物理学者、**クリスチャン・ビルケランド**が空気中の窒素を固定して肥料を生産する方法を発見した1903年から始まった。ビルケランドの発見はノルウェーでは最大の価値を生んだ特許となり、ヨーロッパ中の人々を飢饉から救った。そこからフラテボが勤める会社ヤラ・インターナショナル（Yara International）が生まれ、現在では世界150カ国に肥料を売って3億人分の食料生産に貢献している。

だが、ヤラには問題があった。世界有数の窒素肥料の会社にはなったが、ヘロヤにある工場からブレヴィークとラルヴィークの港に肥料を運ぶ、年間4万台分にもなるトラックの運転手がなかなか確保できなかったのだ。運送費が高くついただけでなく、環境の持続可能性に関する目標達成の妨げにもなっていた。

その問題を解決するための方策として、**CO_2を排出しない自律航行する電動貨物船の建造**が始まったのだとフラテボは話した。自律航行、電気……フラテボは私が急に興味を示したことに気づいた。

ヤラの役員会は、世界初の自動航行電気貨物船を建造するために4000万ドルを投資することに同意した。興味深かったのは、プロジェクトを発表した2017年5月以来、フィヨルドや沿岸海域で電動船を就航させることに強い関心をもつ、他のノルウェー企業からの電話が鳴り止まなかったことだ。これは想像以上に可能性のある挑戦かもしれない、と思った。

私は興奮を抑えながら、「自動運転は熱い注目を集めている投資分野なので、あなたの会社は大きな機会を手にしたことになる」とフラテボに話した。

「モルガン・スタンレーに最高1750億ドルと評価されたアルファベットのウェイモのことを聞いたことがありますか？　あるいは、オットー（Otto）という設立わずか7カ月の自動運転トラックの会社が、6億8000万ドルでウーバーに買収されたことは？　2016年にGMに買収された自動運転技術のクルーズオートメーションが現在、数百億ドルの価値があるとされることは？」

私が矢継ぎ早に挙げたこれらはすべて、陸上での自動運転だ。世界の貿易の大部分が船で行われていることを考えれば、船舶の自動運転が生み出すチャンスの規模は計り知れない。

フラテボは肩をすくめ、船のことなら**ペター・オストボ**に会うとよいと教えてくれた。金脈の上でのんびりしている場合じゃないと言ってやってくれ、と笑みを浮かべながら言った。

明確な目的のあるイノベーション

オストボはヤラが肥料を生産している28の工場の責任者だ。静かに話す38歳の彼は、ヤラの元工場長の孫だ。経済学の知識を大学で、ビジネスの経験と気質をマッキンゼーで身につけた。ヤラ本社を訪ねた私に彼は言った。

「マッキンゼーでは責任について学びます。飛行機が遅延した場合でも、1つ前の便

に乗らなかった本人に責任があることにされるんです」

自動航行の輸送船というアイデアの生みの親はオストボではなく、ポルシュグルン工場の財務とロジスティクスのマネジャーである**ビョルン・トレ・オルヴィーク**だ。オルヴィークは自分のことを**イノベーターではなく「コンセプトの開発者」**と考えている。再生可能技術によって会社のCO_2排出量を削減することを考え続けた結果の着想だった。オストボが自動航行の輸送船をCEOの**スヴェイン・トレ・ホルセター**に提案すると、ホルセターはものの数分で承認した。

ホルセターは2015年9月にCEOに就任した時から、トップの命令で動く上意下達の文化を終わらせ、社員に権限を与えて問題解決に当たらせようと決めていた。オンラインの「アイデアバンク」を設け、社員が自分の部署に改善提案をするよう促した。翌年にはオストボを昇格させ、「組織文化を変える」ために勤務時間の半分を工場訪問に使いなさいと背中を押した。

ホルセターは、企業は儲けだけでなく社会貢献が大切であると考えている。2017年時点で2700万トンの肥料を販売し、従業員1万6000人、収益114億ドルの企業は、「責任をもって世界を養い、地球を守る」というミッションを掲げ、その考えに沿って経営されている。

しかしホルセターはその先を行きたかった。「目的のあるイノベーション」を全社で推進し、将来の収益源を開拓しながら、持続可能な開発という国連の目標を支援したいと考えたのだ。オルヴィークが提案した電気推進の自動航行船舶のアイデアは、そんなホルセターの思いのど真ん中を射抜いた。いまオルヴィークはこのプロジェクトの責任者である。

超ハイテクすぎる貨物船の建造費は？

「肥料会社が船の建造で先頭に立つというのは、ちょっと奇妙ですよね。肥料はとても保守的なビジネスです。でも、成功し続けるためには文化を変える必要がありました」とオストボは言う。

「ヤラ・ビルケランド号」は文化が変わったことの重要な象徴だ。クリスチャン・ビルケランドにちなんで名付けられた全長79・5メートルの船は、ノルウェーの造船会社ヴァード（Vard）のルーマニアの造船所で建造中だが、それは企業間コラボレーションによるプロジェクトだ。

まずノルウェー政府が環境配慮型エネルギー推進のための予算から1億3300万クローネ（1600万ドル）を拠出し、マリン・テクニク（Marin Teknikk）が船を設計し、巡航ミサイルを製造しているコングスバーグ（Kongsberg）がセンサー、電気駆動、バッテリー、推進制御などの自律システムに取り組んでいる。ゼロエミッションのポルスグラン港では荷揚げと荷降ろしの装置が専門のカルマル（Kalmar）が貨物のフルハンドリングを提供する。

船は2020年初頭にヴァードのブレヴィーク・ヤードに引き渡され、ハレヤ－ブレヴィーク間の南ルート（約7海里）とハレヤ－ラルヴィーク間（30海里）で就航する予定だ。最初は人間も乗るが、2022年までにヤラ・ビルケランド号は完全に自動航行する予定になっている。

貨物船にバッテリー、近接センサー、ライダー（光センサー）、レーダー、赤外線カメラといった高度な技術を詰め込むことは高くつき、**標準的な船の3倍の建造費がかかる。だが、**

それは最終的には人件費と燃料の節約で相殺される。陸上交通面でもヤラは、騒音、交通渋滞、塵埃を削減し、安全性を高め、温室効果ガスの排出量を抑えることができる。

貨物の積み降ろしに使う電気にはクリーンな水力発電でつくられた電力が使われ、CO_2排出量を年間700トン削減する。ディーゼルトラックの走行台数は1日当り100台減る。ヤラはさらに、バルト海諸国に大量の肥料を運ぶために、長距離を自動航行する電気推進貨物船についても検討を始めた。ノルウェーとブラジルを結ぶ大西洋ルートについても話が出ている。

完成すれば、船は総トン数3150、120個の輸送用コンテナを運ぶ。2017年9月にはトロンハイムの水槽で、長さ6メートル、2・4トンのモデルを使って実験を行った。その模様をユーチューブにアップしたところ多方面から注目を集めた。PRは目的ではないとオストボは言うが、有能なエンジニアの求職者が増えた。

「革新的な企業だという評判はビジネス上の意味があります。自動航行輸送に関心のある多くの企業から連絡がありました。自分たちの航路でも使えるか知りたいという会社もあります」

「プラットフォーマーにならない」と決めた理由

このプロジェクトにはリスクがあるのも事実だ。自動航行船舶については、国内的にも国際的にも規則が定まっていない。事故や難破の際の責任も明確ではない。ナビゲーションシステムがサイバー攻撃を受けたらどうなるのか? 技術面で解決しなければならない問題もある。機械学習アルゴリズムは絶対確実だろうか？　長期の就航でバッテリーは大丈夫だろうか？　社会的な問題も、職を失う乗組員の懸念への対処を含めていくつか生起するだろう。

だが、私が知っている野心的なスタートアップは、大胆なリスクテイクには大きな報酬の可能性があることを知っている。自動運転の電気推進船が大規模なコスト削減をもたらし、ヤラが開発したプロトタイプが広く使用されるモデルになれば、本業の肥料ビジネスを超える価値を持つのではないだろうか？　世界中の企業が自動航行輸送を予約するプラットフォームを構築することができるのではないか？　独自開発した航行技術を使って海運業に進出することもできるのではないか？　海洋版クルーズオートメーション社になって可能性を広げることもできるのではないか？

興奮する生徒を落ち着かせようとする教師のような口ぶりで、どれもわが社のゴールではない、とオストボは言った。ヤラには、船舶の航行技術の開発で得た知的財産でビジネスを行おうという考えはない。

「そのために必要な資本がどれほどの規模になるか考えてみてください。ナビゲーション付きの貨物船団というのは巨大な投資です。私たちはこの分野で新会社を設立したいのかと自らに問いましたが、答えはノーでした」

逆らうようで気が引けたが、私はあえてシリコンバレー風に切り込んだ。「高くつく判断ミスになりませんか？」。口に出してすぐ、ノルウェーの肥料会社の幹部に偉そうな言い方をしてしまったと反省したが、オストボは意に介さず答えた。

「わが社の未来図の中にその計画はありません。**プラットフォームを所有するのであれば、そこに自然な適合（フィット）がなくてはなりません。**私たちにとってプラットフォームのオーナーになることは自然ではありません。打って出ても勝つことはできないでしょう」

しかし、それでは新しい海運業界に力を与える知的財産を放棄してしまうことにならないのか？「完全な放棄ではありませんが、その点は同意します。でも、われわれには、より高い価値とより高い可能性がある本業でのプロジェクトがたくさんあります。たとえば、太陽光発電をエネルギーとする肥料の実験工場を建設するパートナーを探しているのもその一環です」。

そこで私は切り札を出す。１８６５年創業のフィンランドの企業、何度もイノベーションを起こして成長したノキアだ。紙パルプ製造からゴム長靴、自動車のタイヤを経て携帯電話メーカーへと変身したが、スマートフォンの可能性を見誤って失速してしまった。ヤラにとって自動航行船舶の技術は、ノキアにとってのｉＰｈｏｎｅになりはしないか？　オストボは辛抱強く私に付きあってくれた。

「わが社の将来のポートフォリオを見れば、これが最大の成功をもたらす事業になるとは思えません。**もっと価値のあるプロジェクトが他にある**のです。後世に語り継がれる判断ミスという可能性は否定しませんが、そうはならないと思います」

台湾ハイテク企業の復活劇

王雪紅（シェア・ワン）は問題を抱えていた。台湾のスマートフォン企業、ＨＴＣ（宏達国際電子）は、２０１１年にはアップルやサムスンを従えて米国市場でトップの座にあったが、すっかりコモディティ化してしまった。

２０１８年春には世界シェアは１％を割り込み、売上は前年比68％減、直近四半期の損失は３億３７００万ドルを記録した。グーグルと合意した11億ドルの取引で２０００人の研究員をグーグルに転籍させ、その数カ月にさらに１５００人以上の従業員を解雇したが、創業21年の会社の生存は危機に瀕していた。一時は、ウインドウズやアンドロイド携帯の背後にＨＴＣありと言われ、グーグルピクセルでも高く評価されたＨＴＣだが、ついにその時代が終わろうとしていた。

凋落の原因の一部は競争だった。ファーウェイ（華為）、シャオミ（小米）、ワンプラス（万普拉斯）などの新しい挑戦者たちは、機敏で、消費者ニーズに敏感で、ブランド構築にも長けていた。マイクロソフトやグーグルなどから受注した他社ブランド生産は後日の消費者離れにつながるタネを蒔き、ブランドキャンペーンも空振りに終わった。２０１３年の「ヒップスター・トロル・カーウォッシュ」のＣＭは想像以上にひどかった。

製品ラインをフィットネストラッカーやカメラなど、接続されたデバイスやウェアラブルへと拡大したが、フェイスブックと共同開発したフェイスブックフォンと同様、惨憺たる失敗に終わった。戦略は混乱し、ソフトウェアはしばしば問題を発生させ、性能もライバル製品を下回った。2011年4月に1300台湾ドルを記録した株価は、2018年9月には40ドル台湾ドルを下回った。

創業CEOの再登板

しかし、HTCと集積回路メーカーのVIAテクノロジーズ（威盛電子）というハイテク企業2社を成功させた王雪紅は簡単にへこたれる人物ではない。60歳を過ぎたいまも好奇心旺盛でスポーツ好き、台北とカリフォルニアを行き来して暮らしている。複雑な家庭環境で育ったが、自分で自分の道を切り開いた独立独歩の人だ。

台北のオフィスで会ったとき、王雪紅は淡々と自らの来し方を振り返った。「子どもの頃は苦労しました。なかなか難しい家族でしたから。私は台湾から出たいと思っていました」。

父親の**王永慶**（ワン・ヨンチン）は貧しい茶葉農家に生まれ、米屋などで働いた後、1954年に、後にプラスチックと石油化学のコングロマリット、台湾プラスチックグループ（台塑集團）へと成長する会社を創業した。2008年に91歳で亡くなったとき、『フォーブス』誌によれば資産68億ドル、台湾で2番目に裕福な人物になっていた。

王永慶には3人の妻との間に10人の子どもがおり、王雪紅はそのうちの1人だった。心の面でも経済の面でも家族思いの父親ではなく、2008年の死後、遺族は遺産処理をめぐって法廷で争うことになった。

15歳のときにカリフォルニア州オークランドに送り出され、彼女自身は熱心なクリスチャンであるにもかかわらずユダヤ人のホストファミリーの家に住み、大学予備校で勉強した。1年後、母親も米国に来て一緒に暮らし始めた。コンサートピアニストになるためにカリフォルニア大学バークレー校で音楽を専攻したが、**一学期で自分の才能に見切りをつけ、経済学に進路変更した。**服の売買で得たお金で生活を支え、後に、米国で買った薬を台湾で売ってその儲けで暮らした。

卒業後、姉妹の**シャーリーン・ワン**が設立したマザーボードメーカーのファースト・インターナショナル・コンピュータに入社し、優秀な営業成績を上げた。マザーボードの需要が急増しているのを見て、1987年に自らVIAテクノロジーズを立ち上げ、その10年後にHTCを共同設立した。「ハイ・テク・コンピュータ」(HTC)の名前にふさわしく、何度も革新的技術を発表し、1998年には初のウィンドウズCE(組み込み機器向けリアルタイムOS)搭載の携帯情報端末、2007年には初のジェスチャーベースのスマートフォン、2008年には初のグーグル・アンドロイドとWiMax4G携帯電話、2013年には初のメタルボディ・スマートフォンを発表している。

2010年には携帯電話全体で2500万台を売った。その翌年、ノキアを追い越して、アップルとサムスンに次ぐ世界3位のメーカーとなったとき、市場は同社を350億ドルと評価した。『フォーブス』は王と夫の**ウェン・チー・チェン**の夫妻の資産は88億ドルと報じた。「私たちはマーケティングにすごく力を入れていたわけではありませんが、他社のために最善を尽くしました」と彼女は言う。

だが、やがてその姿勢が問題となって表れる。

2014年、HTCは米国市場でアップル、サムスン、LGに後れをとり、市場シェアは6%に落ち込んだ。会長の王雪紅（シェア・ウン）が呼び戻され、共同創設者でCEOの**周永明**（ピーター・チョウ）に代わってCEOに就任した。

彼女は、新しい標準的なアンドロイド携帯を超えるヒットビジネスを生み出さない限り会社に未来がないことを知っていた。

新ビジネスへのハイスピードなPDCA

そんなとき、ビジネスの世界に入って5年という甥（おい）の**陳信生**（フィル・チェン）が脈のありそうな話を持ってきた。

陳は、クラウドファンディングでオキュラスリフト（Oculus Rift）という没入型VRヘッドセットを開発したパーマー・ラッキーに会って強い印象を受けていた。ちなみにオキュラスリフトは後にフェイスブックに30億ドルで売却されている。

その陳のお膳立てで、王雪紅はシアトルに飛び、スチームVR（SteamVR）というVRプラットフォームを開発したゲーム会社のヴァルヴ（Valve）と会った。陳は2015年3月、バルセロナで開催されたモバイル・ワールド・コングレスで、HTCはヴァルヴと共同でHTCヴァイヴ（HTC Vive）という独自のVRヘッドセットを製造すると発表した。こうしてHTCの戦いが再び始まった。

陳信生の母親と王雪紅が姉妹だった。彼は台北のつましいアパートで、祖父の富の恩恵を受けずに育った。植民地時代のようなアメリカ式の学校を嫌って反抗的行動に出た。学校の卒業アルバムに暗号メッセージをまぎれこませ、最終日に解読キーを配って教師たちに猥褻なメッセージをぶつけたのだ。学校は彼の卒業資格を取り消そうとしたが、勉強に興味のない陳信生は、バスケットボールをするためにコミュニティカレッジへの入学を決めていた。王永慶の一族にとって、それはちょっとしたスキャンダルだった。

そのコミュニティカレッジで陳の眠れる好奇心に火がつき、アフリカ系アメリカ人の文学から哲学まで幅広く読みあさった。物理学者になって宇宙の秘密を解明することを決め、スタンフォード大学で線形加速器の研究に加わった。

探究の旅は彼をロサンゼルスの神学校へと導き、韓国長老派教会の牧師資格を得た。それは積極的に海外宣教を行う組織で、陳は2年間、アフガニスタンとガーナで学校を建設したり、デジタル学習教材を開発する非営利団体の「ワン・ライブラリ・パー・チャイルド」を立ち上げたりした。その団体は電子書籍リーダーの会社に発展し、２００７年に大手書店チェーンのバーンズ&ノーブルに売却された。

そんな経験を携えて、28歳の陳は叔母が経営するＨＴＣの最高コンテンツ責任者（ＣＣＯ）に就任したのだった。

ＨＴＣは当初、ＶＲヘッドセットをリヴァイブ（Re Vive）という名前で販売した。復活（リヴァーヴ）への期待を込めたのだろう。後に同社の未来開発研究所へと発展する部隊で開発された、高解像度トラッキングが可能なヘッドセットという先進的かつ野心的な製品で、消費者が魅力を感じる価格での販売をめざした。当初価格は７９９ドルだ。

発売当初、モーションコントロールと室内サイズの広がりのあるトラッキングができる唯一のVRヘッドセットということで、業界ウォッチャーから高評価を得たが、コンテンツが限られており、大量に売れるレベルまで価格が下がるのに時間がかかった。販売台数は発表されなかったが、リヴァイヴがHTCの戦いを財務的に支えることはできなかったようだ。

「暗号電話」の可能性に賭けた

2015年も終わろうとするころ、陳信生（フィル・チェン）は再びむずむずし始めた。彼はHTCを退職して、香港で最も裕福な**李嘉誠**（リ・カシン）が運営するホライゾン・ベンチャーズの投資家になった。だが王雪紅とのコンタクトは続いており、2017年末に、HTCにチャンスをもたらすかもしれない提案を行った。

今度の話は、ブロックチェーン技術を使った分散型クラウドコンピューティングのディフィニティ（DFINITY）というスイスの会社との出会いがきっかけだった。アマゾンやグーグルが行っているクラウドサービス事業のライバルということになるが、中央に単一の所有者が存在しない分散型という点が違う。ブロックチェーンは、ビットコインやイーサリアムといった仮想通貨の取引を記録する分散型の安全な方法としてよく知られている。

ディフィニティの野心的な取り組みを見た陳は、ブロックチェーンを使ってユーザーに新たな価値をもたらす「暗号電話」が作れるのではないかと考えた。陳がイメージする「暗号電話」とは、所有者のアイデンティティを暗号化して安全に保存するスマートフォンのことで、所有者はブロックチェーンを使用してネットワークに接続し、さまざまなメリットを享受できるというものだ。

陳信生は、それが具体的にどういうものになるのか、実はよくわかっていなかった。ブロックチェーンに関心があるのも一部の人だけで、彼が知る限り仮想通貨を持っているのは3000万人にすぎなかった。だが、哲学者と投資家としての蓄積により、その高度な装置には破壊的な機会をもたらす力があると感じた。

3分でわかる「インターネットの歴史」

インターネットは知識の共有とコラボレーションを生むオープンな文化をもたらし、多くの素晴らしいP2Pプロジェクトを生み出した。たとえばウィキペディア、ファイル共有プロトコルのビットトレント(BitTorrent)、そしてビットコインなどだ。

だが、インターネットといえども、閉鎖的で利益主導型の企業がオンライン上のエンゲージメントの大きな部分をつかみとることを妨げてはいない。フェイスブックやグーグルが広告主に販売している個人データが代表的な例だ。

ネット市民がこのデータの所有権と管理権を取り戻すことができたら、分散化された自由なやりとりから生まれる価値、富の配分、創造活動がどれほどのものになるか、想像するだけでも胸が躍る。人々がそのようなやりとりに参加するための最も簡単な方法は何か? 誰もがポケットの中に持っているスマートフォンだと陳は考えたのである。

ブロックチェーンに関する主流メディアの報道は、激しいレート変動や、電子マネーで一儲けたくらむ輩の怪しげな主張に焦点を合わせる傾向がある。そんな報道では、多くの投資家や起業家がブロックチェーンテクノロジーに熱い視線を送っている根本的理由が理解できない。

インターネットの歴史を簡単に振り返ってみる。1989年に**ティム・バーナーズ=リー**が、ワールド・ワイド・ウェブ（WWW）と呼ばれる、オープンプロトコルの、誰にも所有されていない、すばらしく豊かなグローバル情報共有ネットワークを実現した。だが彼は、個人のIDや、資産の所有権や譲渡を確認するための、信頼できる安全なプロトコルを暗号化することを怠っていた。

その不備のせいで、多くの企業が双方向の参加型ウェブを構築し、そこで収集した個人データで利益を得ようとした。ウェブ2・0と呼ばれる展開である。そこにネットワーク効果（利用者や情報が集まるほどネットワークの価値が高まり、利用者の依存傾向が強まること）が追い討ちをかけ、デジタルアイデンティティの商業利用に対して本人が権限を持てない、集権的で閉鎖的なウェブが生まれてしまった。

それはバーナーズ=リーが思い描いた世界ではなかった。彼は後に、ウェブは中央集権化したことで「人間に奉仕することに失敗した」と不満を漏らした。それは「フェイクニュース」やケンブリッジ・アナリティカ（選挙への不正な関与が取り沙汰されて倒産した選挙コンサルティング会社）型の個人データの悪用を生んだ。フェイスブックやグーグルのような説明責任を負わない私的独占企業に支配されたウェブは、バーナーズ＝リーの言う「非人間的で大規模な緊急事態」となってしまったのである。

そこに現れたのがウェブ3・0だ。それはウェブが生まれたときの理想主義の復活の希望を感じさせる。まだ構築の途上だが、ブロックチェーンを使ってネットワークを分散化し、データの所有権を中央のアプリケーション（たとえばフェイスブック）から個人に取り戻そうとするものだ。現在のオープンプロトコルによって電子メールが間違いなく相手に届き、ネットフリックスで観たい映画が観られるのと同じように、初めて、ネットワーク上の個人のアイデンティティと情報（アセット）を安全に管理し認証するオープンプロトコルが生まれたのだ。

これがなぜ重要なのかを理解したければ、**サトシ・ナカモト**という匿名のプログラマーが書いた有名な論文を読むとよい。「ビットコイン――P2P電子現金システム」と題するその論文は、中央の銀行に拠るのではなく、P2Pネットワークのデジタル元帳に拠って取引の信頼性が担保されるという、独創的なデジタル通貨を提案した。元帳はネットワーク上に存在する計算能力によって維持される。元帳の管理とアップデートのために自分のコンピュータの計算能力をシェアした人は、仮想通貨によってマイクロペイメントを受けることができる。それが「マイニング」と呼ばれるプロセスだ。

この論文に続いて、当時19歳のロシア系カナダ人、**ヴィタリック・ブテリン**によってイーサリアム（Ethereum）と呼ばれるプロトコルが提案された。これによって、中央のアプリストアによる承認なしにアプリを構築することができる。初期段階だが、すでに何百もの分散型アプリケーション（DApp：decentralized application）が存在する。たとえば、誰もが未使用のストレージ容量を貸し借りできるファイルコイン（Filecoin）、クラウドファンディングを促進するウェイファンド（WeiFund）、単一の主体による管理が存在しないマインクラフト（Minecraft）のようなバーチャルゲームの世界であるイーサリア（Etheria）などがある。

データを個人に取り戻せ

陳信生（フィル・チェン）は「暗号電話」にHTCのチャンスがあると判断し、「すごい考えがあるので聞いてほしい」と王雪紅（シェア・ワン）に電話した。HTCはハードウェアをしっかりコントロールでき、素晴らしいチップセットも作れる会社なのだから、分散型アプリケーションのために必要な機能を搭載した最初のスマートフォンを作れるはずだと話した。

スマホのオフライン部分は、所有者のアイデンティティやデータを保存する「デジタル財布（ウォレット）」となり、ネットにつながっている部分は分散型アプリケーションをサポートしてシームレスなユーザー体験を提供できる。そのことを理解できる誰かに開発させるべきだと説いた。

その話を聞かされた時のことを王は振り返る。「最初、彼が何を話しているのかよく理解できませんでしたが、とにかく聞いてみて、ブロックチェーンの分野のさまざまな人にも話を聞きました。みんな熱心で知識豊富でした。どうすればオンライン上で身を隠せるのか？　どうすれば情報を保護できるのか？　ブロックチェーンがあればできるとわかりました」。

２０１８年春、ＨＴＣはコモディティ化したハードウェアのメーカーから脱皮するために、このプロジェクトに挑戦することを決めた。だがその先頭に立てる人材が社内にいなかったので、陳信生がベンチャーキャピタルの仕事を辞めてＨＴＣに復帰した。今度の肩書きは最高分散化責任者（チーフ・デセントラライズド・オフィサー）（ＣＤＯ）だった。

同年5月に開かれたブロックチェーンの大会で陳信生は、ＨＴＣがエクソダス（Exodus）というブロックチェーンで動くスマートフォンの開発を行っていることを発表した。テクノロジー評論家の中には、すでに死に体の会社が目先を変えただけと受け止めた者もいた。確かにその日の陳のプレゼンは、クラウドファンディングに臨むスタートアップにありがちな大げさな言葉使いが目立った。

彼はこう論じた。人間は国境のない世界に住むことになるとインターネットは約束した。しかし今日、君臨する企業によって、人類は片手で数えられる企業によって囲われた領土に押し込められている。「いま、モバイルインターネットへの道が終わりにさしかかり、暗号インターネットの夜明けが来ようとしている」。

それを導くのが「分散化の使者」たるエクソダスだ。ついに「わがデータを解放せよ」と言える日が来た。元牧師の脳裏には、「わが民を行かせよ」と宣言して奴隷を解放した出エジプト（エクソダス）のモーセの姿があったのかもしれない。

スマートフォンで新たな価値をマイニングする

ブロックチェーン電話についての考えを聞くために、私は2018年2月と5月に陳信生と会った。7月には開発の進行状況を取材するためにHTCの台北本社も訪ねた。

建物は黄金時代のHTCを感じさせる。環境の持続可能性と社員の健康への配慮もうかがえる。自然な空気循環による空調、雨水の再利用、ソーラーパネルによる発電が行われている。10階にはトレーナーが常駐するジム、17階にはバドミントンとテニスのコートがある。

オープンホワイトのエントランスホールには、HTCの最新の携帯電話である「U12+」の巨大なポスターが飾られ、「リブ・オン・ジ・エッジ」（最先端を生きる）というコピーが躍っている。財務状況の悪化や度重なる人員削減などを考えると、確かに最近のHTCは瀬戸際状態（リブ・オン・ジ・エッジ）だ。

陳信生（フィル・チェン）の下で、エクソダスの開発に取り組むエンジニアが十数人、製品マネジャーが2人、マーケティング担当が2人、ソーシャルメディアアシスタントが2人働いていた。「スタートアップのように部門を運営しています」と彼は説明する。ガラス壁のオフィスには、暗号エコシステムを描いた大きなポスターが貼られている。「アジャイルな開発と繰り返しのプロセス。HTCがこういうやり方で動くのは、今回が初めてです」。

陳は私を社内の会議に招いてくれた。それはマーケティングチームとPRチームを招集した会議で、彼はブロックチェーン電話について説明し、プロジェクトについて質問を受け付けた。陳の説明は次のようなものだった。

「バイオメトリックデータが入っているIDカードがスマホの中にあるようなものだ。銀行との取引履歴がない人がローンを利用するのに役立つ。自分のデータを誰に何のために使わせるかを自分で決めることができる。どこかの時点で、HTCは分散型アプリのストアを構築して、誰もが分散型交換ができる環境を整える。将来的には、スマホの所有者は、自分のスマホのセンサーとストレージをネットワークに提供して暗号キャッシュ（HTCコイン）を受け取ることができる」

これはスマホを使ってネットワークから価値を採掘（マイニング）するという過激（ラディカル）な発想だ。最近の標準的なスマートフォンには、スマホの向きを感知する加速度センサー、スマホの回転スピードを検知するジャイロセンサー、カメラ、気圧計など、15個前後のセンサーが内蔵されている。それだけではなく、使われていない処理能力と記憶容量（ストレージ）がある。

そうしたセンサー情報や処理能力、記憶容量は、第三者の企業にとってはお金を払ってでも使わせてほしい価値があるものかもしれない。

たとえば、センチメートル精度の3Dマップを作成している会社は、カメラ、ジャイロセンサー、加速度センサーからの情報提供に対し、マイクロペイメントで対価を支払うかもしれない。地震の研究者は、地面の振動を監視するためにスマホの加速度センサーにデータ提供料を支払うかもしれない。

自動車保険会社は、運転状況をモニターさせる契約者に何らかの特典を与えるかもしれない。医療保険会社は、運動や睡眠などの活動データを提供する契約者には保険料を割り引くかもしれない。メディア会社は、余っている記憶容量やデータ通信量を提供するスマホ所有者に支払うかもしれない。

私はそのような〝マイニング〟で電話の持ち主はいくらぐらい稼げるのかと尋ねた。「たぶん月に5ドル程度でしょう」という答えが返ってきた。ただし、それは将来のモデルでの話だ。最初のエクソダス・フォンは、スキンの一部が透明になっていて外からセンサーが見えること以外、外見的には標準的なアンドロイドスマートフォンの上位機種と大差ない。

真の違いは、秘密暗号鍵を安全に保管できるチップレベルに存在する。将来世代のモデルには、安全なウォレットとつながる小さなセカンドスクリーンが配置されることになっている。「ウォレットというメタファーは適切ではありません」と陳信生は言う。

「将来的には、そこに持ち主のデータ、アイデンティティ、健康に関する情報が保管され、それを誰と共有するかを自分で決めることができるようになります。これは破壊的なアイデアです」

野心的な挑戦が組織文化に喝を入れる

メイヤー社のガイド付きクッキングや、ヤラの自律航行船舶と同様、ブロックチェーン電話に進出することでHTCが長期的な収益を得られるかどうかを判断するのはまだ早い。もしかしたら、衰退するブランドへのテコ入れはもはや遅きに失しているかもしれない。それでも、エクソダスプロジェクトは確かに会社を活性化させ、社員のやる気を引き出している。

それは、**「トップはまだあきらめていない」というシグナルにもなっている**。野心的な方法で新技術を活用しようとすることで、王雪紅（シェア・ワン）は負け癖のついた社内文化に挑戦しようとしている。これは栄光を取り戻すための最後の希望かもしれない。

最初のエクソダス電話は２０１８年末に発売された。私は王雪紅に、ＨＴＣにとってブロックチェーン電話はどれほど重要なのかと尋ねた。

「これは長期的な投資です」と王雪紅は言う。「短期的には当社の事業に影響を与えるとは思いませんが、投資しなくてはならない重要な分野です。私たちは**ブロックチェーンの「ミュニティの外にいる一般の顧客に、ブロックチェーンの活かし方を教育している**のです。ハードウェアを作るのではなく、エンドユーザーの気持ちを考えながら、ＡＩ、ＡＲ、５Ｇ、ＶＲ、ブロックチェーンを使って全体的な体験をデザインしているのです」。ＨＴＣは電話メーカーから「トータルな経験を提供する会社」へのピボットを図っている。

その後、王雪紅のいないところで、陳信生（フィル・チェン）に、ＨＴＣはこのプロジェクトのことを真剣に考えていると思うかと尋ねた。

「成功すれば、これは会社を好転させる製品になるでしょう。会社の文化を変えなければなりませんが、新しいインターネットを構築するうえで重要な役割を果たすことができれば、ＨＴＣはハードウェア会社からソフトウェア会社に変身することになるでしょう」

いまあるブロックチェーンアプリの上位3つか4つは、両替、カジノ、ポンジ・スキーム（出資を募っておいて資金運用を行わない投資詐欺）みたいなものばかりだと陳は指摘する。

「ほとんどの人は一攫千金を狙っているだけで、本気でテクノロジーを構築しようとはしていません。でも私たちにとって、これは長期的な取り組みです。公開会社がこれにコミットしているという事実こそが大きなことです」

テクノロジーに賭けろ

急速に進歩する新テクノロジーは既存のビジネスモデルを破壊し、新たな勝者を生み出す。それは予想可能なタイミングでは起こらず、こちらに用意ができるまで待ってもくれない。では、スタートアップに押しつぶされることなく、自社のために新技術を利用するにはどうすればよいだろう？

1　**新しいテクノロジーには常にアンテナを張っておく**

アマゾンは２０１６年12月、シアトルの本社に初の無人店舗「アマゾンＧｏ」をオープンし、コンピュータビジョン、近接センサー、およびさまざまな形態のＡＩを使用することを説明した。２年以内に全米で３０００店舗をオープンする計画であることも報じられた。近い将来、顧客が小売店に期待することが一変する可能性があり、それに乗り遅れた会社は取り残される危険がある。

流れに取り残されないように、新しいテクノロジーには、投機的すぎると切り捨てたくなるものであってもアンテナを張っておくことが大切だ。

2　**他社より早く動けば、新技術の特定利用において知的財産の保護を受けられる**

だからといって成功を保証するものではないが、失敗しても投資コストを回収できる可能性がある。

3　流行語やバズワードに振り回されない

自社のビジネスの現実と文化をふまえ、特定の新技術が自社の製品やプロセスにどんな脅威をもたらすか、どんな新しい価値を付加できるかを率直に話し合う。それは少なくとも、リスクと戦略的投資の可能性を見極めるのに役立つ。

4　テクノロジーに立脚したビジネスに順応するよう、トップが強いシグナルを送る

ヤラのペター・オストボは、たとえばＡＩ技術の基礎をマスターしたことをスタッフに伝えることで模範を示した。「ＡＩについては本を10冊読んだし、講義も聞いたから、話は理解できる」と言えたことで、間違った投資をする危険性が減り、チームの自信が高まった。

5　テクノロジー主導のプロジェクトは、コア事業から離れた場所に拠点を置く

ＨＳＣは、親会社の保守主義に邪魔されることなく独自の文化を築き、スタートアップとして機敏に動き、必要があれば外部の投資家をつかまえてきた。

6　新テクノロジーを活用するメリットについて説得力のある物語をつくる

内部の利害関係者や顧客をその気にさせる必要がある。「世界最高の技術があっても、人を動かす物語を語れなければ悲惨な結果に終わる」とメイヤー社のスタンリー・チェンは言っている。

ビジネスモデルを拡張せよ

「ナスパーズ」人種差別があった国のピボット戦略

Finland

Estonia

China

India

UAE

Australia

South Africa

PART 15

UK
USA
Peru

政治と癒着した新聞社の大転換

行き詰まったスタートアップの間でよく見られるのが「**ピボット戦略**」である。それは**自社の製品と市場を適合**（フィット）**させるために行う、自らの存在意義を問い直すような方向転換**である。素早くボディターンを行ってパスを出すバスケットボールの選手のように、大胆な動きで局面を一気に打開しようという作戦だ。

失敗したビデオゲームのグリッチ（Glitch）の開発チームは、2012年に社内用のコラボレーションツールをスラック（Slack）という名前で売って成功し、2018年の資金調達で70億ドル以上を調達した。2005年にアップルのiTunesがポッドキャストを提供したとき、オデオ（Odeo）というポッドキャスト・アグリゲータ（情報収集プログラム）ではチャンスを掴めなかったが、逆転のために打って出たツイッター（Twitter）で成功を収めた。

しかし、ビジネス史上最大の成功を収めたピボットの例は、南アフリカのケープタウンにある。テーブルマウンテンを背にフォアショア地区に建つ、22階建て高層ビルに居を構える創業一世紀の新聞社、ナショナルプレス（De Nationale Pers Beperkt）がそれだ。1915年に設立され、国家主義とアパルトヘイトの維持に一役買った時期もある。現在の社名はナスパーズ（Naspers）である。

ナスパーズは2001年、3200万ドルを投資して、損失続きの中国の

スタートアップの株式46・5％を取得したが、その価値は2018年3月時点で1640億ドルに増大していた。このスタートアップこそ、SNSのウィチャットとインスタントメッセンジャーのQQで大成功を収めたテンセント（騰訊）である。

この収益率51万2000％の投資により、ナスパーズは世界有数のテクノロジー投資家、アフリカ最大級の企業となった。衰退しかけていた新聞出版社は、ジリ貧状態のビジネスモデルを、どうやってこれほど根本的かつ効果的に拡張させることができたのだろう？

私はナスパーズの幹部たちと、テクノロジー系のカンファレンスやパーティで何度も会っている。彼らにとってテンセントは、数十億ドル規模の成功を収めた投資の1つにすぎず、そのポートフォリオの中にはロシアのインターネット企業メイルルー（Mail.ru）、インドのEコマース企業フリップカート（Flipkart）、ドイツの食品宅配企業デリバリー・ヒーロー（Delivery Hero）といった有力企業の名前が並んでいる。

新聞出版社という前身と、外部に投資パートナーを持っていないという点で、私はナスパーズが典型的なベンチャーキャピタルファンドではないことを漠然と認識していた。しかし、同社が2018年3月にテンセント株のごく一部を売却して106億ドル調達したとき、これほどの大成功を収めることができた理由をなんとしても知りたいと思った。

新聞ビジネスが衰退し、善悪は別として政治力としてのアパルトヘイトも終わりを告げる中で、目覚ましい利益をもたらしたものは何なのか？

事業的危機感と国家的危機感の交点で

まずは２０１４年4月にＣＥＯに就任した**ボブ・ヴァン・ダイク**にアプローチした。オンラインのデリバティブ取引の会社を設立した後、イーベイ、マッキンゼー、ノルウェーのメディア企業シブステッド（Schibsted）を経て、ナスパーズのＣＥＯとなった人物だ。

彼が拠点としているアムステルダムに電話で質問をしたところ、テンセントへの投資はまぐれ当たりではない、投資の成功要因を理解するためには30年続けた自己改革という文脈の中でナスパーズを理解する必要がある、という答えが返ってきた。

「30年前、収益の90％は新聞の発行で得ていました。そこから有料テレビ事業に転向し、その後、アフリカ初の携帯電話会社を設立しました。そしてこの10年と少しで、コンシューマーインターネット企業へと脱皮しようとしています」

同社が行った数度のピボットに共通する要因は、「徹底した成長重視の文化」であり、いずれも**新技術が成熟する以前の段階でリスクを取って投資を行っている**という点だ。

ヴァン・ダイクは、有料テレビ事業に参入するという１９８０年代の決定を理解しなければ、その後のナスパーズの中国テクノロジー企業への投資意欲は理解できないと言う。南アフリカのテレビは、１９７６年に政府の管理下にある南アフリカ放送協会（ＳＡＢＣ）が独占を認められたときに姿を現し、たちまち新聞から広告を奪い去った。

ナスパーズは1984年に政治ジャーナリストにして編集者である**チューニッセン・〝トン〟・ヴォスルー**を新たな業務執行取締役（マネージングディレクター）に任命した。彼は自社の新聞が広告収入の減少に苦しんでいることを認識した。ヴォスルーは、**アパルトヘイトと少数派白人による支配は必ず終わるから、その時に備えなくてはならない**と考えた。国民党寄りの媒体についても法的責任を問われるだろうから、「なんとかしてこの縛りから逃れなくてはならない」と危機感を抱いた。

ヴォスルーは手練れの編集者で、1956年に『ディー・オースタリッグ』(Die Oosterlig)――現在の『ディー・バーガー・オース』(Die Burger Oos)――に配属されて以来、ナスパーズ一筋の職業人生を送った。マネージングディレクターに就任する前は、日曜発行の新聞2紙、日刊新聞1紙の創刊に携わった。また、7年間にわたって日刊紙『ビールド』(Beeld)の編集に当たった。

南アフリカ東ケープ州のオイテンハーヘで生まれたヴォスルーは、若くして父親を、その後兄も亡くし、母親の手で育てられた。起業家の本能を持っていた彼は、新聞を売るために何が必要かを感じる「指先の感覚（フィンガーチップ）」を持っており、いつも次の機会を探していた。

「私のテーマは、50年代に『デイリーエクスプレス』紙の編集長を務めた英国の偉大な編集者、アーサー・クリスチャンセンが言った〝自己満足している編集者からは、ろくな新聞は生まれない〟という格言に尽きます」とヴォスルーは言う。

現在その格言は、**「自己満足しているマネージングディレクターからは、腐った製品しか生まれない」**に変わっている。

すべては若きニューヨーカーのプレゼンから始まった

ピボットの機会は、ヴォスルーが就任して数カ月後に向こうからやってきた。ニューヨークのコロンビア大学のビジネススクールで学ぶ30歳の学生から、真夜中にファックスが届いたのだ。米国の有料テレビ、ホーム・ボックス・オフィス（HBO）について研究していた**ジェイコブス・ヘトラス・ベッカー**という学生からだった。

活発で好奇心旺盛な青年ベッカーは、ヨハネスブルグから車で南へ1時間の牧畜農家の息子として1962年に生まれ、大学で法律を学び、広告代理店に入社した。1981年に、妻の**カレン・ルース**と一緒にニューヨークに移り住んだ。妻は『グラマー』誌でファッション編集者として働いた。彼はHBOで働くことを検討し、実際、アフィリエイト・リレーションの仕事を提示されてもいた。

HBOは1972年以来、**ケーブルテレビのサブスクリプション・ビジネスを行っていたが、ベッカーは、同じことを衛星放送でやれば、地上波テレビ放送が新聞の収益を奪っていた南アフリカでうまくいくのではないか**と考えた。

彼はナスパーズに利益をもたらすアイデアがあることと、プレゼンの機会を与えてもらえるなら自費でケープタウンへ飛ぶ用意があることをファックスで書き送った。ヴォスルーには失うものは何もなかったので役員会を招集した。

メディアで働いた経験はないが怖いもの知らずの若者であるベッカーは、スライドの束を携えて6人の役員を相手にプレゼンを行った。多額の費用を要する危険な提案だったが、ヴォスルーをはじめ役員たちは感銘を覚えた。ヴォスルーはベッカーに、南アフリカでプロジェクトを指揮してくれないかと誘った。すでに引退しているヴォスルーが当時を振り返って言う。

「私にはベッカーの話の趣旨と、それがわが社を苦境から救ってくれることがすぐにわかりました。私は当初、資本として5000万ランド（約3500万ドル）の支出を役員会に求め、ベッカーをこの事業の責任者に指名したいと言いました。すべてはそこから始まりました。あれは私たちにとって最も重要な決断でした」

危機を救った「殺し文句」

ベッカーのリーダーシップの下で、アフリカ初の有料TVシステムであるMネット（M-Net）が事業を開始した。1985年にも放送免許の申請を行ったが、SABCに却下された。そこでヴォスルーが動く。

「当時、私は政治記者時代から知っていたボータ大統領のところに行き、脅し文句をぶつけました。『新聞から広告収入を奪っているテレビ放送の国家独占を続けるなら、**この国の新聞はすべて廃刊に追い込まれてしまいますよ。あなたを支持している新聞も含めて**』。すると専門家委員会が設けられ、最終的に認可が下りました」

だがMネットには2つの条件が付けられた。ニュースの放送は認められず、会社の所有権は日刊紙を発行している他の南アフリカの出版社と共有する、というものだった。

ともあれ、こうしてMネットの放送が始まった。それは1986年9月、スカイ（Sky）が英国で放送を開始する2年前、そしてチャンネル・プラス（Canal +）がフランスで世界唯一の無線有料チャンネルとして放送を開始してから、わずか数カ月後のことだった。

技術的にはMネットは進んでいたが、財務面は困難を極めた。1987年3月時点では、毎月の売上は50万ランド、損失は350万ランドだった。新聞グループ1社がさらなる資金投入を嫌って共同所有から離脱したため、破産の危機が迫り、さらなる資金調達の必要が生じた。

間違いも犯した。自社製のデコーダーは当初、アパート単位での加入を前提とする設計だったので、全戸が契約に同意しないと設置できなかった。デコーダーが個別に設置できるように改造されたことで契約数が伸び始めた。1990年にMネットは黒字に転じてヨハネスブルグ証券取引所に上場し、サハラ以南のアフリカ全域へと拡大し始めた。

ヴォスルーは「もう1つの画期的な冒険だった」と自負する行動に出た。1990年頃、会長を務める有料テレビ・コンソーシアムを通じて、携帯電話ネットワークの構築をめざして当局に電話通信事業免許を申請したのである。時間はかかったが免許は与えられた。だがここでも条件が付けられ、実際に電話通信会社のMTNをスタートするまでに1年間待たされた。MTNは高収益事業となり、アフリカ全土から中東へと広がった。

しかし、1997年に本体のナスパーズのマネージングディレクターとなったベッカーは、テレビ事業に優先的に取り組むことを決め、資源を集中させるためにMTNを売却した。1998年からは「メディア24」のブランドの下で、「ページズ24コム」、「ニュース24コム」、「フィン24コム」といったウェブサイト、およびオンライン書店のカラハリ・ネット（Kalahari.net）を始めた。

ベッカー個人も、自分自身の将来のために賢い投資をした。給与ではなくストックオプションでの報酬を求めたのだ。これによって彼は10億ドルを2度手にしている。

設立当初からアパルトヘイトを支持した新聞社

新聞は、政府の政策や優先順位にしばしば政治的影響を与える。しかし、極端な政策を取る政府をひたすら宣伝し支持するという点で、20世紀の南アフリカのナスパーズのような新聞はそうあるものではない。

そもそも、それが目的で創刊された新聞だった。1899年から1902年にかけて、南アの植民地をめぐってケープ植民地を形成していたオランダ系移民を中心とする民族集団アフリカーナーと英国がボーア戦争を戦った。敗れたボーア側の将軍**ジェームズ・バリー・ムニク・ヘルツォッグ**は1914年、オランダ語から派生したアフリカーンス語を話す少数派白人の利益を代表する国民党を結成した。

そしてその翌年、アフリカーンス語の新聞、『デ・ブルガー』（De Burger）――後の『ディー・ブルガー』(Die Burger)――を創刊したのは自然な成り行きだった。同新聞社の持ち株会社としてナショナルプレスが1915年5月にケープタウンで設立されたのである。

創刊時点から、新聞社と国民党の命運は密接に絡み合っていた。『ディー・ブルガー』の最初の編集者は、**ダニエル・フランソワ・マラン**というオランダ改革派教会の牧師で、1918年に白人議会議員に当選した。1924年に国民党が政権を握ると、編集長職を維持したまま内務・教育・公衆衛生大臣として入閣した。

マランはヒトラーとナチズムを公然と擁護した。1948年に首相になると、法によって人種分離を強制するアパルトヘイトの基礎を築いた。

ネルソン・マンデラが解放される1990年まで、『ディー・ブルガー』は国民党の非公式の代弁者としてアパルトヘイト政策を擁護し続けた。

ナスパーズで編集者として働いたメディア史家でもある**リゼット・ラーベ**は、編纂に携わった会社の100年史に、「初期のナショナリズムは、大英帝国がアフリカーナーに対して行った過ちを正す理想主義という側面があったが、多数のアフリカーナーがドイツで学んだ1930年代になると、理想主義的な国家主義は醜悪な国家社会主義に変容した」と書いた(『絶えざる革命――ナスパーズ、メディア24そして移行』(N Konstante Revolusie: Naspers, Media24 en Oorgange))。

創業当初からの数十年、ナスパーズのジャーナリストたちはプロパガンディストだったと彼女は言う。「明確な政治的見解を持つ新聞も、柔らかいアプローチの雑誌も、どれもアフリカーナーの民族主義勢力を力づけようとするもので、野党には出る幕がなかった」

ナスパーズは、調査、記録、そして場合によってはアパルトヘイトの下で行われた人権侵害に恩赦を与える目的で1996年に開催された真実和解委員会のメディア公聴会への参加を拒否した。それでも127人のナスパーズの記者が、それぞれの立場で委員会に文書を提出し、自分が果たした役割について謝罪した。

30年越しの謝罪

2015年7月25日に開かれた設立100周年記念イベントで、ナスパーズはついに、アパルトヘイトの犠牲者と生存者に向けて限定的な謝罪を述べた。ナスパーズの印刷メディア部門のメディア24のCEOである**エスマレ・ウェイドマン**は、「今夜、私たちは公式に許しを求めたい」と述べた。ナスパーズには、1980年代初頭から、国民党への政治的忠誠を保つことはできないという理解が浸透し始めていたので、これは30年越しの謝罪ということになる。

1981年のコラムで、ヴォスルーは、「マンデラのアフリカ国民会議と国民党政府がともにテーブルを挟んで座る日が来るだろう」と書いて国民党政府の逆鱗に触れている。1984年のマネージングディレクター就任後、彼はグループを国民党から切り離すことを優先事項として活動した。

「これ以上党の機関であり続けることはできない、と私は言いました。変化が起きることはわかっていた。私たちの新聞は過去と決別し、南アフリカの未来のためのニューディールの前線に立たなければばならないと思いました」

ナスパーズのビジネスモデルの改革は、政治的スタンスの根本的な変化と切り離して理解することはできない。「私たちは政府の支援機関であることを止め、新聞として主張を掲げられる独立した企業へと変身したのです。単にビジネスの内容が変わったという話ではありません」。

大成功を収めた投資はこうして行われた

英国の南サマセットにキャッスル・キャリーという小さな市場町がある。そのはずれに、ベッカー夫妻が購入した広大な土地と屋敷がある。2018年11月の昼下がり、翌日にはテンセントの役員会のために中国へ飛ぶという彼を、ここエミリー・エステートでつかまえることができた。開発土木工事が行われている現場を、長靴を履いたベッカーが案内してくれた。

2014年初頭に121ヘクタールの土地とハドソンハウス（英国指定の特別に重要な建造物にリストされた17世紀の邸宅）が売りに出されたとき、映画俳優のジョニー・デップが買うと報じられた。

だが、**ベッカーと彼の妻カレン・ルースがジョニー・デップを上回る額で**

落札したのだった。その広大な土地を、英国版バビロンストーレンに変えるためだ。バビロンストーレンというのは、ケープタウン東部にベッカー夫妻が2010年にオープンした観光農園で、別世界のようなホテルとレストラン、スパ、プール、そして素晴らしい料理を提供するレストランで知られている。

2019年春オープンのサマセットプロジェクトを監督しているのは、南アフリカの『エル・デコレーション』(Elle Decoration)誌の元編集者である妻のルースだ。サマセット南地区協議会に提出された計画申請書によれば、ホテルとスパ、歴史公園、庭園、そして農場の店が年間最大10万人の訪問者を迎える予定になっている。

ベッカーは取材時、年齢より若々しい65歳。好奇心旺盛で、この不動産を購入して以後の発見を私に熱心に話してくれる。たとえば、かつてここに住んでいたホブハウス家を襲った戦時の混乱の苦悩を伝える屋根裏部屋の手紙の山、ジョージ王朝時代の建築、火山土由来の床タイル、金色に光る地元産のキャリー石などについて語り続けた。話をビジネスに戻すのがいかにも残念そうだ。

なぜ世界で最も賢いテクノロジー投資を行えたのか?

そもそも南アフリカの新聞社が中国に出て行く勇気は、どこからきたのか?

成功と失敗の逆説的セレンディピティ

それを理解するには、1990年代初頭のMネットの急成長に立ち戻らなければならないとベッカーは言う。これによって、会社がアフリカの外に出て行くことに拍車がかかった。

1992年、有料テレビコンソーシアムは豊富な資金力にものを言わせて、スカンジナビア諸国とベネルクス諸国で著名なフィルムネット（FilmNet）というヨーロッパの有料テレビグループを買収し、その後イタリアのテレピュ（Telepiù）にも投資した。

そして1997年、欧州メディア業界の攻撃的仕掛け人として知られるヴィヴェンディのCEO、**ジャン・マリエ・メシエ**から、気前の良い条件で、それらをメシエのキャナル・プリュス（Canal+）と合体させたいというオファーがあった。ベッカーはいたずらっ子のように笑いながら言う。

「私たちはそれで22億ドルの現金とキャナル・プリュス株を手にしました。株には価値がなかったので、お金だけ受け取りました。有料テレビの窓は閉ざされつつあり、ポケットには行き場のないお金がありました。さて何をしようかと考えたとき、可能性を感じさせる動きがあるのはインターネットの世界だけだったのです」

ベッカーは中国でインターネットの機会を探し始めた理由をこう説明する。

「過去3000年という長い期間の大半を通して、中国は世界最大の経済国だったから」

彼は北京と香港にチームを派遣し、その文化に魅了された。翻訳された中国の小説を読みあさり、特に短編作家の魯迅（ろじん）が好きになった。そして何件か投資を行った。北京のインターネットサービスプロバイダ、上海の金融ポータル、中国最大だった時期もあるスポーツポータル、そしてオンライン書店……。だが、すべて失敗した。インターネットサービスプロバイダだけでも、18カ月で4600万ドルの損失を出した。

「われわれには長らく〝大金を失う会社〟という栄えある称号がつきまといました。ブラジルでは雑誌社で4億ドル失いました。損失に備えなければなりません。未来は予測できませんから。しかし、それが中国で起こった最高のことでした。企業にとっては、ものごとが順調に進んで、**自分たちはうまくやれているという錯覚に陥ることがいちばん危険です。逆に、いちばん有望な瞬間は失敗した直後です**」

西洋至上主義の逆張り

彼は、シェイクスピアの『リチャード二世』をもじって言った。「私たちは床にへたりこんで敗北の悲しい話をした。なんとか命はながらえたが、中国人に負けたことを思い知らされた。中国人のほうが一生懸命働くし、マネジャーとしても優れていた」。

ナスパーズは、**西洋至上主義の発想から、欧米人に経営に当たらせたのが失敗の原因だ**と理解した。傲慢さゆえに、彼らは中国のビジネス文化を理解し損ねた。

「そこで私たちは、逆のやり方をしようと考えたのです。**最も有能な中国の経営陣を探しに行こう。そして口出しせず、自由にやらせよう。それでテンセントに投資したわけです**」

インターネット経済が墜落し、ベッカーには、これがナスパーズにできる最後の投資だとわかっていた。ナスパーズはもういちど賽(さい)を振った。彼も認めるように、危険な賭けだった。もし失敗したら、その先4、5年は何にも投資できなくなっていただろう。

ベッカーがテンセントの創設者である**馬化騰**(ポニー・マー)に初めて会ったとき、テンセントには収入がなく、30人の集団の誰も英語が話せず、そしてそれは深圳の殺風景なビルに押し込められていた。しかし、QQという同社のインスタントメッセージングシステムには約200万人のユーザーがいた。

深圳の港湾管理者の息子である馬は、深圳大学でエンジニアリングを学んだクラスメート5人で会社を設立した。彼らには明らかに技術的な才能があった。「彼らに会って興奮しました」とベッカーは振り返る。

「彼らには先の計画があったわけではなく、ただこう考えていたんです。『自分たちにできる、みんなが面白がってくれることは何か？　顧客が増えたらゲームを提供して、黄金の剣に2ペニー課金すればいいじゃないか』と」

ベッカーは、彼らがコーディングの仕事をしながら楽しんでいることにも気づいた。ベッカーに言わせれば、それは成功するチームに見られる際立った特徴だ。

「ヘンリー・フォードが言っています。幸福と同じで、富を直接求めても得ることはできない。富は、人に役立つサービスを提供した結果としてもたらされるものだ、と。インターネットの価値についても同じことが言えます。ＭＢＡで勉強した、確実な利益を追求する方法では失敗する可能性がある。成功する起業家は、たとえリスクがあっても、役に立つこと、楽しめることをしたいと思う人たちです」

そう判断して、ベッカーは3200万ドル払ってテンセントの株式のほぼ半分を買った。テンセントがこれほど成長すると思っていたかと尋ねると、即座に「ノー」という答えが返ってきた。

「彼ら自身も思っていなかったと思いますよ。成功は基本的に予測不可能なのです。2003年に誰がツイッターを必要としていましたか？　画像メッセージングから140字のメッセージへの後戻りです。わけがわからないじゃないですか。逆に、うまくいくはずだったのに失敗したものはたくさんある。未来予測は難しいのです。ビジネスにおいて固定観念ほど有害なものはありません」

市場も政治も根底から変わっていった20世紀、ナスパーズは固定観念を大胆に打ち壊して大きな成果を上げることができた。

だが、従来型ビジネスモデルの中には、創業後いきなり優れた成果を収めるものもある。馬化騰が示したように、逆張りのアプローチで創業を果たした企業は、独創的なアイデア1つで復元力（レジリエンス）も収益力も高い事業を構築することがある。

世界に鉄道サービスを提供する香港の一企業

世界一効果的なピボットを成功させた企業としてナスパーズを紹介したが、ピボットするまでもなく、創業当初から直感に反する形で収益性の高いビジネスモデルを確立する企業もある。
香港の鉄道事業者であるMTRコーポレーション（香港鉄路有限公司）がそれだ。2014年にロンドン交通局は、南東イングランドで建設中の150億ポンド規模の鉄道路線であるエリザベス線を運営するフランチャイズを、MTRに与えた。

MTRはすでにロンドン・オーバーグラウンドの運営に携わっており、他にストックホルムの地下鉄を含むスウェーデンの路線、オーストラリアではメルボルンの都心部の電車網やシドニー・メトロ・ノースウエストを運営している。中国の北京、杭州、深圳の地下鉄路線にも携わっている。

アジアの一都市で旅客車両の運行を行う会社が、世界でも有数の輸送プロジェクトを手がける企業になったのはなぜなのか？

鉄道事業の常識を破壊するビジネスモデル

私はその答えを、MTRの拠点である香港の国際金融中心（センター）の第二期（タワー・ツー）の34階で知ることができた。それは、**国の補助金や高額の運賃に頼るという、従来の鉄道業界のビジネスモデルを大胆に否定した**ことにあった。

MTRは、1979年に香港で最初の路線を開業し、いまでは93の地下鉄駅を運営している。低運賃と高収益を保ちながら、信頼度99・9％の運行を続けている。

新しい地下鉄の駅を計画する際、MTRは**不動産開発業者と交渉し、駅周辺に建設されるオフィス、ショッピングモール、アパートの価値の一部を確保する**。自ら不動産開発を行うことはない。慣れない事業でリスクを抱え込まず、あくまでも土地所有者としての権利を確保する。

MTRは開発業者を対象に入札を行い、現物資産の譲渡を受ける。「香港駅の上に建つ88階建てタワーの18階分の所有権」などがそれで、いま私がいるのも、そのようにして確保したオフィスだ。

鉄道敷設による不動産価値の値上り益を狙う鉄道事業の常道とは異なる戦略だが、少し考えれば理にかなっており、なぜもっと多くの都市がこの方法を使わないのか不思議に思える。

テーブルを挟んで私の向かいにいる、眼鏡をかけたダークスーツ姿の中年男性が、MTRの資産管理の主任顧問である**スティーブ・イュ**だ。独創的な「R＋P」（レール・プラス・プロパティ）＝鉄道と不動産モデルが、MTRを収益性の高い330億ドルのビジネスに変えた理由を説明している。

MTRは現在、8両編成の列車93台を新型車両と交換するのに8億ドル、40台の軽鉄道車両を購入するのに9500万ドル、そして延長距離231キロの路線に設置した信号をアップグレードするのに4億2000万ドルの支出を行っている。

ロンドンからニューヨークまでのほとんどの都市の地下鉄網と異なり、香港は財政的に安定しており、政府からの運営補助金なしに常に設備のメンテナンスと更新が行われている。その結果、驚くほど効率的で信頼性の高いサービスを**1乗車1ドル**という低運賃で乗客に提供している。

これは、たいていの鉄道事業者なら外の広い市場に委ねてしまう開発価値を、起業家的発想でつかみ取ろうとしたからこそ実現した結果だ。

「鉄道・不動産一体型開発」の計り知れないメリットの数々

スティーブ・イュはビクトリアハーバーの対岸、九龍駅の真上に建つ香港一高い118階建ての環球貿易広場（ICC）を指さした。

それは1994年に計画が承認され2010年に完成した西九龍のユニオンスクエア開発プロジェクトの中核施設で、ほかには2つの高級ホテル、6400戸の住宅、コンベンションセンター、そしてオフィスエリアとショッピングエリアがあり、新しく建設される建物の総床面積は109万平方メートルにもなる。

MTRは長期的投資としてショッピングモールの81％を所有しているが、開発の恩恵は広く一般の人々に及んでいる。複数の公園、子どもの遊び場、景観を楽しめる庭園があり、屋根がかけられた歩道が住居とオフィスと駅を結んでいる。

ただの電車の出入り口だったかもしれない場所に、繁栄したコミュニティが出現したのである。

資産開発はMTRの収益の半分以上を占めている、とスティーブ・イュは説明する。それは政府の目標に沿う利点を提供する。そして政府は、民営化されたMTRの株式の過半数所有者のままだ。第一にR+Pモデルは経済を押し上げ、一等地での住宅とオフィスの密度を高めている。

駅の上で私的空間と公共空間が統合されることによる社会的メリット、**景観や騒音の問題を引き起こしかねない交通インフラが隠れるという環境上のメリット、そして政府の財政面でも、MTRに助成金を出す必要がないというメリット**がある。現在、MTRの45を超える駅で不動産開発が行われている。

香港の地理的な狭さによって、MTRは他の同規模の都市交通ハブとは明らかに異なる。香港では4・5世帯に1台しか自動車を所有しておらず、移動の90%が公共交通機関によって行われているので、効率的で魅力的な地下鉄サービスは政府の優先課題となっている。

この、駅周辺の空間で開発の価値の一部を刈り取るというMTRの単純なアイデアは、他の都市でも簡単に適用することができる。MTRチームは新駅ごとにマスターデザインを作成し、計画が承認されたら、開発前の土地のコストに基づいて政府に土地取得代金を支払う。

「開発前は130万ドルの価値だった土地は、開発後には13億ドルになるかもしれません」とスティーブ・イュは言う。MTRのエンジニアリングの知識によって、駅とビルがシームレスに統合されて構造上の危険性は排除され、必要な換気とアクセスポイントが確保される。

「私たちは利益を生み出しましたが、政府が収入を失ったわけではない。駅の上にビルを建てることは理にかなっていたからです。とにかく大事なのは場所。何を置いても場所です」

瞬く間に世界規模の余波が生まれた

その結果得られた利益に加え、鉄道の拡張に必要な設計から運行に至るあらゆる面をマスターした専門性によって、MTRはロンドンのエリザベス線のような**国際的契約に必要な専門性を獲得しただけでなく、諸外国の鉄道専門家を香港に集めてワールドクラスの教育を提供するMTRアカデミーを設立**することになった。

MTRは香港以外ではR+Pモデルを埋め込み始めたばかりだが、その考え方は他のところで根付き始めている。インドのデリーとハイデラバードでは、新しい地下鉄路線を計画する鉄道会社が不動産開発を試みている。ニューヨークのメトロポリタン交通局（MTA）はデベロッパーと協力して、ハドソン・ヤード再開発プロジェクトの路線延長の資金を調達している。

現在進行中の一大プロジェクトについて、スティーブ・イュは興奮した面持ちで語る。

将軍澳（チュンクワンオウ）線の康城駅（ロハスパーク・ステーション）の駅周辺開発がそれで、タワーマンション50棟、4万5000平方メートルのショッピングセンター、2つの幼稚園、3つの小学校、2つの中学校、全天候型通路、高齢者と障害者のためのホーム、1万9000平方メートルの公園の建設が予定されている。

「鉄道の駅の上にできる6万8000人の街で、〝夢の街〟と呼ばれています」。完成予定の8年後には、新しい住民、労働者、政府、乗客、開発者、そして超時間厳守で知られる電車運行会社のすべてが利益を得ることになる。

市場が未成熟な段階で投資する

ビジネスモデルのピボットは、既存の強みを軸足とし、それを基盤とする場合にのみ成功の可能性がある。ナスパーズの中国への投資は、飛び地に打って出る行き当たりばったりの冒険ではなかった。企業文化という意味で、中国投資は起業家的リスクテイキングの長い歴史から生まれた。

「ビジネスチャンスを窺うこと、起業家的で革新的な姿勢で臨むことは、創業当初からナスパーズのDNAの一部だった」とリゼット・ラーベは書いている。『ディ・ブルガー』紙の元ジャーナリスト、『サリエ』（Sarie）誌の元編集者として内側からナスパーズを見てきた人物だ。

「時代の最新技術を使って革新を図ってきた。1960年代に最高のグラビア印刷機を輸入して南アフリカで最高品質の印刷物を出版したことや、最初の有料TVデコーダを製造したことはその現れだ。

新しいテクノロジーの波は常に新しい機会をもたらしたが、先の投資で得た潤沢なキャッシュがあったおかげで、常に新技術に投資することができた」

ボブ・ヴァン・ダイクはそれを「フロンティア思考」と呼ぶ。市場がまだ未成熟な段階、つまり**確実性を欲する競合他社が進出してくるよりずっと早い段階で成長の機会をつかもうとする姿勢**だ。

それはアパルトヘイト政策によって孤立していた会社の歴史に由来する面があると感じられる。孤立していたために独自のルールで動くことができたこと、手を組める相手を世界中に求めなければならなかったことである。

「たぶんそれは会社のルーツだ。欧米の投資家がかなり後になってから出て行ったロシアやアジアなどに先んじて投資し、たくさんの間違いを犯し、すばらしい発見もした。常に次のフロンティアはどこにあるのかを模索してきました」

新しいフロンティアで常に利益を得たわけではない。だが、果敢に打って出ることはナスパーズにとって自然なことであり、リスクを取って企てることを意味する「ベンチャーキャピタル」の名にふさわしいことなのである。

ナスパーズ変革の成功要因と投資哲学

ヴァン・ダイクは、ナスパーズが事業の変革に成功した要因を3つ指摘した。第一は、リスクを恐れず貪欲に挑む姿勢だ。「完全な間違いもたくさんありましたが、満足しています」。

第二に、大きくなってもナスパーズの本質は小さく機敏なままだということ。「名刺に〝ナスパーズ〟の社名が印刷されているのは世界中でおそらく200人程度です。だから、方向を変えるのも比較的容易です」。

そして第三に、自己満足しない姿勢。「自分がいる場所に満足した瞬間に終わりが始まるのです」。

2018年の年次報告書は、ナスパーズの投資戦略の効果がどれほど高かったかを示している。インターネット分野の投資によって前年を159億ドル上回る収益を得たが、そのうちの31億ドルは売買益だった。

配当利益では、テンセントから56％増の340億ドル、メイルルーから8億5000万ドル。また、インドのEコマース事業フリップカートの持分を22億ドルでウォルマートに売却した。富をもたらす国際投資のポートフォリオは、支払いサービスから旅行系アグリゲーションまで多岐にわたる。

ヴァン・ダイクにナスパーズの投資哲学を尋ねた。

「生活の改善につながるテクノロジーの変化には目を光らせています。たとえば、私たちはいま必要以上のものを買っていると思います。地球の資源や環境への負荷や問題意識の高まりを考えると、使用済みの製品の売買をもっと増やす必要があります。それを私たちはクラシファイド広告と呼び、40カ国で進めています」

ナスパーズは現在、クラシファイド広告の世界的リーダーでもある。

また、ナスパーズが注目している新しい分野が食品配達（フードデリバリー）で、現在、約40の市場で展開している。

「多くの人が毎日2回あるいは3回、食べる物を自分で準備していますが、満足できる健康的なものとは限りません。デリバルー（Deliveroo）のようなモデルが、そうした食事のあり方を変えつつあります。影響力の点では、たぶん市場の1％ほどに過ぎませんが」

たとえば、ナスパーズはスウィギー（Swiggy）というインドの食品配達スタートアップの最大の投資家だ。同社は独自のキッチンを運営し、栄養に配慮した食事をまとまった数量で効率的に提供している。

スウィギーの創業チームには、ヴァン・ダイクが起業家に求める典型的な資質があるという。**合理を超える決意、情熱、永続するものをつくりたいという強い願望、そして適度な謙虚さ**である。

「彼らは儲けや名声より、人々から愛される素晴らしいサービスを提供することに熱心です」

イノベーターに求められるマインドセット

ヴァン・ダイクは現在も、ナスパーズの伝統的なメディア事業（新聞60紙、雑誌30誌）の責任者だが、それらが収益に占める割合はわずか1～2％にすぎない。彼はノルウェーのメディア企業、シブステッドで働いているときに、イノベーター企業が未来を築くためには現在のコア事業を壊す覚悟が必要だということを学んだ。

1839年に設立された新聞社のシブステッドは、1990年代後半に、高収益の印刷版クラシファイド広告の終焉を早めるような戦略を展開し、多数のオンラインのクラシファイド広告を立ち上げた。

直感に反する戦略が功を奏し、フランスからスウェーデン、ブラジルまでの22カ国で、レボンコイン（Leboncoin）やFINN.noといった収益性の高いスピンオフデジタルサイトが定着し、進出した市場のほぼすべてを支配した。

ヴァン・ダイクは、変化の到来を感じている企業のリーダーたちに、「根源に迫り、速く行く」ことを勧める。

「テクノロジーの先頭を行きたければ、マージナリズム（最近起こったことが最も重要という思想）**は適切な戦略ではありません。**新しい方向に進みたければ機敏に動く必要がありますが、会社が大きくなりすぎると変化に対する組織的抵抗も増します」

外に目を向けることも重要だ。

「ほとんどの時間を社内の会議に費やし、社内の仕事のことを気にかけているようだと、非常に危険です。ナスパーズの経営陣は自社の事業のことだけでなく、競合他社、顧客、周囲の世界について考えるようにしています」

２０１４年5月に、マイケル・モリッツが「こうなれていたかもしれないニューヨークタイムズ」と題する挑発的なエッセイをリンクトインに投稿した。モリッツは『タイム』誌の元記者であり、ベンチャーキャピタルであるセコイアキャピタルの会長としてもよく知られている。

その中でモリッツは、１９９０年代初頭から２０００年代半ばにかけて、経営難に陥ったニューヨークタイムズは約20億ドルを投じて伝統的な印刷事業を買収したが、成果をあげることができなかったと指摘した。

それとは対照的に、ベッカー率いるナスパーズは、「テクノロジーの潮流に抗うのではなく波に乗る」ことを決め、南アフリカのメディア会社から「オンラインの大企業」に変身して、市場価値を20年で１００倍に成長させた。モリッツは、ベッカーは「ウェブ上で企業を始め、投資し、買収を決め、その通り動いた」が、ニューヨークタイムズの階層組織は「伝統の外に踏み出すことができなかった」と論じた。

「時代は常に1マイル先を行っている」という認識

南サマセットのエミリーエステートで、明日中国に発つベッカーに、ビジネスモデルに変化の風が吹いていると感じている企業リーダーに推薦する戦略はあるかと尋ねた。

「年齢(とし)をとるにつれて、戦略というものを冷めた目で見るようになりました。**戦略は思考ではなく実行です。**運不運もある。ただ、幸運をつかむためには機会を探し続け、試し続けなければなりません。Eコマースではポーランドの会社を買うまでに何回か失敗した。SNSへの投資では、フェイスブックの誕生前に2件見送っています」

「たいそうな理論はなかった」とベッカーは言う。あったのは、印刷メディアには未来がないという認識、南アフリカで大きな事業をブレークさせなくてはならないという認識、そして棚ぼた式に転がり込んだ22億ドルの儲けだ。

中国での賭けが報われたのはベッカーにとっての幸運だった。現時点でも、ナスパーズの時価総額は、同社が保有するテンセント株の価値より低い。つまり市場は、テンセントに対するものを除くナスパーズのすべての活動の価値を「ゼロ以下」と評価しているのである。

満足しているわけにはいかないと彼は言う。

「時代は常に1マイル先を行っており、出荷中のリンゴにはすでに虫がわいています。わが社はもう、かれこれ50年から70年、電気信号を操ってビジネスを行っています」

あらゆる業界を変容させたデジタルの波も、次に来る破壊的な力に屈するだろう。鉄道も電気も内燃機関も同じ道をたどっており、デジタルだけが別である保証はない。

「どんな世代のテクノロジーも、どこかの時点で主役の座を降ります。次にその引き金を引くのは生物科学かもしれません」

ベッカーは歴史を熱心に学んでいる。メディアの歴史を振り返れば、第一次世界大戦後のラジオの台頭は印刷メディアの企業によってもたらされたものではなく、インターネットの躍進もテレビ会社によるものではなかった。

「インターネットについても、巨大企業を吹き飛ばすものが、いまどこかの大学でつくられつつある可能性は高いと思います。ゼロックス・リミテッドやコダックを思い起こしてください。ノキアはコストを2セント引き下げようと頑張っているうちに、スマートフォンに破壊されてしまいました。

『ものごとはこう進む』とわかったような気になったら、それこそが最大の危機です」

ACTION POINT

ビジネスモデルを拡張せよ

インターネットはレガシー・ビジネスを排除したがっているのかと思うことがある。印刷機から離れられない紙メディアの会社も、ユビキタスなデータが新しい競争優位の鍵になることが理解できない保険会社も、インターネットを使うのは容易ではない。

たとえば、歴史のあるレガシー保険会社は、急速に変化する市場のシグナルを新しいプレーヤーほどうまく読み取れないかもしれない。既存の長期計画に基づく彼らの財務上のKPIは、市場の新しい現実に適応していない。

ナスパーズの成功からもわかるように、インターネット以前の古い企業でも、リスクを取る勇気と大胆なマネジメントがあれば、価値ある新しいデジタル・ビジネスを構築することができる。

しかし、そのためには必要な条件がある。

1 アウトサイダーを連れてくること

生涯一新聞記者のトン・ヴォスルーには、ナスパーズを有料テレビのプレーヤーにすることはできなかっただろう。ゼロから構築できるという自信を持つ部外者にチャンスを与えたからできたことだ。組織文化が固まってしまったら、リクルーティングを工夫して新鮮な文化を取り入れるべきだ。

2　すぐそこにある脅威を直視し、さらにその先の脅威を探ること

自己満足は自分を見る目を曇らせる。すべての組織は存在にすら気づいていない競合からの攻撃を受けている。

3　経営陣は変化を意識し、変化に備えること

「ナスパーズの役員会は、会社は5年もすれば別の姿になっていることを理解している」とボブ・ヴァン・ダイクは言う。「だから大きな決断ができるのです。心の底から、変えることは良いことであり、世界が変化しているのに会社の方向を変えないことほど危険なことはないと思っています」

4　会社を変えることを特定の誰かの仕事にしてはならない

誰かを任命してイノベーションを担当させるのは「変化を起こすための最も愚かな方法」だとヴァン・ダイクは言う。

彼は、経営陣は**仕事時間の95％を「現在のビジネスではなく、将来構築できると考えるビジネス」のために使うことを奨励している。**意識的に焦点を変える決断は容易ではないが、生き残りの可能性を高めることにつながる。

5　変革や戦略を妨げる社内的要因を乗り越える方法を確立する

MTRは新駅を計画する際、鉄道エンジニアと不動産開発者の利益を管理する必要がある。駅上のビル建設をめぐって、換気口など工学上のニーズをめぐってデベロッパーとの戦いがあるからだ。MTRは不動産と鉄道という2つのチームを調整し、最初から課題を共有して協力的に取り組む方法を見つけた。

6　現在の収益モデルが行き詰まりつつあると思ったら、迅速かつ根本的レベルで動く

少数精鋭のマネジメントチームは迅速に意思決定できる。必要と判断したらピボットを行うこと。

7　異なる意見にオープンに耳を傾けること

トン・ヴォスルーが野心的なMBAを会議に呼んでいなかったら、ナスパーズはいまでも新聞業界でのみ戦っているかもしれない。

8　恥をかくことを覚悟する

ナスパーズは何度も失敗した。中国だけでも4回失敗しているが、トップは自分たちが間違いを犯したと認める用意ができていた。とりわけ、現地企業を欧米人に経営させたという失敗を認めた。それは、ゲームにとどまり続けるための復元力（レジリエンス）を示したことに他ならない。

危機をチャンスに変えろ

「ウェルスパン・インディア」
史上最大の不祥事から生まれた
リネンメーカーのイノベーション

Finland

Estonia

China

UAE India

Australia

South Africa

PART 16

USA

UK

Peru

絶体絶命のイノベーション

米国の小売大手ターゲットが、背筋が氷るような発表を行った。それをブルームバーグニュースが報じ、危機が勃発した。2016年8月の第3金曜日、インドのムンバイは午後6時30分だった。ターゲットは、自社が「フィールドクレスト」というブランドで販売している何十万枚もの高級エジプト綿のシーツや枕カバーが「実はエジプト綿ではなかった」と発表したのだ。

ターゲットは、徹底的な調査の結果、サプライヤーであるウェルスパン・インディア（Welspun India）が「2014年8月から2016年7月にかけて、非エジプト綿を使ったシーツをエジプト綿として納品していたことが判明した」と述べた。さらに、ウェルスパンは行動規範や倫理規定に違反しただけでなく、製品を買った顧客に虚偽の情報を伝えたと非難した。そして、ウェルスパンとの間で締結した総額9000万ドルの契約を即座に解消する、と発表したのだった。

全方位的非難

金曜の夜で株式取引所は閉まっていたが、月曜の**市場再開と同時に、ウェルスパンの株価は105ルピー**（1・47ドル）**から47ルピー**（0・66ドル）**に急落した。**

同社は、名前こそあまり知られていないが、多数の有力小売企業にそれぞれのブランド名でシーツ、タオル、ラグなどを提供している。世界の小売業上位30社のうち18社に商品を提供しており、米国で販売されているタオルの5枚に1枚はウェルスパン製だ。

機関投資家が一斉に売りに走ったことを受け、市場ウォッチャーは創業31年の家族経営企業の将来に赤信号が灯ったと伝えた。前年には売上9億ドル、利益1億600万ドルを達成しており、2020年には売上20億ドル、借入金はゼロになるという予想も報じられていたのだが、明るい展望が一気に暗転した。

ウォルマートとベッド・バス・アンド・ビヨンドも、ウェルスパンのエジプト綿製品の販売を停止すると発表した。**数週間のうちに5件の集団訴訟が起こされた。** インド繊維製品協会の会長、**アルビンド・シンハ**は、この不祥事について、高品質の繊維製品基地というインドの評判を失墜させるものだと遺憾の意を表明した。夫とともにウェルスパンを率いるCEOの**ディパリ・ゴエンカ**は、「倒産に追い込まれることを覚悟しました」と当時を振り返る。

失敗を最大限プラスに転化した物語

この章で紹介するのは、ウェルスパン・インディアが絶体絶命のピンチを乗り越えたことだけでなく、それを逆手にとってサプライチェーン全体の透明性を実現したという物語だ。

トレーサビリティ（製品の生産・消費・廃棄の段階までの追跡可能性）のプロセスを構築し、外部機関による査察を受け入れることで、ウェルスパンは危機が勃発する以前よりも強固な市場優位性を築いた。製品の来歴や安全性を重視する新世代の消費者にアピールすることによって、新たな収益の道さえ開いたのである。ムンバイの本社でゴエンカは私にこう話した。

「イノベーションは、何か障害に直面したときに起こるものなのかもしれません。**どんな障害でも、それを最大限に活かす何らかの方法が常に存在するものです。**わが社の製品はありふれた日用品(コモディティ)、つまりタオルやシーツです。難局を乗り越えるには、自分たちには他社と違う何ができるか、知恵をふりしぼるしかありませんでした」

いまでこそ冷静に話せるが、危機が表面化した金曜の夜、ウェルスパンのオフィスは混乱の極みだった。「頭の上から大量のレンガが落ちてきた感じでした」と語るのは、ロンドンの投資家との会議から帰国したばかりの51歳のCFO(最高財務責任者)、**アルタフ・ジワニ**だ。

「突然、すべての機関投資家が、何があったんだと電話してきました。私にも何が起こったのかわかりませんでした。それまでターゲット社との関係は良好で、彼らの顧客は、わが社の製品を5点満点で4点とか4・5点で高く評価してくれていたんですから。正直、あんな事態に対処する準備はできていませんでした。何日も家に帰れなかった者もいました。ただのビジネス上のプレッシャーではなく、法的な対処もしなくてはなりませんでした」

原料生産者、仲買人、卸売業者が関与する複雑なサプライチェーンのどこかで、品質に問題のある綿が紛れ込んだ可能性があった。ウェルスパンにはグラジャート州に2つの工場があり、2万人の従業員が日量400トンの綿、糸、生地を使ってシーツ、タオル、ラグを作っている。

危機勃発の前、工場の1つを抜き打ち査察したターゲットのコンプライアンスチームは、フィールドクレスト・ブランドのベッドリネンに含まれているエジプト綿について、原産地からのトラッキング記録を提示するよう工場に求めた。抜き打ち査察は特別なことではなく、ジワニによれば騒動翌年の2017年には250回もあった。従業員は労働条件について尋ねられ、環境関連の法令遵守状況がチェックされ、地元の住人までも集められて懸念事項がないか調査される。

しかしその日、工場は、ターゲット向けのシーツに使っているエジプト綿の一部について、生産地や工場までの経路を証明する文書を提示できなかった。そのためターゲットはコンプライアンス上の懸念を持ち、それが本章冒頭で紹介したような事態につながったのだった。

「やるべきこと」をやる中で見えた秘策

創業者兼会長でありディパリ・ゴエンカの夫**バルクリシャン・ゴエンカ**は、週が明けて月曜の早朝に役員会を招集し、それが終わると午前9時に投資家との会議を開き、その時点で会社が知っていることをすべて説明した。

最優先で取り組むべきことはダメージコントロールだった。ジワニは担当者に、被害を受けた小売パートナーにはいくらかかっても損害額を全額補償するよう命じた。ディパリ・ゴエンカは直ちに米国に飛んで取引先各社に会い、ウェルスパンがコストを全額負担すると確約して回った。それは何千万ドルもの払い戻しと割引を必要とする決定だった。

経営陣は電話に張り付いて、判明している事実を銀行や出資者に伝えた。エジプト綿製品の売上が同社の事業に占める割合は6％でしかないこと、キャンセルされるウォルマートとの取引は売上全体の1・5％でしかないことがせめてもの慰めだった。

その次に対処すべきは法的な問題だった。数日のうちに、法律事務所を通じて「ウェルスパン製のベッドリネンを購入した消費者は、不良品に対して過剰な代金を支払わされた」とする被害届が提出された。フロリダ州やミズーリ州などで集団訴訟が起こされ、シーツ販売において誇大広告、虚偽記載、隠蔽、悪質な違反があったとして損害賠償を請求された。

調査によって、安全性や健康、環境への問題がないことが確信できたのは救いだった。ウェルスパンは**製品を購入した顧客に全額返金することを直ちに申し出た**。それでも、メディア対応に加え法律面でも対応が必要になったことで、本社には頭痛の種が増えることになった。

「お金の後始末をして、再発防止策の手順だけ整えて終わらせることもできましたが、そこで別の考えが浮かんだのです」とジワニは言った。

「企業として、この危機を大局的見地から眺め、新たな強みを獲得する機会にすることはできないかと考えたのです。**消費者が、自分が買った商品を原料までさかのぼって追跡できる仕組みをつくれないだろうか？**　その仕組みを最初につくって、新しい収益の流れを生み出すことができないだろうか？　そう考えた瞬間、あらゆるピースが収まるべき所に収まり始めたのです」

世界最大の家庭用テキスタイル企業

ウェルスパンの本社は、ムンバイの一角、産業地区を走る高架道路のそばに建つ何の変哲もないオフィスビルの6階にある。私は空港近くのバイル・パール駅から満員電車に苦労して乗り込んだ。堅いシートに座れてホッとしたのも束の間、松葉杖を突いた年配の男性の非難めいた口調で、うっかり「障害者専用席」に座っていたことに気づいた。危うく罰金を取られるところだった。隣の車両は女性専用車両らしく、2人の女性がハンガーにぶら下げたイヤリングとブレスレットを売っていた。なかなか味のある移動式販売（モバイル・コマース）だと妙に感心した。

ウェルスパンの会議室には、契約先の家具メーカーのダブルベッドが並んでいた。ピンクと白でコーディネートされた羽毛布団と枕カバー付きのもの、7つの枕と3つのクッションがセットになったシンプルなシルバーブルーのデザインのものもあった。

天井まである棚には、ベター・ホームズ・アンド・ガーデンズ、クラウン・アンド・アイビー、ルクシ・ピュア（LuxiPure）などのブランドのタオルやシーツ、羽毛布団がきれいに収納されている。特許を取得したファブリック技術の展示もあった。中心が空洞の糸が吸水性を高め、夏涼しく冬暖かいハイグロ・コットン（HygroCotton）、ダニなどのアレルゲンを抑制するナノコア（Nanocore）、皺になりにくく漂白もできるドライロン（Drylon）などだ。同社は1985年の創業以来、30件の国際特許を取得ないし申請しており、売上の37%はそうした革新的製品に由来する。

工場のオペレーションの規模の大きさには息をのんだ。グジャラート州のアンジャルとバピにある2つの工場は、年間9万トンのタオル、9000万メートルのシーツ、1000万平方フィートのラグやカーペットを生産している。生産量の94%が50カ国以上に輸出されており、いくつかの基準で、ウェルスパン・インディアは世界最大の家庭用テキスタイル企業に位置づけられている。

ウェルスパンという名前を知らない人でも、同社がライセンス販売しているディズニー、ウィンブルドン、ロイヤルアスコットといったブランド名は知っているだろう。そしてもちろん、同社の製品をカスタマイズして販売している多くの小売りチェーンがある。

バルクリシャン・ゴエンカ（社内ではBKGと呼ばれている）は1985年、18歳のときに従兄弟（いとこ）の**ラジェシ・R・マンダウェワラ**と組んでポリエステルフィラメント糸を製造する会社を立ち上げ、8年後にタオルの製造を始めた。1997年までに工業用パイプの分野に進出し、ウェルスパン・グループとして、いまではインド、サウジアラビア、米国の工場で生産を行っている。

さらに石油およびガス探査、インフラ建設の分野にまで進出した。2018年5月に開通した14車線のデリー＝メアラット高速道路の建設にも携わった。モディ首相も臨席して開通式を行ったこの道路は、デリーの朝の通勤時間を45分から8分に短縮した。

『フォーブス』誌が発表した2015年のインド富豪リストで、BKGは推定資産総額13億7000万ドルで83位にランクインした。従業員2万4000人のグループを率いる大富豪だが、目立つことを嫌い、自分のことを「世界に出て行って物を売っているただの商売人」と言う。

そんな彼の名前が、翌2016年のリストから消えた。**エジプト綿の不祥事でBKGは個人的に6億ドルの損害を受けた**と『フォーブス』誌は推定した。

突如、戦場の作戦本部と化した本社オフィスでBKGは、会社が生きのびる唯一の方法はこの状況に対する全責任を負うこと以外にないと判断した。

「私たちが選んだ作戦は、強いられるより先に進んで状況を掌握するというものでした」とディパリ・ゴエンカは言う。彼女にはBKGとのあいだに2人の娘がいる。テキスタイルビジネスに加えて、工場のある地元高校への助成のようなフィランソロピー活動もしている。

「顧客に対して、私たちは全責任を取ると言いました。エジプト綿の事業を手放すのは簡単でしたが、責任を全うする姿勢によって信頼してもらうことができました。業界のパラダイムを変えるようなシステムを構築することを顧客に約束しました」

サプライチェーンの徹底的精査で見えた「落とし穴」

ウェルスパンはサプライチェーンを精査し、問題発生の原因を明らかにすることを、世界的監査法人のアーンスト・アンド・ヤング（EY）に依頼した。EYは製薬と自動車の分野でトレーサビリティを監査した経験があり、マグロやチーク材といった危機的状況の自然資源に関連する研究を行ったこともある。

だが、綿のサプライチェーンはマグロよりはるかに複雑だった。綿農場とシーツの完成品までのサプライチェーンには17のステップがあった。紡績プロセスだけでも8つのステップがある。理論上、各段階でウェルスパンには検知できない成分の混入が起こる可能性がある。

「私たちは綿花だけでなく、繊維（ファイバー）や糸（ヤーン）もベンダーに頼っていました。そのベンダーも、原材料を複数のベンダーに頼っているはずでした」とジワニは言う。

経営陣は直ちに、製造工程全体を自社に統合する必要があると判断し、**製糸（スピニング）から織布（ウィービング）までの全工程を自社に垂直統合**した。糸や繊維を買うことは止め、生の綿だけを外部から調達することにしたのだ。だが、それだけでは問題は解決しない。綿をエジプトから輸入したとしても、近隣諸国から輸入された綿にエジプト産ラベルを貼ったものが納品される可能性があったからだ。本当にエジプトで栽培された綿か、どうすれば確認できるのだろう？

エジプト綿は繊維が非常に長く、それ以外の綿より軽く、なめらかで、丈夫だ。しかし、エジプトの綿花生産量はここ10年以上減少し続けている。米国農務省によると、エジプト綿の生産量は、２００４～05年の１４０万綿俵から、２０１６～17年には16万綿俵に減少している（１綿俵４８０ポンド＝２１８キロ）。

生産量の不足はサプライチェーンの健全性に影響を与えている。エジプト綿協会のエグゼクティブディレクター、**カリド・シューマン**は、２０１６年３月に『ホーム・アンド・テキスタイル・トゥデイ』誌に、「世界中からサンプルを採取して検査したが、『エジプト綿』と表示されているものの大部分がエジプト綿ではないことが判明した」と語った。この不穏な発言の5カ月後、偽エジプト綿スキャンダルが世界最大級の綿の買い手を襲ったのだった。

EYに加えて、ウェルスパンはKPMGやプライスウォーターハウスクーパース(PwC)からも非公式な助言を受けた。広告代理店にも相談し、メッセージは広く一般消費者に対してではなく、直接の顧客である小売業者と投資家に向けて発することを決めた。

その戦略はリスク含みだったが実行に移された。ターゲット社の発表が行われた翌週の月曜の夜、ウェルスパンは**自主的に銀行関係者を集めて知っていることをすべて話した。**

「翌日、銀行がウェルスパンを呼びつけたと報道されました。われわれが銀行を招いたんですが」とジワニは言う。

ディパリ・ゴエンカの米国行脚(あんぎゃ)は取引先を落ち着かせた。問題の製品については、ラベルを付け替えて販売する店、値引き販売する店、販売を停止する店などがあったが、**どの場合でも全額負担を申し出たことで、ウェルスパンに対するイメージと信頼はむしろ強化された。**

同社は、ターゲットは別にして、時間が経てばすべての主要な取引先と関係を再構築できると考えた。この対応は、ウェルスパンが問題に正面から取り組もうとしていることを内外に示すとともに、業界最先端の解決策を提示するまでの時間を稼いでくれるだろう。与えられた時間は1年とウェルスパンは想定した。

「完全なトレーサビリティ」への挑戦

ウェルスパンは根本的な解決先を追求するため、綿について誰よりも知っている業界歴16年の元社員、69歳の**アニル・チャンナ**に白羽の矢を立てた。在職中、年間生産高6億ドルのアンジャル工場を統括した筋金入りのオペレーションマンで、インド工科大学デリー校で教鞭を執ったこともあり、いまでも最終学年の学生に講義を行っている。

チャンナはウェルスパンに復帰して、綿の認証と追跡(トラッキング)を行う業界最先端のシステムの構築を依頼された。彼には、そのためには相当な額の技術投資が必要なことがわかっていた。

「私たちは1日に50万近いアイテムを梱包して発送しています。50万個を人間が追跡することは不可能です。製品ラインも5000以上ありますから。大変な仕事を頼まれたものだと思いました」

会社が急速に拡大したことで、体系的な記録を取る仕組みが整わないうちにサプライチェーンが大幅に拡大していた。そのうえ綿製品の製造工程は複雑だ。無数の綿俵から織布(ファブリック)の束が生産され、それが多数のシーツやタオルに変わる。そのすべてについて、それぞれ綿俵まで遡ってトレースできなくてはならない。

チャンナはその解決策をRFIDに求めた。物理的なアイテムたとえば電車やバスのスマートカードなどに貼付され、そのアイテムの正真性を保証する無線周波数識別タグである。

農場で綿俵にこのタグを付けることで、農場から綿繰り機へ、綿繰り機から糸（ヤーン）へ、糸から生地（ファブリック）へ、生地から縫製（ステッチング）へと移動するすべての段階を追跡することができる。

このようにして、サプライチェーン全段階でＲＦＩＤ／バーコードを使ってデータを自動的に取得できる追跡システムが誕生した。ウェルトラック（Wel-Trak）と名付けられ、特許も取得した。

いまでは業界全体が、ウェルスパンが構築したトレーサビリティの仕組みに強い関心を寄せている。

「２０１８年1月にフランクフルトのハイムテキスタイル見本市に出展しましたが、これまであんなに人が集まってきたことはありませんでした」とチャンナ。

「トレーサビリティは完全にフェアの流行語（バズワード）でした。ある大手リテーラーは、うちのブースにアポなしで３人のスタッフを送り込み、新しい方法を事細かく調べていきました」

消費者の意識に対応する組織文化の構築

不祥事に見舞われたときにウェルスパン・インディアが採用できた最も簡単な選択肢は、エジプト綿の市場からただ撤退することだった。そもそもそれは売上の6%に過ぎず、94%は何の問題もない製品ラインなのだ。

しかし、完全なトレーサビリティを追求する過程で、ウェルスパンは興味深いことに気づいた。

消費者は、生地の由来や品質に高い透明性を求めており、その情報を得るためには追加費用を払ってもよいと考えているという事実である。

あらゆる業界で「持続可能性と倫理」が求められていたことが判明

そのことを強く印象づけるエピソードがある。2016年、「ファッション・レボリューション」というキャンペーン団体は、#whomademyclothesというハッシュタグを付けた7万ツイートで、1億2900万件のインプレッション（表示回数）を獲得した。翌年、2000の衣料品ブランドがこのハッシュタグで従業員の詳しい状況をツイートし、5億3300万インプレッションを獲得した。

このようにソーシャルメディアは、劣悪な労働条件、環境汚染、さらには児童労働などのスキャンダルが相次いだ衣料品業界に、かつてなかったほど透明性を迫っていたのである。

この年、ファッション・レボリューションの調べでは、サプライチェーンの詳細について何らかの詳細を開示したブランドの数は29から106に増えた。

消費者団体やブロックチェーンのスタートアップ企業も、サプライチェーンの誠実さ（インテグリティ）に対する消費者の意識を高めるために行動した。「サステイナブル・アパレル・コーリション」は、ファッション製造業における劣悪な労働環境と有害化学物質の使用実態を公表した。

ソースマップ（Sourcemap）は、公開情報を収集して、アイリーン・フィッシャーやマース（Mars）など多数のブランドのサプライチェーン情報を提供している。スタートアップのプロビナンス（Provenance）は、ブロックチェーンを使って、ユニリーバのために紅茶の供給ラインを追跡した。世界自然保護基金（WWF）のブロックチェーンを応用したサプライチェーンのトレーサビリティプロジェクトは、違法操業の漁業と奴隷労働を摘発するために太平洋マグロのトラッキングを行った。

エシカルファッションをめざす運動も成長している。多くのファッションブランドが、透明性を中心に据えて市場での優位性を確保しつつあった。エバーレーンという急成長中のサンフランシスコの衣料品スタートアップは、工場と原材料とコストの情報を公開していた。ニュージーランドのアイスブレーカー（Icebreaker）は、メリノウール・ジャンパーに羊の鳴き声をもじった「バアー・コード」（Baa Code）を付け、どの羊農場で生産されたウールか調べられるようにした。同社はサプライチェーンの各段階における供給業者と協力企業を明らかにした透明性レポートも発行した。

エスプリやギャップといった衣料品の多国籍企業も、米国の自然資源防衛協議会（NRDC）と北京の公衆環境研究センター（IPE）が開発したサプライチェーンマップで、中国のサプライヤー情報を工場の環境記録とともに公開した。

「危機から生まれた市場」のトップランナーに

タオルやベッドリネンはこの新しい消費者の需要に対応するのが遅かったが、その中でウェルスパンは他社を寄せ付けない市場優位性を獲得した。「ウェルトラック自体が大きな収入源になる可能性がある」とアルタフ・ジワニは言う。「たとえば消費者が自分の価値観にふさわしい繊維を求める米国では、黙っていてもウェルトラックが選ばれている。私たちはこの市場に最初に参入したリーダーです」

ウェルスパンはブロックチェーンで農場と工場を結びつける実験もしている。インドの小規模農家の間で、綿のバッチごとに栽培地、搬送先と搬送方法をブロックチェーンに記録するプロジェクトを立ち上げた。「小さな実験ですが、世界はブロックチェーンへと向かっています」とチャノナは展望を語った。その実現を待つまでもなく、ウェルスパンのサプライチェーンはクリーンになったと付け加えることも忘れない。

「私たちが扱う綿は絶対に本物です。わが社の製品は垂直統合されていて、すべてをウェルトラックが追跡しています。やがて業界全体がそうなっていくでしょう」

「透明性」と「レジリエンス」いう武器

ウェルスパンは、組織文化の変化も実現させた。「すべての活動で透明性を追求する必要があると考えるようになりました」と言うのはシーツ事業部副社長の**ケユル・パレク**だ。「製品だけでなく廃棄物についてもです。私たちは製品ライフサイクルの分析を始めました。どこでエネルギーを多く消費しているか？　環境にどんな負荷を与えているか？　可能な限り持続可能性に関して透明性を保とうとしています」

株式市場もゆっくりと気づき始めている。2018年4月のクレディ・スイスの報告書は、2018年度にウェルスパンの株価は5〜8％下落するが、2019年度には「15％の増収」に転じると予想している。私が同社を訪問したときには、株価は66ルピーに上昇していた。

同社を担当する一部のアナリストは、85ルピーまで上がると見ている。ターゲット社との復縁の協議はまだ始まっておらず、集団訴訟も完全には決着していない。しかし、ターゲット社との話は「もうすぐ始まる」とジワニは請け合った。

私はジワニに、いつかこの危機を感謝して振り返ることができるのではないか、と尋ねた。彼は笑って答えた。「その通りかもしれない。この危機がなければ、トレーサビリティに着手しなかったかもしれないし、着手したとしても時間がかかっていたでしょう。**通常なら3年かかった**

ようなことを、危機があったことで6カ月でやってしまいましたから」

会社は、危機の前より明らかに健全になったと彼は付け加える。「小売業者が他の繊維でもウェルトラックを使うようになって、考えてもいなかった機会が生まれています。オーガニック綿、トルコ綿、スーピマ綿でも使われています。さらに重要なのは、ウェルトラックは特許で守られているということです。簡単にはコピーできません」。

2016年8月以降、ウェルスパン・インディアがどのように変わったかを、今度は妻のディパリ・ゴエンカが静かに振り返る。

「あの危機のおかげで、私たちは前より強くなりました。復元力（レジリエンス）も増して、フェニックスのように灰燼から飛び立つことができました。眠れない2年間を過ごしましたが、私たちが選んだ道は当然の選択だったと思います。ミレニアル世代は、正しい製品を使いたい、責任ある会社から買いたいと思っていますから。トレーサビリティが必要なのです。その点で、私たちは業界に松明（たいまつ）の火を掲げたのだと思っています」

ACTION POINT

危機をチャンスに変えろ

存亡の危機に直面したウェルスパン・インディアは、危機勃発から2年で、新たな自信と大きなマーケットシェアを獲得し、米国の主要顧客を失ったにもかかわらず、工場は稼働率１００％を実現し、透明性ある方法で調達されたテキスタイルという新市場でリーダーの地位を固めた。

危機を逆手にとって将来につながる価値を構築するためには、以下の６つのことが必要だ。

1 迅速な意思決定

ウェルスパンは直ちに責任を取り、全額を賠償することを顧客に伝え、信頼を再構築するために多額の投資を行うという最初の決意を貫いた。数日以内に判明した情報は限られていたが、投資家、銀行、小売パートナーを集めて報告を行った。

2 意欲的な発想

エジプト綿の製品だけを認証するのなら、対応策はもう少し簡単だったかもしれない。しかし、製品ライン全体について、あらゆる原材料を追跡するための技術を確立するためには、はるかに大きな投資と集中的な戦略が必要だった。

だが、それが完成したことで、ビジネスチャンスが比較にならないほど広がった。

3 真正性（オーセンティシー）

経営陣は、変革の意思は、ただマーケティングメッセージを発することによってではなく、長期的に取り組むコミットメントによって判断されることを理解していた。そのため、原材料の経路をたどれなくなる可能性を最小限に抑えるために、何段階かの検証の仕組みを導入した。

まず、工場には原材料の購入とトラッキングに責任を負うマネジャーを置いた。本社には、各工場の製造工程を監視するチームを組織した。そして、3段階目として、査察や調査を自由に行う独立の監査人と契約した。

4 変革へと向かう文化

インドの繊維業界で最も透明性の高い製造業者になるというキャンペーンは、経営トップとそれを囲むマネジメントチームの意思が統一されていなければ失敗していただろう。

その点、ウェルスパンのような家族経営の会社には利点がある。経営トップが会社のミッションや価値観を定義することができ、社員を引っ張っていくことができるからだ。ゴエンカ家は、ウェルスパン・インディアを常に、業界で主導的役割を果たす企業と位置づけていた。それにより、すべての社員が高い矜持をもって自らの行動を律することができた。

5　クリアなコミュニケーション

ウェルスパンが生き残るためには、誠実に行動することに加え、消費者や小売パートナーに正直な話をすることが重要だった。そのため、製品がどのように作られているか、17の工程のすべてで説明できる透明性を確保すべく努力した。

ウェルスパンがすでに学んだ通り、**消費者団体が実地調査に基づいて膨大なデータを公開している今日、何かを秘密にしておくことなどそもそも不可能なのだ。**

6　影響力のある友の助力

ウェルスパンは、綿やブランディングやサプライチェーンの専門家から成る委員会を任命し、資源調達と製造のプロセス全体を監督させるとともに、小売業者への報告を行わせた。第三者による検証という方式は、業界の自信回復という面でも役に立った。

真の
イノベーションに
共通していたもの

EPI LOGUE

スタートアップに見えている大企業の弱点

事業をどう変えていくべきか。2016年9月、ヨーロッパ第2の保険会社AXAのCEOに就任した**トーマス・ブベル**は、この戦略的課題に優先的に取り組むと宣言した。

AXAは創業200年、従業員16万5000人、パリに本拠を置くコングロマリットだ。小さな相互保険会社として出発したが、ここ30年の積極的な企業買収戦略によってグローバルプレーヤーになった、ヘルスケアサービス、投資運用、そして金融サービスの巨人だ。

保険といえば、不確実なリスクから身を守るために、理由のわからない価格でも仕方なく買うというのが通り相場だが、今日の消費者は、個別のリスクデータに基づいてカスタマイズされた価格で、シームレスなオンラインサービスで保険が提供されることを期待している。

「いまの競争相手はアリアンツとヘネラリだが、明日はグーグルとフェイスブックかもしれない」とブベルは言う。「デジタルな未来のためにビジネスモデルを変革する」ことが彼のテーマだ。

就任当時43歳だったブベルが直面していた問題は、メディアであれ、製造業であれ、医療機器メーカーであれ、あらゆる伝統的ビジネスのリーダーと同じだった。新しいテクノロジーで経済も顧客も大きく変わる中、短期的な結果を求める株式市場の要請と、幾重にも階層化されたトップダウンの組織構造に縛られた大企業は、スピーディに動けずに苦しんでいた。

機敏に動くハイテクスタートアップが新しい顧客の需要をとらえれば、企業の歴史やブランド認知、培った信用もほとんど重要ではなくなるのだ。ブベルは、新興のデジタルオンリーの競合他社に伍して競争力を維持するためには、AXAの文化をデジタルに対応させなくてはならないと理解していた。そのためには、何よりも顧客を最優先する必要があった。

保険業界の巨人の奮闘を紹介しよう

AXAドイツを経営していたブベルは、世界の次期CEOに指名されたとき、緊急マニフェストを発表し、「保険金支払人から顧客のパートナーに変わらなくてはならない」と書いた。デジタル化で急速に進化する顧客ニーズを満たし、ただ保険を売るのではなく、顧客の健康と安全をサポートする新しい方法を見つけるためのイノベーションが必要だと説いた。プロセスの自動化、データの有効利用、そして新しいビジネスモデルを追求して「カスタマー・ジャーニーを改善する」ことを宣言した。

そのためにブベルはいきなりショック療法に出た。本社の人員と予算を削減し、現場のマネジャーの権限を強化し、5年で21億ユーロのコストを削減すると発表したのだ。ハイテク企業を買収して改革を加速する「イノベーションの買収」のために、毎年2億ユーロを支出することも発表した。

このＡＸＡの戦略は、デジタルネイティブの保険会社に食いつかれる前に成果を上げることができるだろうか？　改革はまだ初期の段階だが、ＡＸＡの本社で何が起こっているのかを探るために、私はパリの8区、アヴェニュー・マティニョンのオフィスを訪ねた。

「イノベーションのエコシステム構築をめざす」

レセプションエリアには、新たに定められた会社の価値観を記したパネルが高く掲げられていた。

――「お客様第一。勇気。誠実。ひとつのＡＸＡ」

ＣＯＯ（最高執行責任者）の**アストリッド・シュタンゲ**の部屋には「すばやく行動し破壊せよ」と告げるフェイスブックのポスターが貼られていた。これは普通、保険会社に求められる発想ではない。だが、そこにポイントがある。

シュタンゲは、ブベルと同様、元ボストンコン・サルティング・グループ（ＢＣＣ）のコンサルタントで、ＡＸＡドイツでもブベルの下で働いた。彼女は自分の役割を、「顧客第一」の精神を全ＡＸＡに浸透させるための「ビジネス・イネーブラー（後援者）」だと表現する。

30億ユーロの予算を任され、８０００人を率いているが、ビジネスを変革するにはＡＸＡの文化を変える必要があると言う。

「5年後には、私たちは保険を売ってはいないでしょう。顧客は保険という製品を全然気に入っていないからです。顧客が欲しがっているのは保険ではなく安全です。私たちはその手伝いをします。問題は、どうすればそれができるか、できる会社に変身できるかです」

そのための仕事の多くは、32歳のCIO（最高イノベーション責任者）である**ギヨーム・ボリー**に委ねられている。ボリーは彼がAXAの「イノベーションエコシステム」と呼ぶものを監督している。

エコシステムの中にはカメット（Kamet）というユニットがあり、パリ、ロンドン、テルアビブで新しいネット保険のスタートアップを立ち上げるために動いている。これまでに、ネット上の不妊治療クリニック、自動車修理アプリ、保険のロボアドバイザーなどの会社を立ち上げている。

ボリーはまた、4億5000万ユーロのベンチャーキャピタルファンドであるAXAベンチャーパートナーズを監督しており、保険および資産管理に関連するハイテク企業に最大2000万ユーロまでの投資を行う。「イノベーションの買収」のための年間予算2億ユーロを管理するのも彼の仕事だ。最近では、米国の医療給付管理会社であるマエストロ・ヘルスを1億5500万ドルで買収した。

ボリーは、顧客のエンゲージメントを強化するサービスや、顧客がAXAとの取引で感じる悩みの種の解消について多くのことを話してくれた。成功するためには、会社の文化を変え、社員が新しいアイデアにもっとオープンになり、自分で決断しなくてはならないと話した。

「イノベーションが真に全員の仕事になっているかが大切だ」

だが私は、彼の「最高イノベーション責任者」という役職名が気になった。それを見ると、ワシントンDCで開催された国際イノベーション専門家協会の会議「イノヴァコン」の記憶がよみがえる

（PROLOGUE参照）。そこに集ったイノベーションのリーダーであるはずの人たちから何も学べなかった場所であり、私のイノベーション追究の旅の出発点となった場所でもある。

役職名が不適切なのではないか、と私はボリーに言った。他の部署はイノベーションのことを考えなくてもよいという誤った認識を植え付けてしまわないだろうか？　彼はしばらく考えていたが、「そうかもしれません。イノベーションは全員の仕事ですから」と答えた。

ここに難しさがある。イノベーションは、ラボや、買収や、特定の個人の任命や、基調講演によって実現するものではない。素早く決断し、機敏に動き、何度も反復的に実行できる文化を組織に根づかせることによって実現する。

だがＡＸＡには、ブベルの頑張りにもかかわらず、まだまだ多くのレガシーがある。長年なじんだ高収益のビジネスライン、マネジメントの階層、歴史的なコンピュータシステム、株主の期待、ものごとを進める際の暗黙のルール……これらが素早い行動を阻み、破壊的改革を難しくしている。

さて、スタートアップはどう見ているか？

ＡＸＡ訪問後、私はアラン（Alan）という急成長中の創業2年のフランスの医療保険のスタートアップを訪ね、その共同創設者でありＣＥＯである**ジャン - シャルル・サミュエリアン**に話を聞いた。

アランはＡＸＡの傘下で、明確な価格設定、透明性のある保険金支払い方針、そしてテクノロジー優先のビジネスを追求している。発足後すぐに、優れた顧客体験を提供しているという評判を獲得し、

4100万ドルの資金を調達して、わずか数カ月で社員数を25人から80人へと増やした。

サミュエリアンに言わせれば、AXAのような大企業は、危険を察知する感度が鈍く、スタートアップの脅威に気づかない。

「大企業は、新しいプレーヤーが何やら市場をかき回し始めたと感じた場合でさえ、すでに長期計画があるという理由で、財務上の業績評価指標を変えないのです」

私はサミュエリアンに、もしあなたがブベルだったら何をするかと尋ねた。すると「デジタル競合他社に対してAXAが最も脆弱な点はどこかを見極めようとするだろう」と答えた。この先数年で顧客行動の変化が大きな脅威になると考えているからだ。

「あと、いかにも保険会社という組織のあり方を壊したいですね。アランは、保険ビジネスにつきものの難解な規則に縛られていないからです。私たちは自分たちを、たまたま保険を提供しているテクノロジー企業だと考えています。社員の5分の4はシリコンバレーやフランス優良企業のエンジニアなど、保険業界以外の出身です。優秀なソフトウェアエンジニアはAXAには行きませんよ」

イノベーションに成功する企業13の共通点

今日では、優秀なソフトウェアエンジニアが数人集まって機敏に立ち回れば、あっという間に何百万もの顧客を引き付ける製品を構築できる。そんな状況下にある既存企業が生き残るためには、業界に関係なく、機敏に動くハイテク企業が持つような特質を身につける必要がある。

私がこの本のために訪問したすべての国のあらゆる企業のうち、新しいデジタルの現実に最もよく適応している企業には、次のような共通点があった。

1 自ら判断して動く少人数チームを社内に組織し、顧客ニーズを発見し対応する権限を与えている
2 世界レベルの才能を採用し、動機づけ、つなぎとめる能力こそ最大の資産であると理解している
3 好奇心を保ち、外の世界を観察し、問いを持って学び、自己満足に陥らないよう自戒している
4 仮定に基づいて検証し、フィードバックを吸収し、あらゆるステップで繰り返すことを厭わない
5 会社のゴールより顧客のニーズを優先する
6 新市場の動向を理解し、今のビジネスモデルや製品の先にあるものを発見しようとしている
7 階層構造や官僚的思考からの脱却をめざし、意思決定を速め、リスクを取ることを恐れない

8 大胆な行動に出て失敗しても、意味のある学びがあれば、それを次に活かすことでよしとする
9 短期的な結果を求める圧力からチームを守る構造になっている
10「イノベーション」を特定の個人やチームの責任と見なさない
11 分野の壁を乗り越える協働と、異なる文化を融合するハイブリッド思考ができる
12 社員が会社の目的に共感し、価値観を共有している
13 社内で起業家精神を発揮することを奨励し、それに報いる仕組みがある

イノベーターは自社を「テクノロジー企業」と考える

真のイノベーションを達成した賢いリーダーには共通点がある。事業内容にかかわらず、「自分はテクノロジー企業を経営していると考えている」ということだ。

ドミノ・ピザはこの10年で、米国の株式市場で際立った成功を収めた。元CEOの**パトリック・ドイル**によれば、同社は「ピザの会社であるのと同じくらいハイテク企業」だと言う。

ドイルは、「ドミノ・ピザは食欲をそそらない、接客にやる気が感じられない、ブランドそのもの

がしょぼい」と酷評されていた２０１０年にＣＥＯになった。配達物流がピザそのものと同じくらい重要であることを認識し、オペレーションと顧客サービスをデジタル化するためにソフトウェアとデータ分析に多額の投資をした。

顧客はドミノ・アプリでも、ツイッターでも、シリでも、ピザの絵文字のテキストメッセージでも、簡単にピザを注文できるようになった。オンラインで好みのカスタマイズができ、注文から配達までの各段階を追跡できるようになった。

この取り組みが成果を上げていることを受け、２０１５年、Ｊ・Ｐ・モルガンのアナリストはクライアントに次のように助言した。

「新生ドミノ・ピザは、ピザの会社のようでマーケティングの会社であり、マーケティングの会社のようでテクノロジーの会社です。近年の同社の圧倒的な業績を見ると、そう考えておそらく間違いないでしょう」

同時に、ドミノ・ピザはピザの品質が最高ではなかったことを率直に認め、事業を再建させる決意を表明することで、ブランドに勢いを取り戻した。顧客から寄せられた「これまでで最悪のピザ」とか「ケチャップの味がするソース」というコメントを紹介し、率直すぎて心配になるようなテレビ広告を打ち、ドミノ・ピザは顧客を第一にすると宣言した。

ドミノ・ヨーロッパのＣＯＯ（最高執行責任者）を務める**アンドレ・テン・ウォルド**と話していると、まるでロボットのスタートアップの創業者と話しているような錯覚に陥る。彼は、ヨーロッパでドローンによる宅配を開始することや、ＶＲ環境で物理的なピザを注文できる機能を提供する計画があると説明してくれた。

「すべては目を外に向ける好奇心から始まります」と彼は言う。**全従業員に「バッド・アイデア・ブック」と名付けたノートを渡し、顧客体験の向上につながる提案をするよう呼びかけ、採用されなくても提案に対しては報奨を出す。**

そして、まるでソフトウェアのスタートアップのように、プロトタイプを使った市場実験を奨励している。「ウェブサイトにアクセスする顧客の10％に、**まだ存在しないピザのメニューを表示して、買ってもらえるかどうかをテストしています。注文されたら、実は用意がないとお詫びして、別のピザを選んでもらって無料で届けます。**ネーミングや値段についても同じようなテストを行っています。私はプロトタイピングが大好きなのです」

このデータ主導の顧客中心のアプローチは、驚くべき結果をもたらした。ドイルがＣＥＯに就任したとき、株価は9ドル以下だったが、現在では３００ドル以上になっている。

旅の終わりと人類の離陸

さて、私のイノベーションの原理を探究し続ける旅は終わるが、やはり「イノヴァコン」で見聞きしたような「イノベーションの公式」は発見できなかった。

だが、問題を抱えている企業を観察すると、イノベーションを妨げる最大の要因は人的バイアス、つまり間違った考えや行動であることがわかる。

機械学習、ナノテクノロジー、ゲノミクス、3Dプリンティング、その他無数のテクノロジーが既存のビジネスモデルを脅かしている現在、**自分の会社は大丈夫だとか、まだ時間があるなどと悠長に構えることが最大のリスクとなる。**

この本のための取材中、経営幹部が何気なく発する言葉を聞いて、『ニューヨークタイムズ』紙に掲載された悪名高い社説を思い出すことが何度かあった。「空を飛べない空飛ぶ機械」と題して1903年10月7日に掲載されたものだ。

航空パイオニアのサミュエル・ラングレーは、パイロットが搭乗する動力付きの「空気より重い」有人飛行機エアロドローム号を飛ばそうとしたが失敗し、メリーランド州ポトマック川に墜落した。これを目撃した記者は「ばかげた大失敗」と酷評し、次のように書いた。

「本当に空を飛ぶ機械は、数学者と機械工が協力しつづければ、100万年か1000万年のうちには実現するかもしれない。もちろん、軽くすれば弱くなるという、無機物の重量と強度の間に存在するやっかいな関係を克服できればの話だが」

記事が掲載されたその日、オーヴィル・ライトは日記に「今日、組み立てを始めた」と書いた。

オーヴィルと兄ウィルバーのライト兄弟が、ノースカロライナ州キティーホークでの初飛行に成功したのは、その2カ月後だった。

解説 アメリカ型イノベーションからの脱走

若林恵（『WIRED』日本版元編集長／黒鳥社／編集者）

18世紀の政治思想家エドマンド・バークの『フランス革命の省察』は言わずとしれた「保守主義」の聖典で、フランス革命はもとより「革命」の思想そのものをこっぴどくこき下ろしたことで知られる。バークは「いますぐ壊せ、それも全部壊せ」を旨とする**せっかちな変革＝急進主義**にことごとくダメ出しをする。

「非常事態においても、変更を加えるのは『現にうまく機能していない箇所』『従来の原則からの逸脱を必要とする箇所』に限られるべきだ。また当の変更によって、国のあり方全体が崩れるようでは話にならぬ。重要なのは、これまでの社会機構をなるべく温存しつつ、新しい安定的なシステムをつくり上げることである」

いかにも慎重。穏健。なるほど正しく保守という感じがするではないか。さらにバークは、英国の王政復古や名誉革命を引きながら、それがフランス革命といかに異なっていたかを、こう説明する。

「どちらの時期も、イギリスは国家のまとめ役を失ったわけだが、『いっそ王政をやめてしまえ』とはならなかった。**むしろ人々は、伝統的なシステムの中でまだ機能している部分を活用する形で、欠陥の生じた部分を修復した。**変えなくてよい要素はそのままにした上で、それとうまく噛み合うよう新しい要素を調整した。変更を実践する際にも、彼らは従来の社会機構の枠組みにしたがって行動しており、**『アメーバさながらに群れているだけの烏合の衆』**のように振る舞いはしなかった」

辛辣な評だが、日本でも「変革」が謳われる際、それが左から提出されたものだろうと右から提出されたものだろうと、冷静な現状認識と具体的な戦略があったうえで「抜本的な変革」が謳われているのか訝（いぶか）しみたくなるものは少なからずある。なかばデマゴーグに近い掛け声に右往左往するだけの人びとは、バークから見たら、「アメーバさながらの烏合の衆」でしかないのかもしれない。

伝統的「罵倒芸」が的確に機能する時代で

いっそ「罵倒芸」と呼びたくなるこうした皮肉たっぷりの物言いは、バーク特有のものではない。たとえば『ガリバー旅行記』のジョナサン・スウィフトから天才劇作家のオスカー・ワイルド、「ブラウン神父」シリーズで知られるＧ・Ｋ・チェスタトンなどの文筆家を通してイギリス文学の伝統をなしているとみなしたくなるものだ。ＰＨＰ研究所版の『フランス革命の省察』の編訳を担当した保守派の論客・佐藤健志は、バークの著作もその系譜に連なる特徴を持っていたがゆえに、介の時評を超えた普遍性を獲得するにいたったと指摘している。

諧謔と皮肉に富み、物言いは激越なくせに、内容は妙に常識的なバークのスタンスを「イギリスっぽさ」と十把一絡げにするのは愚かだとしても、単純化された理念や言葉に眉唾する癖のようなものは、イギリス的知性のひとつのありようを示してはいそうで、それはとかく極端に傾きがちな現代にあって一層鮮烈に響く。

チャーチルやE・M・フォースターが、民主主義というものについてですら「最悪なシステムだが、現状では一番マシだ」「2回万歳してもいいが3度するほどではない」（ともに意訳）などと言い放つとき、なにかと白か黒か、右か左かを決めつけようと逸る現代人の思考は、ブレーキをかけられてはつんのめる。際限なく観念化しながら気化し、糸の切れた凧か風船のように舞い上がっていくイデオロギーの言葉を、それはぴしゃりと諫め、現実へとつなぎ戻す。

イギリスからすりゃシリコンバレーは

予防医学者の石川善樹さんと初めて会ったときのことを思い出す。なぜそんな会話になったのかは覚えていないのだが、「イノベーション」をめぐる会話のなかで彼は、イギリス人の一風変わった（と私たちには思える）気質や気概を説明してくれた。

ハーバード、ＭＩＴとアメリカの大学で研究を重ねていた石川さんは、そこで「変化」や「新しさ」というものが至上の価値とされている環境を目の当たりにした。「とにかく変化を起こせ」。「現状を新しく更新せよ」。ところがイギリスの大学に行くと、それがまったく逆だったと彼は言う。

「イギリスの大学では、いかにグーグルのような企業を生み出さないようにするかを真剣に議論していたんですよ」

その言葉を石川さん同様、自分も驚きをもって聞いた。同時に安堵もした。「やっぱ、そうだよな」「そういう考え方、そりゃあるよな」と。というのも自分自身が、どうしたってアメリカ型の「急進主義」にはいまひとつ馴染めずにいたからだ。

自分が編集長を務めていた『WIRED』は、まさにヒッピーから連なるアメリカ西海岸特有のイデオロギーを色濃くまとったメディアで、その考え方は雑に言えば「テクノ福音主義」とでもいうべきものだ。デジタルテクノロジーによって、人は20世紀の世界をかたちづくってきた中央集権的な官僚主義、産業主義、資本主義の圧政から解放されることを約束するものだった。

分散的で、自律的なネットワークによって社会は再編成され、人は権力機構の許可を得なくとも自分が生きたいような生き方が可能になる。折しも、アラブの春のような民主化運動がSNSの後押しを受けて勃興したことから、民主主義さえイノベートされるのではないかとの期待も高まった。『WIRED』は、そんな「デジタル革命」をエンドースしブーストし、少なからぬ人びとがリアリティあるものとしてその約束を信じた。

もちろん、変革（革命とは言わないでおこう）の夢が夢として妥当性がなかったとは思わないし、いまも思ってはいない。とはいえ、デジタルテクノロジーがもたらしうる「可能性」を論じる言葉が次第に地面から遊離しはじめ、やがて「国家なんかいらないのだ」「社会なんてものは存在しないのだ」とかいったテクノリバタリアンな言説が幅を利かせるようになってくると、「ちょっと待ってくれ」とならざるを得ない。こちとら、そのテクノ福音主義をガラパゴスとか呼ばれる日本語に閉ざされた島組へ向けて翻訳すべく四苦八苦しているのだ。

「国家はいらない」と言ってそれがなくなるのであれば、そんなものとっくになくなっているだろう。ことはそんなに甘くもシンプルでもない。なにせわたしたち日本人は、2600年前から続くとされる王家が近現代を超えて消えてなくなることなくサステインしてるような風土に閉じ込められているのだ。「スマホにアプリを入れたら革命が起きる」なんてうまい話を軽く信じる気にはなれない。よしんば起きたとしてもロクなことにはならないだろうし、ことが悪くなる革命なら起きないほうがマシ。

まさに、バークの言う通り。アメリカのなかでもことさら独自性の強い空間で育まれた思想をそのまま受け入れることは、ここ日本では到底できない。少なくとも、それをこの地に移植するには、相当の知力と戦略と根気を要する。

結果、翻案はなかば賛成しつつなかば不同意という玉虫色の態度を通して行われることとなる。「とにかくディスラプトするんである！」という勇ましいアジテーションに対しても、もちろんクソみたいな昭和イズムが一体この国ではいつまではびこり続けるんだという怒りも同等にはありもするので、「2回は万歳しても、3回はしない」というようなスタンスとなる。

デイビッド・ローワンは何に激怒しているのか？

そんな悩ましい舵取りのなかで次第に明確になっていったのは、**デジタル革命のなかで語られる「ディスラプション」や「イノベーション」という価値が、いかに深くアメリカの社会や経済に根ざしたものであるか**ということだ。

ディスラプションやイノベーションは、それを聞かされる非アメリカ国には耳新しく聞こえこそすれ、アメリカにおいてはむしろずっとこれまで国を動かしてきた伝統的価値観でしかない。ロックフェラーから、エジソンから、フォードから、ハワード・ヒューズから、ディズニーから、ジョブズからカニエ・ウェスト（笑）まで、アメリカはずっとイノベーションとディスラプションをもって推進されてきたのだ。

この原稿を書いている時点でアメリカ民主党の大統領候補エリザベス・ウォーレンは、フェイスブックなどをやり玉にあげながら、独禁法を盾に分割することを主張している。しかし、そもそもアンチトラスト法ができたのも、スタンダードオイルという石油屋が肥大化しすぎて健全な競争を阻害していたためであることを思えば、アメリカにおけるイノベーションと規制のイタチごっこは、100年以上続くお家芸と言ってもいい。

アメリカローカルでしかないそんな価値観が、グローバル金融の後押しと、めくるめく未来的グローバルテクノロジーを背負ってやってきたのだから厄介だ。だいたいどんな国も、ビジネスセクターがもたらすイノベーションやらディスラプションをドライバーにして国が動いてきたわけではないし、国民の側だってめったにそんな耐性は持ち合わせていない。

西洋以外の国は、アジアにせよ中東にせよアフリカにせよ、いまだに西洋近代というものすらろくに超克できぬまま、苦しみ足掻いているのだ。そこにカリフォルニア由来の新奇なアイデアが、さもそれが人類の輝かしい未来の道しるべであるかのようにこられたら、まばゆさに目がくらんで立ち竦むか、目をつむって過去の暗がりのなかへと逃げ込んでしまうのもいたしかたない。その結果、過去に逃げこむことで暗愚化しながら右傾化する国々が世界で後を絶たないのだから、こうした目くらましはなかなかに罪深い。

ついでに言えば、**アメリカ人は、ものごとをマニュアル化するのが滅法上手い。**いち早く未来へ行くための聖典、つまりはガイドブックやらマニュアルを、ご丁寧にも次から次へと用意してくれる。宗教改革前のカトリック教会が、「これを買えば地獄に落ちずに済むぞ」と免罪符なるものでおいしい商売をしていたのにすら、それは似ているかもしれない。

恐怖訴求によるイノベーション詐欺。本書の著者であり、英国版『WIRED』の編集長だったデイビッド・ローワンが本書の冒頭で激しく怒っているのは、まさにそのことに対してだ。とりわけ彼は、イノベーションというものを分節化し、専門化し、ひいては官僚化する、その手つきがことさら気に食わない。

自由の国から押し寄せる「官僚化社会」の波

官僚化ということについて言えば、アナキスト文化人類学者のデヴィッド・グレーバーが『官僚制のユートピア』のなかで面白い指摘をしている。

「わたしの観察するところイギリスの人びとは、じぶんたちが官僚制にとくにむいていないということを大いに誇りに感じている。ところがアメリカ人は、概して、じぶんたちが官僚制にとてもむいているという事実に困惑をおぼえるようにみえる。(中略) とはいえ、アメリカ合衆国が根っからの官僚制社会である――そして一世紀を超えてずっとそうだった――という事実は揺るぎない」

この指摘の面白さは、アメリカ人の意外な側面を大胆に突いたところだが、その裏返しとして、しれっとイギリス人のイメージを覆している点にもある。「イギリス人とアメリカ人、官僚的なのはどっち?」と聞かれたら大方はイギリス人と答えるのではないか。けれども、事実はもしかしたら真逆なのだ。デイビッド・ローワンの怒りを見るにつけ、それも一理あるように思えてくる。

さらに一歩話を押し進めれば、**アメリカのテックイノベーションは、それが謳った理念とは裏腹に、より官僚化した社会を生み出しはしなかったか**という疑念を問うこともできる。ソーシャルネットワークやウーバーやアマゾンといったシステムは、その精緻な工学アーキテクチャと行動経済学やらに基づいたエンジニアリングによって、人を巧みに操作し、本人がそうとは意識しないがゆえによりタチの悪い管理・監視・誘導システムをつくりあげはしなかったか。しかも、それはスーパーパワーにだけに巨万の富をもたらすシステムとして作動していないか。

あるいは、そうした機構をハナから管理ツールとして有用化することでテクノ福音主義のいじわるな陰画、もしくはカリカチュアをつくりあげた中国を見るのもいい。デジタルテクノロジーが、よりえげつない官僚機構をつくりあげるのに最高のツールであることを、中国のデジタルトランスフォーメーションは明確に示しているからだ。

石川善樹さんの回想にあったように、イギリス人がグーグルのような企業をつくらないことに専心腐心していたことと、グレーバーの「イギリス人官僚制不得意説」は、妙に符合するところがある。

官僚制が「分業」と「プロフェッショナリズム」と「スケーラビリティ」に価値を置くものだとするなら、その逆は「全部自分でやること」と「アマチュアリズム」と「適切な範囲でやる」に価値を置くものとなる。

イノベーションは決して輸入できない

もしかしたら、イギリス的イノベーションは、そのエトスにおいても戦略においても、ゴールにおいても、アメリカのそれとは真反対のものかもしれない。余計なお世話だが、英国版『WIRED』に抜きがたくあった妙な居心地の悪さは、そう考えるととても腑に落ちる。そして、自分がやっていた日本版は、それに輪をかけて居心地悪そうに見えたにちがいない。

おそらくデイビッド・ローワンにとってのイノベーションは、手触り感があって、自分の暮らす環境や風土に強く根ざしたものだ。それは理念ではなく、もっと現実的な何かであるはずで、そのことを確かめに彼は世界を旅することにしたにちがいない。かく言う自分が、ある時期から「WIRED Real World」改め「Another Real World」という旅のプログラムを実施するようになったのも、いまにして思えば似たような問題意識からだったのかもしれない。

そう。イノベーションは、世界どこでも同じというわけではない。簡単にマニュアル化して、メールでぴょこっと送ることのできるようなものではない。そのことを、自分はベルリンやエストニア、深圳、直近で訪ねたロンドンなどで平手打ちを食らうような衝撃とともにイヤというほど学んだ。

イノベーションも、革命も、ユニバーサルな概念になりだすあたりから、気化しはじめて現実との接地面を失う。念押しのために、冒頭の言葉をもう一度引いておこう。

「変更を実践する際にも、彼らは従来の社会機構の枠組みにしたがって行動しており、『アメーバさながらに群れているだけの烏合の衆』のように振る舞いはしなかった」

本書が見届けようとしたのは、烏合の衆になることなく、自分らなりのイノベーションやディスラプションを実践した、そんな世界中の「彼ら」の仕事であるはずだ。

［著者］
デイビッド・ローワン（David Rowan）
『WIRED UK』創刊編集長。テクノロジーコラムニスト。
2017年編集長退任後、世界最古の日刊新聞『The Times』、米国の旅行雑誌『Condé Nast Traveler』、男性誌『ＧＱ』などに寄稿。業界を破壊しようとするクレイジーな起業家と、そのスタートアップ企業を取材するために世界中を飛び回る。
世界最大のビジネス誌『Fortune』が選ぶ「Fortune 100」に名を連ねる大企業の求めに応じてスタートアップの破壊的戦略を報告し、そのコンサルティングで得た報酬をスタートアップに投資している。
未知の世界への旅を共有するコミュニティとしてVoyagers.ioを設立し、未来を探す旅を続ける。本書が初の著書。

Twitter @iRowan

［訳者］
御立英史（みたち・えいじ）
翻訳者。訳書にケン・ブランチャードほか著『社員の力で最高のチームをつくる』、ヨハン・ガルトゥング著『日本人のための平和論』、ティエン・ツォ、ゲイブ・ワイザート著『サブスクリプション』、ホルスト・シュルツ著『リッツ・カールトン 最高の組織をゼロからつくる方法』（以上、ダイヤモンド社）などがある。

DISRUPTORS 反逆の戦略者
――「真のイノベーション」に共通していた16の行動

2019年12月18日　第１刷発行

著　者――デイビッド・ローワン
訳　者――御立英史
発行所――ダイヤモンド社
〒150-8409　東京都渋谷区神宮前6-12-17
http://www.diamond.co.jp/
電話／03･5778･7232（編集）　03･5778･7240（販売）

装丁――――小口翔平＋喜來詩織（tobufune）
本文デザイン･DTP――高橋明香（おかっぱ製作所）
校正――――加藤義廣（小柳商店）
製作進行――ダイヤモンド・グラフィック社
印刷――――三松堂
製本――――ブックアート
編集担当――今野良介

ISBN 978-4-478-10740-9